Colette Richard 3.00

MW01711290

La vie sans conditions

J'ai lu

ESO0085

DEEPAK CHOPRA

Le corps quantique
De la joie intérieure à la santé planétaire
Le retour du Rishi — *J'ai lu* 3458/**4**
La santé parfaite
La vie sans conditions — *J'ai lu* 3713/**5**

Dr Deepak Chopra

La vie sans conditions

Maîtriser les mystères de la réalité personnelle

Traduit de l'américain
par Pierre Rouve

J'ai lu New Age

Titre original :

UNCONDITIONAL LIFE
MASTERING THE FORCES THAT SHAPE PERSONAL REALITY
Published by arrangement with Bantam Books,
a division of Bantam Doubleday Dell Publishing Group, Inc.

© Deepak Chopra, M.D., 1991
Pour la traduction française :
© InterÉditions, 1992

SOMMAIRE

PREMIÈRE PARTIE

LE MYSTÈRE DE LA RÉALITÉ PERSONNELLE

DEUXIÈME PARTIE

PAR-DELÀ LES FRONTIÈRES

TROISIÈME PARTIE

LA VIE SANS CONDITIONS

PREMIÈRE PARTIE

LE MYSTÈRE DE LA RÉALITÉ PERSONNELLE

1

L'homme qui allait guérir

« Et vous croyez que je peux en supporter davantage ? » demanda le patient, écroulé sur sa chaise, le visage assombri. « Il y a six mois, je ne pensais qu'à rester en vie. J'écoutais tous ceux qui me donnaient l'espoir d'une "guérison". Ils ont tous peur de s'engager et de prononcer ce mot bien sûr, mais ils m'ont promis tant de choses. Vous ne trouvez pas ça plutôt drôle, maintenant ?

— Non, répondis-je calmement, je sais à quel point vous avez travaillé dur pour vous guérir. » Je posai ma main sur son épaule, mais il se raidit et recula. « Laissons tomber, grogna-t-il. Il faudrait être idiot pour continuer comme ça.

— Dans votre état, il y a forcément des hauts et des bas. Il faut s'y attendre, dis-je, avec précaution, mais au lieu d'être tellement déçu par le nombre de vos globules blancs... »

Il m'interrompit avec amertume. « Non. Plus de numérations. Je n'en veux plus.

— Que voulez-vous ?

— Une sortie.

— C'est-à-dire ?

— Croyez-moi, si je le savais... » Un long et lourd silence s'installa. L'homme continuait de fixer le sol, le visage figé sous un masque de dureté. Il attendait que je poursuive et je cherchais mes mots.

Mon patient, Robert Amis, âgé de trente-sept ans, avait travaillé pour une petite entreprise d'informatique dans les faubourgs de Boston. Un an plus tôt, cette société avait recommandé à tous ses employés de subir un examen sanguin approfondi, dans le cadre d'une campagne de santé. Robert s'était exécuté sans appréhension. Il avait été surpris par les résultats des analyses qui indiquaient une augmentation suspecte du nombre de ses globules blancs. On fit des analyses complémentaires et, quelques semaines plus tard, un cancérologue lui annonça sombrement qu'il était atteint d'une forme incurable de leucémie. Robert fut profondément choqué. On ne savait pas grand-chose sur l'espérance de vie moyenne relative à cette maladie, la leucémie myéloïde chronique ou LMC, mais elle pouvait être très brève, de l'ordre de deux à quatre ans. Devant un délai aussi court, il comprit qu'il devait agir.

« A la minute où je suis sorti du cabinet du docteur, ce fut comme si un interrupteur avait été manœuvré, me raconta-t-il lors de notre première entrevue. Je savais que mes priorités allaient devoir changer. » Lui et l'amie avec laquelle il vivait se marièrent très rapidement. Cela fait, il renonça à son travail à Boston et acheta un appartement à Miami. Et surtout, événement essentiel, il se jeta à corps perdu dans le projet de se guérir. « Je lisais partout qu'il existe un guérisseur intérieur et j'étais résolu à le trouver. »

Il découvrit que les moyens de parvenir à son but ne manquaient pas : autohypnose, visualisation, psychothérapie, massages en profondeur et relaxation, ne furent qu'un début. Il se mit à assister à des rencontres de soutien entre leucémiques et le week-end à des stages sur l'autoguérison. Il y entendit des récits enthousiasmants de la part de patients considérés comme incurables et qui avaient cependant recouvré la santé. Quand je le vis pour la première fois, il me brandit les dernières d'une série de cassettes qu'il avait pris l'habitude d'envoyer chaque mois par courrier à ses amis et à sa famille pour les tenir à jour de l'évolution de sa vie — c'est-à-dire de sa maladie, car celle-ci était devenue si dévorante que plus rien ou presque, en dehors d'elle, ne comptait pour Robert.

Six mois plus tard, parvenu à l'apogée de sa nouvelle existence, il se sentait plus sûr de lui et de ses émotions que jamais auparavant. Ce fut en toute tranquillité qu'il se rendit à son analyse de sang suivante, pour découvrir que, loin d'être maîtrisé, le nombre de ses globules blancs était monté en flèche. La maladie semblait avoir dangereusement accéléré et son cancérologue lui parla d'un ton grave, lui conseillant soit de démarrer une chimiothérapie intensive soit d'adopter la solution plus radicale d'une greffe de moelle osseuse. Aucune de ces méthodes n'était susceptible de mener à une guérison définitive, mais la médecine conventionnelle n'avait guère mieux à offrir.

Robert tenta de se cramponner à sa détermination et repoussa les deux offres mais commença bientôt à profondément s'enfoncer dans la dépression, perdit l'appétit et éprouva des difficultés croissantes à dormir. Lorsqu'on me l'envoya, il était amer, solitaire, pratiquement coupé des gens par son désespoir.

Il était affaissé sur sa chaise, face à moi ; je pesai ce que j'allais lui dire. Tout ce après quoi il avait couru était « juste » — sa quête du guérisseur intérieur, sa tentative de rompre avec de vieilles habitudes qui ne le satisfaisaient pas, sa décision d'éviter les situations stressantes — mais il n'avait pas véritablement changé le fond de lui-même.

« Je vous le dis clairement. Se persuader soi-même que l'on est sur le chemin de la guérison n'est pas une chose souhaitable. Le problème n'est pas d'espérer suffisamment fort que la maladie disparaisse — tous les patients dans votre situation veulent désespérément aller mieux. Pourquoi cela arrive-t-il à certains ? »

Haussement d'épaules. « Un corps plus solide, de bons gènes, la chance. Dieu les aime peut-être plus que les autres.

— Je n'élimine aucun de ces facteurs et nous pourrons les reprendre un par un. Cependant, je ne vous ai pas entendu demander simplement une guérison, mais aussi pourquoi cela vous est arrivé à vous. » Robert restait de glace mais ses yeux semblaient s'être un peu adoucis. Je poursuivis : « Ce serait facile pour moi d'affirmer que votre maladie n'a aucun sens, qu'elle n'est que le résultat de quelque dérangement tout à fait hasardeux dans votre corps. C'est à peu près ce que notre formation médicale nous enfonce dans le crâne.

« Ce serait simple aussi de vous dire exactement l'inverse, de trouver quelque cause émotionnelle simpliste à votre maladie, de dire que vous ne vous aimez pas assez ou que quelque forme de douleur psychique refoulée vous rend malade. Mais ce ne serait encore qu'une demi-vérité. Ces deux réponses sont préfabriquées.

— Et quoi d'autre alors ? » questionna-t-il, douloureux. Avec cette question suspendue entre nous, chargée de tant de reproches et de désespoir, nous parvenions à un tournant. Il se trouvait aux limites de ce qu'il pouvait exiger. J'étais à la limite de ce que la médecine me permettait d'offrir. Pourtant, en termes humains plutôt que médicaux, la demande était absolument claire. Les vieilles interrogations — « Que signifie la vie ? Pourquoi ne puis-je avoir ce que je veux ? » — avaient refait surface dans l'esprit de Robert, soulevées par la crise que constituait cette étape de sa maladie.

Du sens !

Ces dix ou vingt dernières années, la médecine a dû s'ouvrir à des questions qui, dans le passé, l'avaient toujours gênée. Le patient veut savoir pourquoi il souffre et cela n'est certes pas nouveau ; mais les implications les plus profondes de cette question qu'il pose refusent de demeurer enfouies. Il ne suffit pas de lui raconter pourquoi il a mal à l'estomac, aux intestins ou à la poitrine. Son dilemme est « Pourquoi ai-je mal, *moi ?* » ; après que vous avez soulagé son ulcère, débloqué son intestin ou tranché sa tumeur au sein, il revient vous voir avec des problèmes aux yeux.

Poussé aux confins de mon prétendu savoir, j'ai réfléchi à cette douleur et tenté d'observer d'aussi près que possible des gens suffisamment honnêtes pour me mettre face à elle et j'ai fait quelques découvertes surprenantes. La vie quotidienne semble trouée en son milieu, comme une baie vitrée brisée par un caillou. Il ne s'agit pas d'un trou physique mais plutôt de ce que l'on pourrait appeler un « vide de sens », une absence indéfinissable, sinon par le fait qu'elle fait mal. Même s'ils sont incapables d'analyser l'effet de cette absence de sens sur leur vie, les gens la ressentent et, de ce fait, une tristesse maladive s'installe au-dessus des choses, y compris les meilleures. Combien de gens font de l'amour, de la liberté, de la foi ou de la dévotion l'expérience profonde qu'ils souhaiteraient ? Combien n'en ressentent rien et s'échouent dans la culpabilité et le reproche ?

En apparence, tous mes patients sont à la recherche

d'une aide parce qu'ils sont malades, gravement parfois. Mais je suis souvent choqué que nombre d'entre eux semblent, d'une manière à peine voilée, *soulagés*. Au cœur de son combat, Robert affichait un sentiment sous-jacent de ce type. Il haïssait sa maladie, mais elle lui avait offert des occasions que lui refusait la vie ordinaire. « Jusqu'à ce cancer, je ne croyais pas en Dieu, m'a dit une femme d'une soixantaine d'années, mais maintenant Il m'est très proche. » Je ne puis juger de son expérience, mais je suis évidemment heureux de ce réconfort découvert au crépuscule de sa vie, là où l'amertume aurait pu la briser. Mais elle semblait dire aussi : « Jusqu'à ce que je sois forcée de la quitter, ma vie ne signifiait pas grand-chose. »

L'un des plus étranges phénomènes de la culture postmoderne est cet optimisme sur la mort : les médecins et les thérapeutes nous pressent de faire de la mort non simplement une expérience positive mais *l'expérience* positive de toute une vie. Il y a toujours quelque aspect de fuite dans la maladie. Enfant, nous avons été dorloté par notre mère lorsque nous étions fiévreux, et l'on continue de prodiguer des « soins intensifs » aux adultes gravement malades. Mais si l'on voit le stade terminal d'une maladie comme le comble de l'échappatoire, comment alors ne pas se demander : « Cette vie est-elle si terrible que s'en évader soit la seule chose qui vaille la peine ? » Une de mes patientes, atteinte d'un cancer du côlon à métastases multiples, eut l'occasion d'assister à un séminaire sur « la volonté de vivre », censé aider les gens à guérir de maladies incurables. Elle fut horrifiée de découvrir dans la brochure de présentation que les principaux sponsors de la rencontre étaient six entreprises de pompes funèbres. Personne d'autre n'avait paru remarquer cette ironie féroce ou n'avait émis un commentaire.

Je ne souhaite pas traiter ce problème à la légère car j'ai moi-même de très fortes raisons de croire que la peur de la mort est écrasante à l'extrême et doit être vaincue au niveau le plus profond. Mais il est troublant de constater que notre culture nous offre si peu d'occasions de nous confronter aux sens fondamentaux de la vie, que la maladie et la mort ont rempli ce vide en devenant des lieux de conversion. Robert attendait avidement d'en faire l'expérience et était furieux qu'elle lui soit refusée. Certains autres de mes patients ont cependant embrassé une foi avec des résultats troublants.

Barbara fait partie de ceux-là. Il m'eût été difficile de ne pas être séduit à la minute même où elle pénétra dans mon bureau. Je savais qu'elle venait me consulter pour une maladie grave, mais elle paraissait radieuse, ses yeux brillaient, son teint était parfait. D'origine californienne, elle s'était rendue par avion à notre rendez-vous sur la côte est et, me voyant ébahi alors que nous nous serrions la main, elle rit et raconta :

« J'ai essayé de venir vous voir à Boston la semaine dernière mais une urgence familiale m'a fait manquer l'avion. J'ai demandé à mon médecin de San Diego de me rédiger un certificat médical pour pouvoir me faire rembourser le billet. Au téléphone, j'ai seulement dit à sa secrétaire de demander un mot indiquant que j'avais la grippe.

« Arrivée à l'aéroport, je l'ai présenté et la personne derrière le guichet est devenue livide. Mon médecin avait écrit : "Cette malheureuse femme est en cours de traitement pour un cancer métastatique du sein au stade terminal." »

J'étais tout aussi abasourdi. Comment réussir à croire que cette femme, si jeune et si vive, avait subi pendant plus d'un an la chirurgie, les rayons et la chimiothérapie pour combattre une tumeur maligne qui, au-delà de ses seins, avait largement envahi son squelette ? Plus tard, alors que j'explorais plus profondément le passé médical de Barbara, elle me révéla par petites touches son état d'esprit présent, si extraordinairement paisible.

« Voyez-vous, j'ai passé vingt années à me pousser vers le succès. Lorsque j'étais jeune, je me suis donné des objectifs absolument artificiels. Je voulais tout : une belle maison, un mari et des enfants qui m'adoreraient, l'indépendance financière à quarante ans pour pouvoir laisser mon travail et profiter de ma famille. Ces objectifs, je les avais à l'esprit avant même de quitter l'université et je ne les ai jamais perdus de vue.

« J'ai achevé mes études de droit et me suis mise à vivre vingt-cinq heures sur vingt-quatre pour parvenir à mes buts. L'année dernière, j'avais tout à ma portée. La maison, un mari, des enfants et j'étais en passe de devenir associée à part entière dans mon cabinet juridique. C'est à ce moment-là que mon cancer du sein a été diagnostiqué. Je savais bien, intellectuellement, qu'on venait de me dire une chose terrible, mais en quelques jours je me suis vue tomber dans une humeur vraiment bizarre. J'ai commencé à me sentir très heureuse et satisfaite. »

Cette réaction était en effet plutôt inattendue.

« J'ai toujours été convaincue qu'on obtient de la vie ce que l'on souhaite, expliqua-t-elle. Et je me suis demandé le pourquoi de ce cancer du sein. Etait-ce le résultat d'un espoir secret ? Cette question fait peur à beaucoup de gens qui n'y voient que culpabilité et reniement. Mais j'ai trouvé tout à fait raisonnable de me la poser. Savez-vous quelle a été la réponse ? »

J'étais très curieux de la connaître en effet.

« Le cancer m'a permis de parvenir à mon objectif final, ajouta-t-elle avec une nuance de triomphe dans la voix. Je voulais prendre ma retraite à quarante ans et m'y voilà, avec une pension d'invalidité totale. Je suis enfin rentière.

— Vous avez payé le prix fort pour obtenir cette sécurité financière et vous semblez ne pas y penser. » Disant cela, je ne pouvais m'empêcher de soupçonner que la renversante assurance affichée par Barbara devait cacher des peurs qu'elle ne pouvait affronter.

— Laissez-moi finir, répliqua-t-elle, excitée. Peu après le premier diagnostic, mon cancérologue est venu me voir à l'hôpital. Il avait l'air bouleversé et m'a dit : "Je suis très, très désolé de devoir vous dire cela Barbara, mais la tumeur maligne a envahi plusieurs autres zones de votre corps. Vue sous l'angle professionnel, vous êtes au stade terminal."

» J'ai répondu sans la moindre hésitation que si j'en étais au stade terminal, lui aussi et tout le monde autour de moi. Je l'ai choqué. Mais à mes yeux, qu'il vive trente ou quarante ans de plus que moi ne faisait aucune différence réelle. La mort est inévitable ; elle est une composante naturelle de la vie et ce que j'avais compris, ce qui me donnait une telle tranquillité d'esprit est que mourir peut être une aventure.

» Lorsque j'ai renoncé à m'inquiéter pour ces objectifs boursouflés et artificiels qui m'avaient écrasée tout au long de ma vie d'adulte, m'en trouver libérée a aussi été une sorte de mort — c'est pourtant la chose la plus fantastique qui me soit jamais arrivée. J'ai saisi de mieux en mieux que "mourir" chaque jour serait un mode de vie idéal, parce que chaque matin serait neuf. Comment la vie peut-elle se renouveler si nous n'apprenons pas à mourir ?

— Oui, oui » murmurai-je, me retenant de dire : « Comment la vie peut-elle se renouveler si nous n'apprenons pas à *vivre ?* » Mais je ressentais exactement ce que voulait dire Barbara. Elle fuyait la menace de la mort en « mourant » à ses vieilles habitudes et à ses fausses valeurs. « Morte », elle découvrait qu'une vie nouvelle s'engouffrait en elle pour emplir le vide. Le grand poète bengali Rabindranath Tagore nous a donné de cela une belle image : « Quand les vieux mots meurent sur la langue, de nouvelles mélodies jaillissent du cœur. »

Sans doute Barbara abritait-elle des sentiments de menace enfouis qu'elle n'avait pas véritablement résolus, mais je suis heureux de dire que sa « mort » lui a prodigué toute la vie qu'elle en attendait. Son cancérologue m'a fait savoir qu'elle réagit maintenant merveilleusement bien au traitement. Les masses métastatiques ont commencé à diminuer et les effets secondaires dont elle souffre sont modérés.

Malgré le sentiment de conversion exultante qu'éprouvait Barbara, je reste persuadé que quelque chose allait de travers dans cette affaire. La maladie n'est nullement un moyen de résoudre les questions centrales de la vie. Malades, nous sommes au plus bas, au minimum de nos facultés de rassemblement des ressources indispensables à une véritable transformation. La beauté de l'expérience de conversion de Barbara n'annule pas mécaniquement la souffrance qui l'accompagnait. Pas plus qu'elle ne règle le problème crucial de la nécessité d'une douleur préalable. Une croyance ancestrale présente le tourment comme inévitable, profondément humain ou même comme une grâce. Barbara, convaincue d'être l'élève de sa douleur, en avait conçu de la fierté. « Plutôt vivre six mois avec ce cancer, me dit-elle un jour, que sept ans comme j'étais avant. »

En la circonstance, elle n'avait guère d'autre choix que ce sentiment, l'alternative étant de se laisser écraser par les forces liguées contre elle. Mais quelle que soit la signification que les gens estiment pouvoir tirer de leur souffrance personnelle, je suis convaincu que vivre sans douleur serait bien plus porteur de sens encore, bien plus humain. Il faut transformer les gens *avant* la crise. Dans le cas contraire, ils risquent de ne pas disposer de suffisamment de temps pour profiter d'une vie qui leur apparaît soudain tellement digne d'être vécue.

Chaos dans le cœur

A ce stade de mes observations, il m'a fallu porter mes pensées hors du champ de la médecine, hors même des lointaines frontières de la médecine qui réunit le corps et l'esprit. Les médecins que je connais sont tous très réticents à franchement envisager leurs patients comme pleinement humains. La « médecine corps-esprit » est une étiquette brumeuse couvrant un domaine qui cherche encore ses méthodes et ses valeurs propres. Pour l'essentiel, elle n'est cimentée que par l'idée fondamentale que les pensées et les sensations ne peuvent être autoritairement séparées des effets physiques qu'elles créent. La science médicale ne s'est approchée de la réalité qu'après avoir admis que la maladie est liée aux émotions de la personne, à ses croyances et à ses attentes. (Mais peut-être suis-je naïf quant à l'ampleur de cette concession. Le bulletin de l'Ordre des médecins américains a interrogé ses membres en 1990, pour découvrir que seuls 10 % d'entre eux « croyaient » à une relation entre le corps et l'esprit. Un ami cardiologue m'a mis cet article sous le nez, rageur : « Et les 90 % restants, comment croient-ils remuer les orteils ? »)

La médecine corps-esprit n'a pas « transformé son essai » jusqu'à mettre au clair la raison de la souffrance des gens. Bien au contraire, nous nous perdons dans une confusion plus profonde encore. Cette errance a quelque chose à voir avec la nature même de la vie et il est donc extrêmement difficile de l'exprimer. Nous avons tous, dans notre enfance, soumis nos parents au feu roulant de questions chargées de sens : « Qui suis-je ? Que va-t-il m'arriver lorsque je mourrai ? Comment les choses deviennent ce qu'elles sont ? Pourquoi ? » Rares, si tant est qu'ils existent, sont les parents qui ont fourni des réponses suffisamment solides pour calmer les peurs déstabilisantes qui se cachaient derrière ces questions ; aussi avons-nous cessé de les poser. Mais elles subsistent au-dedans de nous, plus brûlantes que jamais. Parvenus nous-mêmes à l'âge adulte, nous avons tendance à écarter ces interrogations que nous qualifions d'« ultimes », les rendant ainsi plus abstraites. Ce sont en fait les questions primordiales et le trou qu'elles laissent crée, aussi longtemps qu'elles ne sont pas résolues, l'essentiel de la détresse contre laquelle nous nous battons — maladie physique, mal-être émotionnel, sensation envahissante d'agitation, absence tenace de bonheur.

Je trouve révélateur que les gens les plus tranquilles — tant matériellement que psychologiquement — que je connais soient fascinés par les sans-logis. Ils ne se contentent pas d'en être préoccupés ou affligés : ils voient des spectres d'eux-mêmes dans les plus irrémédiables marginaux de la rue. Ils ont le sentiment que, eux aussi, ils pourraient être dépossédés à tout instant. Leur peur est très fondée si l'on songe que le foyer qu'ils craignent de perdre est avant tout à l'intérieur d'eux-mêmes. Autrement dit, leur centre est tellement incertain qu'ils se demandent s'il a jamais existé vraiment.

C'est le mélange de fascination et de peur qui teinte intellectuellement cette nouvelle branche de la physique que l'on appelle la théorie du chaos et qui va très au-delà des modèles mathématiques stables et clairs de Newton ou même d'Einstein, pour pénétrer le monde du changement permanent où l'instabilité est la règle. Le chaos est l'absence de scénario et de connexions prévisibles. L'eau tourbillonnante, les bouffées de fumée, les grains de poussière qui dansent dans un rayon de lumière peuvent l'illustrer. Ces phénomènes sont tous imprévisibles, aléatoires ; si un modèle semble en émerger, il se dissout aussi vite qu'il s'était créé. Le comportement du chaos est troublant et par trop humain aux yeux du non-scientifique. Les collisions des grains de poussière ont leur pendant dans la foule anonyme ; la fumée tournoyante se traduit dans les relations personnelles qui ne durent guère avant de s'évanouir dans l'éther.

Sur un plan purement rationnel, la physique a longtemps été intriguée par le fait que l'Univers qui, sous bien des aspects, fonctionne comme une machine méticuleusement bâtie, manque de fils, de poulies et de tringles qui devraient lui donner corps. Les étoiles primordiales furent lancées en tout sens à l'instant du Big Bang, alors qu'elles n'étaient que gaz informe et embrasé, et leur voyage n'a jamais cessé depuis lors. Où sont les connexions, les principes d'ordre ? Pourquoi les pâquerettes dans les champs, les ailes des chauves-souris et la croûte terrestre constituent-elles des entités si bien agencées, alors que la machinerie cosmique dans son ensemble laisse apparemment ses pièces s'éparpiller en toutes directions ?

La théorie du chaos s'efforce de dévoiler l'ordonnancement plus profond, vraisemblablement sous-jacent au continuel jeu de création et de destruction de la nature. Elle est en ce sens une science optimiste puisque chaque nouvelle couche d'agencement que l'on découvre devient une nouvelle assurance, du moins pour le profane, que la nature a un sens. D'un autre côté, pourquoi cette organisation ne garde-t-elle pas son calme ? Car ce n'est pas ainsi semble-t-il que la nature fonctionne. Pour chaque couche d'équilibre, une autre couche s'écroule dans le désordre. Une nova qui explose n'est que pur chaos ; pourtant, chacun de ses atomes est un modèle d'harmonie. Une cellule de peau humaine s'acquitte des myriades de ses fonctions biologiques avec une discipline si incroyable que c'est à peine si la médecine en connaît les secrets mais, trois semaines plus tard, elle meurt pour se désintégrer dans le chaos. En définitive, la nature ne semble pas souhaiter démontrer qui, de l'ordre ou du désordre, prédomine.

Les physiciens manifestent parfois du dédain pour l'imagerie populaire à laquelle leurs théories donnent jour, mais les non-initiés ont été très affectés d'apprendre que rien dans la nature ne résiste aux ravages du changement. Les maladies les plus effroyables encore incurables, dont le cancer, semblent nicher dans la *probabilité* d'une erreur de l'acide désoxyribonucléique, l'ADN. Normalement, l'ADN est autocorrecteur. Autrement dit, il sait se réparer lui-même lorsqu'il est détérioré, il sait démonter un matériau génétique aberrant, annuler les plus énormes erreurs pour préserver le délicat équilibre des fonctions normales de la vie.

Mais chacune de nos cinquante mille milliards de cellules contient un jeu complet de trois milliards d'informations génétiques élémentaires et la perfection dans ce domaine est donc impossible. Un nombre inconnu d'erreurs se glissent (probablement quelques millions chaque année) ; certaines de ces aberrations deviennent incontrôlées et une violente prolifération cancéreuse peut en résulter. Le diabète, l'arthrite, les maladies cardiaques pourraient bien aussi avoir une composante génétique. Toutes ces maladies auraient leur mécanisme propre de déclenchement, chacun différent du cancer, mais l'incertitude sous-jacente n'en est pas moins épouvantable.

La maladie n'est pas seule créatrice de cette sensation de manque d'assise. Le corps lui-même n'est pas constitué d'un lot déterminé d'atomes et de molécules : c'est un processus, ou plutôt des milliards de processus simultanés et coordonnés. Je regardais un jour, fasciné, un apiculteur pénétrer dans un essaim d'abeilles. Enfermant précautionneusement la reine dans ses mains, il déplaçait toute la ruche, sphère vivante d'insectes, suspendue en plein ciel. Mais que déplaçait-il ? Ce n'était pas une masse compacte, mais plutôt une image de vie, virevoltante, voltigeante, en perpétuel changement, centrée d'elle-même autour d'un point précis. L'essaim n'existe qu'en conséquence du comportement des abeilles. C'est une illusion de forme derrière laquelle la réalité n'est que pur changement.

Ainsi sommes-nous aussi, essaims de molécules voltigeant autour d'un centre, mais avec un niveau de confiance diminué. La vieille reine, l'âme, a disparu ; et la jeune semble peu disposée à quitter enfin son alvéole. La grande différence entre nous et l'essaim est que nous avons du mal à accorder une réalité au centre invisible qui fait de nous un tout. Il est pourtant bien là puisque, dans le cas contraire, nous serions projetés en tous sens dans le chaos. Mais une reine ressemble aux autres abeilles, elle est simplement plus grosse, tandis que nous ne pouvons espérer trouver un amas de cellules qui contiendrait ce que nous considérons comme essentiel pour nous : l'amour, l'espoir, la confiance et la foi.

Le chaos est peut-être une irrésistible source de science, mais il ne constitue pas un mode de vie. L'absence de sens fait trop mal. Les grands explorateurs scientifiques qui sont entrés tambour battant au cœur de la nature, résolus à démanteler le noyau des atomes d'hydrogène et à mesurer les plus lointains horizons de l'espace-temps, ont oublié que pour toute avancée triomphale il y a une déroute, que pour aller quelque part il faut quitter un lieu. Autrement dit, plus profonde est l'exploration de la nature « du dehors, là-bas », plus grand est le risque d'abandonner notre propre nature humaine, la réalité « du dedans, ici », celle avec laquelle nous vivons intimement.

Pour l'heure, nous sommes profondément engoncés dans ce danger. Freud a fortement insisté sur les bienfaits équivoques du progrès matériel : le téléphone, invention qui se généralisa dans sa jeunesse, le laissait rêveur. Il n'y avait aucun doute que grâce à cet instrument il pouvait parler à sa fille, loin de lui, dans une autre ville. Cependant, disait-il, elle ne serait peut-être pas partie s'il n'y avait pas eu le téléphone. Cela ne veut pas dire que les machines sont malfaisantes ou intrinsèquement antihumaines. Il suffirait simplement d'équilibrer la marche en avant technologique de manière que le choc en retour, antihumain, ne se produise pas.

Je ne m'étendrai pas sur ces contrecoups, sinon pour en donner un exemple inoubliable. En mai 1986 un article d'une revue professionnelle médicale, *Pediatrics*, évaluait les bienfaits médicaux de la « stimulation tactile et kinesthésique chez le prématuré ». Des médecins de la faculté de médecine de Miami avaient divisé en deux groupes quarante bébés « prématurés » — pour utiliser le jargon médical — venus au monde après seulement trente et une semaines de grossesse en moyenne, soit un peu moins de huit mois.

L'un des groupes fut traité comme à l'accoutumée par l'unité de néonatologie de l'hôpital. On accorda aux autres quinze minutes d'attentions particulières, pendant lesquelles une personne les caressait et faisait doucement jouer leurs bras et leurs jambes grâce aux hublots aménagés dans leurs couveuses hermétiques — telle était cette « stimulation tactile et kinesthésique », répétée trois fois par jour.

Les résultats de ce complément tout simple à la routine hospitalière furent saisissants. Nourris à la demande selon un régime identique, les bébés caressés prirent chaque jour un poids supérieur de 47 % à celui du groupe témoin ; plus vifs, ils commencèrent les premiers à se comporter comme des bébés venus au monde normalement. En fin de compte, ils quittèrent l'hôpital une semaine plus tôt que prévu, permettant aux auteurs de l'étude d'observer une économie de 18 000 F (3 000 dollars) par enfant, sur la facture finale.

Le contraste entre vie et antivie est ici presque trop évident pour qu'il soit besoin de le souligner. La médecine scientifique a atteint un niveau où il n'est pas respectable de parler de caresses — et encore moins d'amour et d'affection. A travers un filtre orwellien, la caresse devient « stimulation tactile et kinesthésique ». Mais n'est-il pas plus orwellien encore de pratiquer de telles expériences pour vérifier si les bébés ont besoin de tendres attentions, à doser comme s'il s'agissait de cuillerées de sirop contre la toux ?

Cependant, je suis surtout ému par le groupe des bébés qui *ne furent pas* caressés. Lorsque je les imagine, gisant seuls dans leurs incubateurs hermétiques, barques échouées dans l'environnement surnaturel de ces unités de soins intensifs qui glacent les patients adultes et induisent souvent des effondrements psychotiques, mon cœur s'insurge. Bébés prématurés ou pas, nous souffrons tous lorsque notre foi en la vérité chancelle. Nous ne savons plus nommer les valeurs fondamentales : alors surgit le risque de perdre ces valeurs elles-mêmes.

La réalité personnelle

De plus en plus, nous sommes ramenés au monde « du dedans » que notre culture, sous tellement d'aspects, n'a pas su comprendre correctement. Au début de ma carrière, je m'étonnais souvent du fait que deux patients présentant des diagnostics identiques pouvaient réagir si différemment à leur maladie. Après tout, un diagnostic est censé être une étiquette impersonnelle collée sur une entité pathologique cliniquement définie. Mais cela est rarement aussi simple.

J'ai entendu parler récemment d'une patiente atteinte d'un cancer qui souffre énormément du fait que les métastases ont envahi ses os. Il se trouve que cette femme souffrait également d'un mariage malheureux et, un jour, totalement épuisée par le conflit permanent qui l'opposait à son mari, elle décida une bonne fois pour toutes que leur relation était parvenue à son terme. Le lendemain, après qu'elle lui eut proposé de se séparer, la douleur osseuse disparut inexplicablement. « Soudain, l'expression "usée jusqu'à l'os" m'est venue à l'esprit, dit-elle, et j'ai compris en un éclair que mon corps exprimait cette même idée dans la maladie. » Ayant ainsi libéré un peu de cette lassitude refoulée, elle s'était elle-même soulagée de la douleur qui en était littéralement le double. Elle se demande maintenant — et moi avec elle — si le cancer va lui aussi se trouver contraint de reculer. Sa maladie n'était-elle, d'un bout à l'autre, que simple métaphore ?

Notre culture choisit de croire que la maladie se crée avant tout au niveau matériel. Après que vous l'avez inhalée, une fibre d'amiante peut se loger dans la plus infime fissure de votre tissu pulmonaire et, le temps passant, la probabilité est faible mais bien déterminée pour qu'apparaisse une forme particulière de cancer du poumon. On a par ailleurs découvert que les taux de cancer augmentent chez les hommes ayant récemment perdu leur femme. L'affliction, elle aussi, se loge au plus profond d'une personne et, bien que l'on ne puisse comparer une molécule d'amiante « du dehors, là-bas » avec un état d'esprit frappé par l'affliction, il y a peut-être identité à quelque niveau profond de l'être. Si chaque impulsion de confiance et d'amour nourrit notre corps, la défiance et la haine sont bien alors des poisons.

Nous avons peut-être, vous et moi, des cœurs très semblables ; nous subirons tous deux un arrêt cardiaque si une dose suffisante de chlorure de potassium nous est injectée dans les veines. Mais nos expériences sont absolument individuelles. Nous n'avons pas traversé les mêmes jardins et nous nous sommes agenouillés au pied de tombes différentes. Vos tristes souvenirs vous mettent la désolation ou la mort dans l'âme, tandis que je suis parfaitement immunisé contre eux. De la même manière, les images joyeuses qui nous égaient peuvent être fort ressemblantes, mais vos souvenirs ont un parfum personnel que je ne puis sentir.

Nous utilisons généralement le mot « réalité » dans son sens le plus impersonnel. Les arbres, le ciel, les nuages, les bâtiments, les institutions sociales définissent le réel et semblent exister sans grands égards pour nos pensées et sensations personnelles. Pourtant, la frontière entre monde intérieur et monde extérieur, entre « moi » et les choses « du dehors », manque de précision. Tout ce que ressent un individu doit passer au travers d'un filtre mental avant d'être enregistré comme réel : autrement dit, nous passons notre temps à *faire* de la réalité.

Mais revenons à Robert, avec qui j'ai longuement discuté de tout cela. Lors de l'une de nos dernières rencontres, je lui ai demandé : « Vous êtes-vous jamais réveillé la nuit, vers deux ou trois heures du matin, avec un sentiment de frayeur ? Connaissez-vous ce sentiment, qu'on appelle épouvante, angoisse flottante, diffuse, ou tout ce que vous voudrez ? » Je n'attendais pas sa réponse car nous la connaissions déjà, tous les deux.

« La prochaine fois que cela se produira, vous réussirez peut-être à remarquer une chose tout à fait curieuse. Presque à l'instant où vous vous réveillez avec cette sensation de frayeur, votre esprit trouve quelque chose pour avoir peur, un bruit bien souvent. Un robinet qui goutte, le vent dans les arbres, le tic-tac de l'horloge : n'importe quel son inoffensif de la vie quotidienne paraît soudain abominable.

« Vous vous êtes emprisonné dans l'acte consistant à donner une atmosphère personnelle aux choses en vous projetant en elles. Comment ? L'esprit ne vit pas naturellement dans l'abstraction. Il préfère le concret. Alors, si une impulsion de peur jaillit, il l'accroche à quelque élément tangible. C'est une sorte de réflexe automatique qui se perpétue de lui-même car il y a toujours quelque événement — perdre son argent, se trouver en échec professionnel, mourir d'une maladie redoutée — que nous considérons comme une authentique cause d'angoisse. Si vous vous réveillez avec la terreur d'avoir le cancer, cela semble tellement normal que vous manquez l'essentiel : ce n'est pas le cancer qui vous effraie, c'est le réflexe mental.

« La prochaine fois, restez à l'affût et observez cette peur sans forme qui cherche à l'aveuglette quelque chose à quoi s'accrocher. Vous noterez peut-être, là, couché dans votre lit, que, comme un mendiant devant lequel les portes se ferment, votre esprit fonce d'un prétexte à l'autre jusqu'à ce qu'une bonne excuse l'accueille. Vous aviez peut-être d'abord opté pour la vibration d'une vitre. Mais à l'instant où l'esprit s'apprête à s'emparer de cette échappatoire, le voilà qui déclare : "Je ne vais tout de même pas avoir peur du vent ! Mince alors… J'ai un cancer et ça au moins, ça mérite que l'on s'inquiète !" Qu'en pensez-vous ? »

Robert ne put réprimer un sourire.

« Voyez-vous, sur votre chaise ici, vous comprenez ce qu'il y a de ridicule dans tout cela. Pourquoi l'esprit devrait-il céder à cette habitude ? Par sécurité : comme un grimpeur qui se soulève, une main après l'autre, le long d'une corde, l'esprit se tire lui-même, minute après minute, s'identifiant à des images, des sons, des goûts, des odeurs, des textures et, par-dessus tout, à des souvenirs.

« C'est ainsi que la vie garde sa continuité, mais l'esprit conditionné laisse peu de place aux nouveautés. Dès lors que vous commencez à voir que vos pensées les plus précieuses ne sont peut-être que des réflexes, l'urgence de s'en libérer jaillit immanquablement. Au lieu d'être tellement convaincu par les stimuli de la douleur et du plaisir, vous commencez à entrevoir l'éventualité de nouvelles perspectives.

— Mais je n'ai pas peur de me faire du souci, objecta Robert, j'ai peur de ma maladie. »

J'insistai : « L'inquiétude grandit sur le terreau de votre point de vue et non sur celui de votre maladie. Votre conscience intérieure est primordiale dans la réalité de ce que vous ressentez. » Robert semblait rester incrédule. « Imaginez deux personnes sur la même montagne russe. L'une est terrorisée et les hormones du stress saturent son corps, réduisant ses réponses immunitaires à zéro. L'autre adore ce manège et fabrique en quantité des substances chimiques comme l'interféron et l'interleukine, qui renforcent son système immunitaire. Deux résultats opposés pour une cause identique, simplement pour des différences de point de vue. »

Je le laissai s'imbiber de cela avant d'ajouter: « Ce que je cherche à vous faire entendre, c'est qu'il est possible de parvenir à la liberté d'adopter n'importe quel angle d'observation et par conséquent n'importe quelle réalité. Il vous est peut-être presque impossible de voir cela à l'heure actuelle, mais votre point de départ fondamental est celui d'où vous êtes le créateur de votre réalité. Et, si vous revenez à cette perspective primaire, vous ne vous verrez plus comme une victime passive de la vie — vous vous tiendrez campé en son centre même, avec le pouvoir de la renouveler, à chaque instant.

— Tout cela semble devenir très mystique, dit Robert avec hésitation.

— Pas après que vous en aurez vraiment fait l'expérience. A qui suis-je en train de parler en ce moment? Si c'était avec simplement une accumulation d'habitudes et de souvenirs, vous seriez une entité intégralement prévisible, mais ce n'est pas le cas. Les vieilles scènes et les vieux événements qui se sont entassés à l'intérieur de vous ne sont pas vous; vous êtes leur metteur en scène, leur contremaître. Vous attribuez son sens à chaque iota de donnée sensorielle et, sans vous, tout tomberait dans le chaos. »

Voilà qui nous ramène à la supplique de Robert: sortir de sa souffrance, si profondément installée. La frustration et la douleur sont coincées en nous par un conditionnement qui nous raconte qu'elles sont inéluctables; c'est pourquoi nous devons aller au-delà du conditionnement pour guérir. Nous sommes tous encerclés. L'esprit est structuré autour des impressions détenues en son sein même et tenter de les nier ou de s'en échapper est dérisoire. Un être humain est traversé chaque jour par environ 50 000 pensées différentes (c'est du moins ce que quelqu'un a calculé); autant dire par une invraisemblable cascade d'impulsions violemment mélangées et conflictuelles. En elle-même et par elle-même, cette agitation peut être douloureuse à l'extrême. Nous ressentons pour les personnes qui nous sont les plus proches un véritable amour et une véritable haine, sans qu'il paraisse possible de séparer l'un de l'autre. Les émotions les plus destructrices, le doute, la peur, la culpabilité, la honte, la solitude, errent librement dans le mental, au-delà de notre maîtrise consciente. Dire qu'elles nous contrôlent serait plus proche de la vérité.

Mais cette prison prend un aspect d'illusion dès lors que vous comprenez que c'est vous-même qui l'avez bâtie et vous y êtes enfermé. Ayant érigé les obstacles à l'intérieur desquels il se sent emprisonné, le mental devrait être capable de les abattre. Sous cet angle, chaque personne est donc responsable du choix de sa propre réalité intérieure. D'un côté l'ancien conditionnement nous dit que nous allons nous blesser davantage encore si nous tentons l'évasion. De l'autre, l'appel de la liberté nous presse de découvrir que toutes ces limites sont fondamentalement fausses. Mais l'on n'obéit que difficilement à ce cri enseveli sous le déchirement.

Les gens reculent devant la douleur comme ils se retireraient devant une attaque ennemie. Mais la souffrance est avant tout un drapeau qui signale où devrait commencer la guérison. C'est pour cela que mon objectif est de calmer les craintes des gens et leur permettre de comprendre que le style de vie le plus naturel est celui d'une vie soulagée. Dès qu'une personne a ne serait-ce qu'un peu de courage pour affronter son vieux conditionnement, elle découvre que se tourner vers l'intérieur d'elle-même commence à dissoudre celui-ci. Pour l'heure, la perspective de se pencher sur soi intimide à l'extrême la plupart des gens, mais c'est l'unique moyen par lequel l'esprit peut reconquérir ses bastions intérieurs. Aucune guérison n'arrivera de l'extérieur. Le vide de sens dont nous souffrons présentement ne fera qu'empirer et, le temps passant, l'humanité pourrait bien trop s'écœurer d'elle-même pour être en mesure de se rétablir.

De meilleures images cérébrales ?

J'ai peint jusqu'ici le portrait lugubre de gens qui souffrent sans savoir pourquoi et cherchent en vain un soulagement. Mais cet angle de vue est bien trop étriqué, car si nous envisageons les choses différemment la situation se modifie du tout au tout. Retournez votre télescope et aucun doute ne subsiste : la nature est guérisseuse. Des étoiles explosent, mais il s'en crée aussi, constamment ; des cellules meurent, mais elles se divisent également et leurs rejetons vont transporter l'ADN plus avant (et l'élever aussi, car en dépit de toutes mes épreuves, je préfère grandement être un humain plutôt qu'une amibe ou même le plus beau des chimpanzés).

Eclairée de la sorte, la vie se présente comme un miracle de renouvellement. Tout cet ordre qui se dissout dans le chaos revient sous une autre forme d'ordre. Toute cette vie qui se livre à la mort renaît continuellement. La danse des rayons du soleil sur la mer, la luxuriance des vallées alpines, la toute simple gentillesse enfantine, les frêles mains d'une vieille femme qui conservent leur élégance en dépit de l'empreinte de l'âge — toutes ces choses existent indépendamment de nos humeurs, attendant que soit reconnue leur joie intérieure. Lorsque des patients passent par l'expérience d'une conversion, c'est leur point de vue sur ces questions qui change et non la réalité elle-même.

Dès lors que nous avons compris que la nature contient, mutuellement imbriquées, la guérison et la destruction, un doute surgit : les gens s'infligeraient-ils à eux-mêmes toutes leurs misères ? Nous voyons les nuages plutôt que l'arc-en-ciel et leur reprochons la tristesse qu'ils nous apportent. J'en suis venu à admettre la validité de cette approche du problème, mais je suis bien obligé, à la même seconde, de reconnaître que je partage la résistance des gens quand on leur suggère de percevoir une réalité plus radieuse. Leur mental rejette avec violence toute idée que la douleur, tellement intense et incontrôlable, aurait été auto-induite. Pourtant, toute douleur nous vient par le biais d'une connexion corps-esprit. La raison impose que celle-ci fonctionne à double sens. Si vous avez la preuve que certaines substances chimiques cérébrales créent une sensation de bien-être chez les gens, celles qui les font se sentir déprimés, malades ou désespérés ne peuvent être niées.

Le paradoxe est que les cerveaux qui ont le plus besoin de guérison sont justement ceux qui sont retranchés dans une chimie cérébrale erronée. Parce qu'il est conditionné à voir un monde triste et sans espoir, le cerveau déprimé conçoit toute idée, y compris celle de sa propre guérison, comme cause supplémentaire de dépression. Nous pouvons bien invoquer le guérisseur intérieur comme s'il était une chose, une dose de pénicilline, mais il est abstrait, il est l'enfant des mots et des souvenirs. Il demeure, insaisissable, dans le monde intime que chacun bâtit au-dedans de lui-même, changeant de forme d'une personne et d'une minute à l'autre.

On pourrait en rester là (l'image mentale de la réalité est régie par la chimie du cerveau), mais nous disposons aujourd'hui de produits pharmaceutiques capables de radicalement modifier cette chimie, c'est-à-dire de transformer fondamentalement notre image du monde. Un individu déprimé avale un comprimé et, soudain, les gens lui semblent plus amicaux, moins menaçants; les situations paraissent moins désespérées; les couleurs plus éclatantes, les sons plus vivants. Les transformations ne sont pas toujours aussi spectaculaires, mais le champ d'action des produits psychotropes s'est si vite élargi que, pour la première fois peut-être, la science est capable de nous fournir, en bouteille, la réalité que nous désirons.

Peter Kramer, psychiatre libéral à Providence, dans le Rhode Island aux Etats-Unis, relate le cas d'une femme en dépression chronique, venue le voir quelques années plus tôt. Cadre au poste enviable, elle travaillait si dur et s'absorbait tant dans les détails de sa profession qu'elle n'avait pratiquement pas le temps de mener une vie sociale. Sa vie personnelle, lorsqu'elle lui accordait la moindre attention, se résumait à une liaison de longue date et sans espoir avec un homme marié. Si un autre homme tentait de s'approcher, elle faisait en sorte qu'il reste à bonne distance.

Le Dr Kramer n'était pas censé soigner cette femme qui suivait avec quelque succès une thérapie chez un psychologue; on avait simplement besoin de lui pour prescrire des médicaments et il lui fit prendre un antidépresseur classique, qui parut réussir. Les symptômes diminuaient de façon significative; elle dormait et mangeait mieux, avait moins de crises de larmes qu'avant. Personne cependant n'aurait prétendu que cette femme menait une vie normale. Le Dr Kramer prit note d'une rémission partielle, gardant espoir que quelque chose de plus puisse être fait pour elle.

Deux ans plus tard, un nouvel antidépresseur — à base de fluoxétine — arriva sur le marché, entouré d'une importante publicité quant à son efficacité. Dans sa structure, il n'était pas franchement différent des autres médicaments de la classe des tricycliques mais plus spécifique. Il contribuait à normaliser l'action d'une substance chimique produite par le cerveau, la sérotonine, l'une de ces molécules messagères essentielles, que l'on appelle neurotransmetteurs, grâce auxquelles les neurones communiquent entre eux.

Le Dr Kramer décida de le prescrire à sa patiente pour une période d'essai et un changement spectaculaire se fit. Après une première phase de frénésie et d'euphorie, elle s'installa dans un état à peine plus énergétique et optimiste qu'auparavant. Ce léger glissement allait suffire à totalement modifier sa vie. Elle devint plus conciliante avec ses collègues, cessa d'envoyer des signaux d'hostilité et commença à traiter les hommes d'une manière moins neutre. Sa vie sociale décolla. « Trois rendez-vous par week-end ! s'exclama-t-elle en entrant dans le cabinet du Dr Kramer. Je dois avoir une étiquette collée au front. » Elle se défit de ses anciens amis, qui entretenaient avec elle une relation essentiellement fondée sur sa dépression et en trouva d'autres, aussi vifs qu'elle.

C'est un exemple classique de changement de la réalité d'un individu à travers la modification de la chimie de son cerveau. Les sentiments du Dr Kramer étaient très mitigés. « La capacité de jugement de la patiente restait bonne, ce léger dynamisme supplémentaire ne semblait pas mettre en danger son fonctionnement quotidien — elle-même pensait aller infiniment mieux — mais je n'étais pas à l'aise. Pour moi, ce médicament avait donné à ma patiente un genre qui lui venait de l'extérieur. » Le Dr Kramer n'a su exprimer son malaise qu'en disant que cette substance avait, d'une façon ou d'une autre, influé sur le « tempérament » de cette femme, mais ce type de jugement reste vague. La souffrance faisait-elle partie du tempérament de celle-ci ? Si oui, ne pouvait-on en éliminer un peu pour lui permettre de moins souffrir ?

Bien d'autres psychiatres, inquiets, hésitent encore au seuil des pharmacies, mais nous avons certainement atteint un tournant. Le jour pourrait bien venir où être cliniquement déprimé ne constituerait plus la condition préalable à la prise de tels médicaments. Comme le disait un célèbre médecin de New York : « Le fait est que nous sommes tous déprimés. Le monde entier est déprimé. Je ne connais pas un être humain qui ne le soit. » Sommes-nous censés prescrire des antidépresseurs au monde entier ?

Concrètement, la raison principale pour laquelle nous ne donnons pas de la réalité en bouteille aux gens est largement technique. Pour la plupart, les substances psychotropes sont fortement toxiques, créent des dépendances ou présentent d'autres effets secondaires inacceptables. Les amphétamines peuvent donner une sensation accrue de vivacité, de concentration et d'intensité créatrice, mais elles amplifient aussi la paranoïa. Le Valium et autres tranquillisants associés effacent les faibles niveaux d'anxiété mais engendrent l'accoutumance. Le LSD et toute une large gamme d'autres hallucinogènes apportent des expériences visionnaires quelquefois très fortes, mais déforment tant la perception que peu de gens peuvent vaquer normalement à leurs occupations sous leur influence. Dans chacun de ces cas, le fait de se sentir bien est fortement pénalisé par la nécessité de se sentir aussi très mal.

Sur ses vieux jours, le philosophe Jean-Paul Sartre a reconnu avoir écrit son dernier ouvrage sous l'influence d'amphétamines. Tout en comprenant qu'il était en train de détruire son cerveau et de raccourcir sa vie, il préférait le supplément d'intelligence que lui donnait ce produit pharmaceutique. Aux Etats-Unis, où le corps médical réfrène davantage l'usage de ces médicaments dangereux, Sartre n'aurait pas été autorisé à faire un tel choix ; le praticien qui lui aurait refusé les amphétamines aurait endossé la responsabilité de perdre un livre, mais aurait sauvé une vie. Cependant, aurions-nous le droit d'interdire à quiconque ces compléments de génie dès lors qu'il n'y aurait plus de prix à payer ?

A l'heure actuelle, la toxicité des produits médicamenteux altérant la conscience est moindre et la question se pose avec d'autant plus d'acuité. Un cerveau plus intelligent, plus vif, est évidemment un avantage dans la vie ; pour refuser cela à quelqu'un, il faut une très bonne raison. On dit qu'un certain médicament modifie avec une telle finesse la notion du moi que certains patients doivent faire fonctionner leur réveil pour se souvenir de le prendre. Sinon, ils oublient que la personne dynamique et heureuse qu'ils sont devenus n'était pas là initialement.

En dépit des objections d'ordre éthique qu'ils peuvent formuler aujourd'hui, il est probable que les médecins laisseront faire progressivement, pour finalement accorder, plus ou moins à la demande, des bonus cérébraux chimiques. La seule justification que je puisse trouver au refus de procurer aux gens un tableau mental plus heureux est qu'ils risquent de manquer une chose meilleure encore. Qu'est-ce qui est meilleur que le bonheur et la créativité ? Le bonheur *vrai*, la créativité *vraie*, qui ne partiront pas si vous oubliez de régler votre réveil.

Au lieu de voir le cerveau comme une série de relais chimiques susceptibles d'être allumés ou mis en veilleuse comme un écran de télévision, nous ferions mieux d'explorer bien plus en profondeur son rôle de créateur. S'il est vrai que nous sommes tous cocréateurs de réalité, alors notre but dans la vie ne se limite pas à être brillant, vif ou imaginatif : il est de façonner l'existence elle-même. Si le cerveau pouvait parvenir à cela, alors il accéderait à la vraie plénitude du sens, bien au-delà du coup de fouet d'un comprimé modifiant le psychisme.

Ce qui importe réellement, ce ne sont pas les choses « là, dehors », quelque attrait que nous puissions leur octroyer ; c'est l'expérimentateur siégeant au-dedans de nous. Sans cet expérimentateur, il n'y a ni lumière, ni son, ni contact, ni odeur, ni goût. C'est le mélange magique et personnel de chacun qui crée ces choses et l'envoûtement est tel que nous avons du mal à nous souvenir que nous sommes le magicien et pas seulement le spectateur.

Dans cet ouvrage, je propose de maîtriser les forces qui façonnent nos réalités personnelles. Il m'a fallu longtemps pour examiner par le menu et exprimer clairement ce que signifie une telle maîtrise. Il ne s'agit pas de manipuler sa psychologie ou d'élever la puissance de sa volonté à des altitudes suprahumaines. Ces deux voies ont échoué dans l'entreprise consistant à transformer notre condition. Nous vivons dans une culture qui place sa foi dans le travail comme moyen de survivre et affirme que l'on est d'autant mieux récompensé que l'on travaille dur. Cette hypothèse rend à peu près invisible le fait que certaines choses n'exigeant aucun travail sont porteuses de récompenses immenses. La guérison par exemple. On ne peut en provoquer l'apparition, mais pourtant elle apparaît. Et lorsque la guérison est suffisamment profonde, elle résout des problèmes bien pires que les désordres physiques. La quête de sens parvient à son terme et l'immense capacité de la nature à purifier et à restaurer les équilibres s'affirme une fois encore.

Lorsque nous subissons une pression, même en faveur de la guérison, cela fait mal à l'intérieur de nous-mêmes. Dès que la pression disparaît, l'esprit commence, de lui-même, à guérir. Rares sont les gens qui acceptent de vivre cela immédiatement. Ils préfèrent se battre contre leur douleur, évincer le tourment, la dépression, la peur, malgré l'accablante évidence que si jamais ces émotions se dissipaient, ce serait de leur propre chef. Le combat ne fait que ralentir le processus et le rendre plus pénible.

La guérison complète dépend de votre aptitude à cesser le combat. Je m'expliquerai davantage à ce sujet dans les chapitres suivants. Ils sont agencés de manière à présenter les phases principales qui éloignent une personne des conditionnements et la rapprochent de la liberté. Avec chaque barrière qui tombe jaillit un nouveau possible. Lire un livre ne pourra ni vous rendre libre, ni vous guérir d'une blessure profonde, ni redonner un sens à votre existence, mais cela peut vous apporter la compréhension de ce qui vous retient. La compréhension et l'expérience sont les deux jambes de la guérison et marchent de concert. Alors, le moi perclus de peur découvre, sans tension ni pression, le pouvoir refoulé de la vérité, renié depuis si longtemps.

2

L'outil de la perception

Un homme est mort un jour à cause d'une chose que je lui avais dite. Je l'appellerai Arthur Elias, cet avocat d'une trentaine d'années qui s'était présenté après minuit au service des urgences d'un hôpital des abords de Boston, seul et vêtu d'un pyjama froissé. Visiblement effrayé, M. Elias avait expliqué aux infirmières qu'il avait été tiré d'un sommeil profond par une douleur fulgurante et atroce au milieu de la poitrine. Il avait attendu, osant à peine respirer. Quelques minutes plus tard, la douleur s'était estompée et il avait sauté hors de son lit pour se précipiter vers l'hôpital le plus proche.

Le jeune docteur de service aux urgences cette nuit-là procéda rapidement à un examen mais ne trouva rien d'anormal. S'étant assuré que M. Elias n'avait aucun antécédent cardiaque, il lui expliqua que la douleur pouvait avoir été provoquée par une crampe musculaire au niveau de la poitrine.

« Mais cela ressemblait à un coup de poignard ! » protesta le patient.

Le médecin des urgences lui garantit qu'une crise cardiaque commence toujours par une étreinte sourde et non comme une sensation vive. De plus, M. Elias ne présentait pas le moindre vertige, pas de nausée ni de faiblesse soudaine, pas de perte de souffle — autant de signes avant-coureurs d'une crise cardiaque. On lui conseilla de revenir dans la matinée pour subir toute une série de tests.

Il rentra chez lui à regret et, dans l'heure, la douleur frappa à nouveau. Il repartit frénétiquement aux urgences et l'on réveilla le médecin responsable de garde, moi-même, pour qu'il l'auscultât. Au passage, mon jeune confrère me signala que M. Elias était « un peu agressif ».

Dans la salle d'examen, je trouvai un homme pâle et angoissé. Le stéthoscope que je posai sur sa poitrine le fit bondir en arrière.

« Détendez-vous maintenant, dis-je avec douceur. Il n'y a probablement rien dont nous devions nous inquiéter.

— Nous ? rétorqua-t-il, me clouant d'un regard furieux. Celui qui risque de mourir ici, c'est moi. »

Je me baissai pour écouter son cœur, sans répondre. Il semblait battre un peu vite, mais sans rien d'anormal. Par mesure de précaution, je lui fis subir un électrocardiogramme (ECG) ; aucune anomalie n'apparut là non plus. Je décidai malgré tout de l'admettre en observation à l'hôpital, à cause essentiellement de toute l'agitation émotionnelle qu'il affichait.

Le lendemain matin, j'apportai des nouvelles ambiguës à la suite d'un nouvel ECG. « J'ai demandé à l'un de nos cardiologues de regarder vos deux examens et il y a un petit changement depuis la nuit dernière. Cela pourrait indiquer que votre muscle cardiaque a subi un léger dommage au cours de vos deux épisodes douloureux. »

Je m'apprêtais à dire à M. Elias qu'il ne semblait courir aucun danger imminent. Un cœur en bonne santé est tout à fait capable de se relever de petites blessures de ce type. Quelquefois elles cicatrisent, tout simplement, d'autres se referment et le cœur continue de fonctionner autour d'elles. Mais avant même que je l'en eusse informé, il explosa. Les yeux écarquillés de fureur, il se répandit en invectives.

« C'est scandaleux ! J'aurais pu mourir et vous vous en fichez complètement, mais vous ne vous en tirerez pas comme cela ! Je vous prendrai tout ! » Il suffoquait dans une rage incohérente, mais il était parfaitement clair qu'il avait l'intention d'intenter sur-le-champ un procès retentissant pour négligence professionnelle et de m'y traîner ainsi que tout le personnel des urgences. Pour appuyer sa menace, il empoigna le téléphone à la tête de son lit et entreprit de mettre au courant ses confrères, s'agitant de plus en plus. Je l'exhortai à tâcher de se calmer. Sa pression artérielle explosait et nous lui administrâmes les antihypertensifs et les tranquillisants les plus puissants que nous avions sous la main. Rien n'y fit. Il s'était échappé, incontrôlable, dans son propre monde.

Une heure plus tard il fulminait toujours au téléphone. Il sentit revenir les douleurs lancinantes dans sa poitrine, avec une violence qui cette fois le fit s'effondrer. L'infirmière qui le découvrit ne sentit aucun pouls. Une unité de soins intensifs fut sur place en deux minutes avec un chariot d'urgence et des électrodes, mais toutes les tentatives de réanimation échouèrent.

Ma réaction première, lorsque j'appris que nous l'avions perdu, fut l'ahurissement absolu. Pour n'importe quel malade, entendre qu'il a peut-être été victime d'une crise cardiaque est bien évidemment inquiétant. Pourtant, cette expression qui m'avait paru anodine (« un léger dommage à votre cœur ») était devenue catastrophique lorsque M. Elias l'avait faite sienne. Elle avait déclenché une réaction en chaîne que personne n'avait pu maîtriser, lui moins que quiconque.

Les décès brutaux survenus en milieu hospitalier sont toujours suivis d'une autopsie détaillée. Dans son cas, la cause de décès annoncée fut une rupture du myocarde : une partie du muscle cardiaque, nécrosée ou morte, s'était déchirée, probablement en conséquence d'un spasme violent des artères coronaires, avec les conséquences fatales que l'on sait.

Le tissu nécrosé n'était pas cicatrisé, ce qui implique que l'atteinte au cœur était récente. Il n'y avait cependant aucun moyen de déterminer si les deux accès douloureux étaient, si peu que ce fût, responsables de ces dommages. D'après l'autopsie, les artères coronaires de M. Elias étaient bien dégagées. Nous savions déjà que deux causes majeures des crises cardiaques étaient absentes : il ne fumait pas et ne souffrait pas d'hypertension artérielle. Le muscle cardiaque ne montrait aucune défaillance propre, comme par exemple une valvule endommagée et il n'y avait aucun signe d'infection.

En d'autres termes, il était dans un état de santé aussi bon qu'il est possible de l'espérer — jusqu'à ce que son cœur eût décidé de se déchirer.

Jamais je n'avais songé qu'un mot fût capable de tuer. Physiquement, un mot n'est qu'un son léger et le désigner comme la cause d'une crise cardiaque est absurde, sauf si l'on est disposé à élargir radicalement l'ensemble de ses certitudes. J'ai lu comment les habitants de la Nouvelle-Guinée sont capables d'abattre un arbre. Debout en cercle autour de lui, ils se mettent à crier à tue-tête. Ils s'en vont, puis reviennent quelques semaines plus tard ; l'arbre a basculé, de son propre chef. L'Ancien Testament raconte que Josué gagna la bataille de Jéricho en ordonnant à ses troupes de souffler dans leurs cornes de bélier jusqu'à l'effondrement des murs de la cité. Réfléchissant à M. Elias, je commençais à penser qu'un prodige similaire l'avait abattu.

L'une des raisons pour lesquelles un stimulus très faible peut tuer quelqu'un est que le cœur humain met déjà en œuvre une énergie plus que suffisante pour se détruire. Pas plus gros qu'un poing serré, cet organe développe quotidiennement une énergie qui suffirait à élever une masse d'une tonne au cinquième étage d'un immeuble. Cette énorme énergie est généralement canalisée pour le meilleur. Pourtant, si l'on regarde mieux, le doux battement du cœur se tient toujours prêt à sombrer dans la pire violence — il tente littéralement de bondir hors de sa niche thoracique à chacun de ses mouvements, pour n'être arrêté que lorsque sa pointe, l'apex, cogne brutalement contre la paroi intérieure de la poitrine.

Heureusement, le corps de chacun de nous abrite toute une panoplie de systèmes de sécurité. La nature protège particulièrement bien notre cœur de l'autodestruction avec, pour commencer, cette minuscule partie du cerveau que l'on nomme l'hypothalamus. Bien que rarement plus gros que l'extrémité du petit doigt, l'hypothalamus règle soigneusement des dizaines de fonctions corporelles, dont la tension artérielle et les pulsations cardiaques. En outre, l'un des dix nerfs crâniens, le nerf vague, est chargé de ralentir un cœur qui s'emballe et de le ramener à la normale. Le cœur est protégé de l'intérieur par ses propres cellules de stimulation cardiaque indépendantes et par un système électrique « embarqué », pour le cas où le cerveau se trouverait dans l'incapacité de fonctionner du fait d'une maladie ou d'un traumatisme. Même sophistiquée de la sorte, cette machinerie à sûreté intégrée est bel et bien tombée en panne dans ce cas, enrayée pour toujours par l'écho — insoutenable pour elle — d'une phrase anodine.

Se voir soi-même dans le monde

La déclaration précise et objective du médecin légiste : « Cause du décès : infarctus du myocarde » ne faisait même pas l'ombre d'une allusion à la manière dont ce désastre s'était produit. Elle se contentait d'apposer une étiquette conventionnelle sur son issue. Si le rapport avait indiqué : « Cause du décès : perception déformée de la situation », la vérité eût été sensiblement mieux approchée.

Pour enregistrer un événement, un appareil photographique emmagasine des signaux lumineux et les transforme en image véritable, mais ce n'est pas du tout ainsi que nos sens fonctionnent — nous *percevons,* c'est-à-dire que nous ajoutons du sens à tout signal qui croise notre chemin. Un appareil photo se moque de savoir si un autobus américain est peint en jaune, mais un Américain sait, lui, en le voyant ainsi, que ce véhicule transporte des enfants et qu'il convient donc de prendre certaines précautions. La perception est la première et la principale étape vers la transformation des données brutes de l'Univers en réalité. Voir le monde est loin d'être l'acte passif qu'il semblerait, puisque lorsque nous regardons une chose nous la voyons colorée par le jeu personnel des expériences uniques qui nous sont propres.

Si, regardant le point du jour, je me sens déprimé, mon humeur s'infiltre dans ce spectacle et le rend triste et solitaire. Si je suis joyeux, la même aurore reflète ma joie et me la renvoie. Cette fusion de « moi » et des choses « du dehors » est ce qui rend magique l'outil de la perception. Je fais du monde *mon* monde en écoutant, regardant, sentant, goûtant, ressentant, tout simplement.

Il n'y a pas non plus de limite à la quantité de sens que nous pouvons déchiffrer dans les données que nous interprétons. Il est absolument possible d'entretenir une relation d'amour et de haine avec une suite de nombres aléatoires, ainsi que l'a démontré une équipe de psychologues d'Harvard. Ils ont proposé à des étudiants de jouer à un jeu d'argent. Les règles en étaient simples : « On vous donne, à vous et à votre partenaire, deux boutons à pousser, marqués 0 et 1, ont expliqué les chercheurs. Si vous poussez tous les deux sur 0, vous ne recevez rien ni l'un ni l'autre. Si vous poussez tous les deux sur 1, vous recevez chacun un dollar. Mais celui qui presse sur 0 pendant que son partenaire presse sur 1 gagne deux dollars et l'autre rien. »

L'objet de ce jeu, expliquèrent-ils, était de voir si des individus allaient coopérer pour gagner une petite récompense plutôt qu'essayer de se montrer le plus malin, chacun de son côté, avec l'espoir de gagner davantage. On indiqua aux étudiants qu'ils seraient installés dans des pièces séparées de sorte qu'ils ne pourraient pas voir leur partenaire — ceci afin de les empêcher de se faire des signes ou de trahir leurs sentiments en cours de route. Le jeu commença et, à l'issue du temps alloué, on demanda à chaque étudiant qui sortait : « Sur la base de ce jeu, pouvez-vous nous dire quel genre de personne est votre partenaire ? »

La réponse la plus fréquente fut : « Il a l'esprit tortueux. Au début, j'ai appuyé à chaque fois sur 1 pour que nous puissions y gagner tous les deux, mais il est devenu gourmand et il s'est vite mis à appuyer sur 0 au moment où je m'y attendais le moins. Alors j'ai commencé à appuyer sur 0 moi aussi.

— Mais alors vous n'aviez plus rien ni l'un ni l'autre, firent remarquer les expérimentateurs.

— Et que pouvais-je faire ? Il essayait de me rouler. Il fallait bien que je lui donne une leçon. »

Chacun avait son histoire, pleine de trahisons et de

convoitise, de brèves tentatives de retour à la coopération, suivies de tendances au comportement vengeur ou à l'irrationalité totale. Mais peut-être avez-vous déjà deviné qu'il n'y avait pas de partenaires. Chaque étudiant jouait contre une séquence aléatoire de 0 et de 1 dégorgée par un ordinateur. Aucun d'eux cependant n'avait saisi l'astuce ; bien au contraire, chaque joueur était sorti avec le portrait psychologique fignolé d'un partenaire dont le comportement allait du « sadisme » à la « manipulation brillante ».

Voilà qui soulève une question dérangeante : si ma perception n'est qu'un ballot d'expériences aléatoires réagissant à un monde fondamentalement hasardeux, jusqu'à quel point suis-je réel ? Ma personnalité, pleinement élaborée, n'a peut-être pas le moindre centre défini. Je ne suis peut-être qu'un recueil d'habitudes et de goûts accumulés, une interprétation ambulante qui aime les épinards, n'aime pas les endives, se sent attirée par le jazz, rebutée par l'opéra wagnérien et ainsi de suite.

Nous nous sommes tous bâtis, sans aucun doute, à l'aide des plus infimes gouttes d'expériences que nous avons rencontrées. Ce n'est que l'une de ces gouttes que rencontra M. Elias, mais il en est mort. Ce que je lui avais dit n'était pas stupéfiant, mais il n'était nul besoin que ce le fût. Il suffisait que ce soit une goutte de trop. Les mots « un léger dommage à votre cœur » l'ont semble-t-il propulsé dans une réalité personnelle chaotique. Il s'y trouvait déjà, à vrai dire. La violence de sa réaction a été fonction de la violence refoulée qui bouillonnait en lui.

La colère ou la douleur du moi échappent souvent à la vigilance, même lorsqu'elles constituent une pression énorme qu'il faudra exprimer. Retenir en soi des sentiments négatifs, comme la plupart d'entre nous le font, gauchit la réalité intérieure, car peu importe la façon dont l'esprit enfouit cette énergie : sa présence se fait constamment sentir.

J'étais en train d'examiner une jeune femme qui s'était vu diagnostiquer un cancer des poumons quelques mois plus tôt. C'est au moment où je l'interrogeai sur les maladies de son enfance qu'elle se livra soudain, en pleine rébellion : « Donnez-moi tous les conseils que vous voudrez, mais ne me dites pas d'arrêter de fumer.

— Et pourquoi pas ? répondis-je interloqué.

— Parce que le type de cancer du poumon que j'ai n'a aucun rapport avec le tabac. »

Techniquement, son « épithélioma à petites cellules » lui donnait raison ; cette maladie n'est pas l'« épithélioma spinocellulaire » lié à la cigarette. Ne me laissant pas le temps de lui dire que je me moquais qu'elle fumât ou non — en ces circonstances, c'était le dernier de ses problèmes — elle ajouta : « La vie ne vaut pas la peine d'être vécue si l'on ne peut y trouver du plaisir. Et fumer est mon plaisir. »

Une réaction inattendue de la part d'un médecin qui parle à un patient gravement malade, surgit en moi. « Vous prenez du plaisir à ne pas connaître le goût de votre nourriture, à ne plus pouvoir sentir les fleurs, à votre haleine qui empeste constamment, à vos doigts à demi engourdis à leur extrémité, à votre tension artérielle qui monte au point de vous faire courir des risques aussi grands peut-être que ceux d'un cancer ? » J'eus immédiatement honte de la scène que je venais de lui faire, mais en même temps je me sentais extrêmement déçu. Comment peut-on « prendre du plaisir » à des choses dont on sait pertinemment qu'elles vous font du mal ?

Au bord des larmes, elle trouva sa réponse : « Ne me dictez rien. Je sais ce que j'aime. » C'était son « moi », son droit inaliénable à être « Je » qu'elle me jetait à la figure. La façon même dont elle appuya sur ce « Je » me donna envie de rentrer sous terre — un véritable appel devant la Cour suprême. Ce « moi » égaré avait tant souffert, avait commis tellement d'erreurs graves et voilà qu'il s'apprêtait à pénétrer dans un avenir inéluctablement sinistre ! Alors, à quoi d'autre pouvait-elle se cramponner ? « Je » était son ancrage dans la réalité et personne ne renonce de plein gré à cela, sauf à être désespéré au point que l'esprit doive lever lui-même l'ancre et entreprendre ce que Freud appelait « le périlleux voyage de la psychose ».

Le soi a une étrange façon d'agir contre ses propres intérêts, de changer le bien en mal et le mal en bien. Il semble naturel que l'esprit humain se divise en une région de conscience et une autre d'inconscience, puis subdivise chacune de ces régions en de nombreuses autres couches pour finalement créer des milliers de compartiments au sein de chacune. Comme un monarque orgueilleux qui construirait son palais trop vite pour en connaître toutes les pièces, notre esprit a perdu la clef de ses propres labyrinthes, de ses chambres secrètes et de ses combles hantés.

De plus, certains compartiments recèlent des secrets à l'évidence trop pénibles pour être exprimés ou même regardés franchement. Nous les mettons sous scellés pour éviter des conflits insupportables. Comme un bébé étouffé dans ses langes, notre perception de la réalité se recouvre de couches d'expériences, jusqu'à ce que « Je » ne sache plus vraiment qui est « moi ».

Pas de lumière sans les yeux

J'ai fait de mon mieux jusqu'ici pour présenter la perception comme fortement personnelle, changeante, illusoire, arbitraire et non fiable. Pour un spécialiste de ce domaine, cette position est sans doute étrange puisque la tendance majoritaire de ces dernières années a été d'« expliquer » la perception en termes de sens, de la rendre moins psychologique et beaucoup plus mécanique. C'est ainsi que, pour le sens de la vue, nous apprenons qu'un œil humain dispose d'environ cent vingt-cinq millions de bâtonnets et de sept millions de cônes implantés à la surface de la rétine. Les bâtonnets sont responsables de la vision nocturne, les cônes de la vision diurne. Personne ne sait pourquoi nous avons près de vingt fois plus de récepteurs pour la nuit que pour le jour, mais il en est bien ainsi.

Ces récepteurs spécialisés sont des prolongements directs du cerveau et chacun ne réagit qu'à une étroite bande de longueurs d'ondes lumineuses. Lorsqu'un photon heurte une cellule rétinienne, il crée une modification chimique qui à son tour déclenche une impulsion électrique finalement transmise au cortex visuel à l'arrière de la tête grâce au nerf optique, un faisceau de huit cent mille fibres neuronales réunies en un câble unique. Pendant les tout premiers instants du processus visuel, le cerveau maintient séparées les images en provenance de chacun des yeux ; ce n'est que tout à la fin que celles-ci sont fusionnées pour créer un objet tridimensionnel. Et, même alors, le cerveau ne contient aucune image du monde. L'image d'un arbre, par exemple, est exclusivement décodée en données électriques. Cependant, le cortex visuel est incontestablement une carte qui repère certains aspects de l'arbre. Les morceaux de l'image visuelle qui vont de haut en bas et de gauche à droite sont enregistrés par des cellules cérébrales, elles-mêmes agencées de haut en bas et de gauche à droite.

On connaît maintenant tellement bien les mécanismes de la vue que l'on peut les imiter artificiellement : on a mis au point des yeux de robots capables de détecter la lumière et de l'envoyer, pour mémorisation et décodage, dans un ordinateur. La capacité de vision des robots est quelquefois suffisamment complexe pour interpréter, très largement comme le font nos yeux, les couleurs, les textures et les formes, pour suivre des objets en déplacement et distinguer les éléments proches ou lointains d'une perspective. Le seul problème, avec cet impressionnant déchiffrage du code visuel, est que l'*expérience* de l'acte de voir est totalement éludée. Les yeux des robots ne sont jamais ennuyés par ce qu'ils regardent, ni ensorcelés par la beauté. Le cramoisi leur est aussi indifférent que l'écarlate. Ils ne se délectent pas de la douceur des ombres des œuvres du Titien, ni de la brutale franchise mélodramatique de celles du Caravage. Aucune des qualités de lumière qui importent réellement au sens humain, personnel, ne peut se traduire en termes mécaniques.

La mère de l'un de mes amis devient chauve en vieillissant, comme cela se produit parfois. De fines mèches gris-bleu au sommet de son crâne désespèrent cette femme qui fut belle et, à l'approche de ses quatre-vingts ans, elle a fini par se résigner à porter une perruque. Mon ami, désireux de réconforter sa mère, l'a amenée un jour à une fête où allaient être présents un grand nombre d'invités d'un haut rang social. En une si brillante société, elle fut apparemment très impressionnée.

« C'étaient vraiment des gens fascinants ! lui dit-il peu après, cherchant son accord.

— Remarquables, murmura-t-elle, et as-tu vu tous les cheveux qu'ils avaient ? »

C'est avec cette subjectivité que, tous, nous voyons le monde. En entrant dans une pièce, nous y voyons ce qui nous importe et éludons ce qui nous indiffère. Nous voyons aussi bien des choses invisibles — telle personne là-bas est un ancien amant, une ancienne maîtresse, telle autre un casse-pied célèbre ; ce vase vaut une fortune (où ont-ils trouvé tant d'argent ?), cette peinture a l'air d'un faux. Une carte du cortex visuel cérébral ne vous dira jamais rien sur ces connotations subtiles que la lumière révèle à l'œil, pas plus que le plan d'un piano ne vous fournira le moindre renseignement sur la manière dont la musique ravit l'oreille.

L'œil du robot ne peut prétendre « voir », justement parce qu'il a été construit par des hommes. Chacune de ses pièces a été conçue pour trouver ce qu'un humain sait chercher. Si par exemple nous étions incapables de distinguer entre arrière-plans et premiers plans, aucun œil de robot ne serait construit pour ressentir une telle différence et aucun logiciel ne la prendrait en considération. Même s'il pouvait copier à la perfection l'œil et le cortex visuel de l'homme, l'œil du robot demeurerait aveugle. La lumière qui baigne le monde est *ma* lumière.

Cette vérité m'a frappé alors que je lisais l'autobiographie du grand réalisateur suédois Ingmar Bergman, *Lanterna magica*. Bergman a cessé de réaliser des films avant d'atteindre soixante-dix ans et assume sereinement cette situation malgré des moments de regrets intenses. « C'est par-dessus tout le travail avec Sven Nyquist (son cameraman de toujours) qui me manque, peut-être parce que nous sommes tous deux complètement passionnés par les problèmes de lumière. Lumière douce, dangereuse, onirique, vivante, morte, claire, brumeuse, chaude, violente, nue, soudaine, sombre, printanière, tombante, directe, oblique, sensuelle, contenue, limitée, vénéneuse, calmante, blafarde. La lumière. »

Ces mots chantants, élégiaques, me font bien déceler toutes ces qualités dans la lumière. Et il en va de même pour chacun de nous, sans qui la lumière en serait dépourvue. Elle n'aurait ni éclat, ni couleur, ni tonalité d'aucune sorte. Sans *mes* yeux (ou les vôtres), il n'y aurait rien à voir, pas même les ténèbres. Les photons bondiraient au hasard, inintelligiblement, à travers le vide, ne définissant jamais rien, ne devenant jamais lumière. La lumière est invisible dans l'espace interstellaire ; lorsqu'elle heurte un objet, elle rebondit dans une nouvelle direction, mais sans pour autant devenir visible. Le Soleil ne rayonnerait pas, les étoiles non plus. Au mieux, ce seraient des « points chauds » d'émission énergétique, mais même ce terme s'appuie sur notre sens de la température.

En soi, rien « dehors, là-bas » n'a la moindre définition en l'absence de quelqu'un pour percevoir. Les scientifiques proclament avoir déchiffré les mécanismes de la vision mais ils ont seulement trouvé une carte qu'il convient de ne pas prendre pour la réalité. Une carte de Tahiti n'a aucun sens tant que vous n'avez pas compris qu'elle est censée correspondre à une certaine île dont les montagnes, les côtes, les rivières ont été touchées par l'homme. Nous ne faisons figurer sur les cartes ni les courants aériens ni les sites de nidification principaux qu'auraient notés des oiseaux, bien que ces éléments appartiennent au véritable Tahiti, tout autant que les caractéristiques que nous y recherchons.

La carte n'est pas le territoire. Tout le monde a vu des photographies de ce à quoi ressemble le monde à travers les yeux à multiples facettes d'une abeille, d'une araignée ou d'une mouche. Chacun de ces insectes voit à travers plusieurs cristallins et les photographies montrent donc un agrégat de huit, dix ou même vingt images, généralement celles d'une fleur ; il nous faut supposer que le cerveau de l'insecte la voit ainsi.

Mais ces photographies composites ne saisissent pas réellement l'expérience effective de la vision oculaire des insectes — elles indiquent seulement ce qu'un humain pourrait voir s'il regardait simultanément à travers plusieurs objectifs photographiques. En réalité, l'œil d'un taon est divisé en vingt mille groupes distincts de cellules oculaires. Chacun d'eux réagit soit à une longueur d'onde lumineuse très particulière, soit à certaines substances chimiques en suspension dans l'air. En conséquence, l'image du monde traitée par le système nerveux d'un taon nous est inconcevable. (Au fait, que signifie « voir » une substance chimique dans l'air ?)

Le cerveau du marsouin est presque aussi gros que celui de l'être humain, mais il est consacré à 80 % au traitement des sons. Les marsouins, les baleines et les dauphins ont une ouïe remarquable ; certaines espèces peuvent détecter les « chants » de leurs congénères au travers de kilomètres d'eau. Le schéma de l'oreille d'un marsouin me fera connaître le type de tympan dont il dispose et, si j'observe les minuscules poils auditifs qui s'y trouvent, je saurai qu'ils sont cousins de ceux de ma propre oreille interne. Mais toute cette parenté de structure me trompe. Car l'expérience du marsouin est incompréhensible à l'esprit humain, quelle que soit la qualité de la représentation graphique.

L'usage même du mot « ouïe » est suspect. L'ouïe, chez le marsouin comme chez la chauve-souris, est une sorte de sonar qui génère une image tridimensionnelle plus proche de ce qui se voit que de ce qui s'entend. Un marsouin « entend » la taille d'un requin et dans quelle direction il se déplace. Pour ce qui me concerne, je ne me risquerais pas à de telles devinettes ; car d'après ce que je sais, un marsouin « entend » que c'est l'été, que le Soleil est bas sur l'horizon, qu'un mérou est gris ou que Mars est incliné sur son axe.

Regarder les sons

Si toute perception est personnelle, où commencent les « véritables » images, les « véritables » sons, les « véritables » goûts, les « véritables » textures ? Nous sommes sûrs que nos yeux voient de « véritables » photons et que nos oreilles entendent de « véritables » vibrations dans l'air, mais il est facile de démontrer que cette certitude s'appuie sur des fondements très peu solides. Dans son remarquable ouvrage sur le monde des sourds, *Des yeux pour entendre — Voyage au pays des sourds*, le neurologue Oliver Sacks raconte l'étrange histoire de David Wright, cet Anglais qui crut entendre jusqu'au jour où il « vit » qu'il était sourd.

D. Wright avait perdu progressivement l'ouïe au cours de sa petite enfance et n'était devenu totalement sourd qu'à l'âge de sept ans. Etant né avec une ouïe normale, le jeune Wright avait alors déjà maîtrisé la parole et pris l'habitude d'entendre parler les gens. Il lui fut donc difficile de s'apercevoir que les bruits se séparaient de lui : « [Ma surdité] devint moins perceptible, parce que, d'emblée, mes yeux avaient commencé inconsciemment à traduire le mouvement en son. Ma mère restait presque toute la journée auprès de moi, et je comprenais tout ce qu'elle disait. Pourquoi pas ? Sans le savoir, j'avais lu sur ses lèvres pendant toute mon existence. Quand elle parlait, il me semblait que j'entendais sa voix. Cette illusion persista même après que je l'eus reconnue comme telle. Mon père, mon cousin, tous mes proches conservaient des voix fantasmatiques. L'idée que ces voix puissent être imaginaires et constituer des projections de l'habitude et de la mémoire ne me vint à l'esprit qu'après que je fus sorti de l'hôpital. Un jour, alors que je bavardais avec mon cousin, celui-ci eut l'heureuse inspiration de mettre sa main devant sa bouche pendant qu'il parlait : ce fut le silence ! Subitement et une fois pour toutes, je compris que quand je ne voyais pas, je n'entendais pas. »

Pourquoi alors ne voyons-nous pas tous les voix, au lieu de nous condamner à cette habitude vieillotte de l'ouïe ? Nombreux sont les sourds qui « entendent » le vent dans les arbres lorsqu'ils voient se balancer les branches. Dans leur esprit, une connexion convertit un signal visuel en signal auditif. De la même manière, bien des aveugles « voient » les visages en les effleurant de la main. Un carrefour mental s'est emparé des signaux du toucher pour les convertir en ceux de la vue. Il est probable que notre cerveau pourrait en faire autant, mais nous préférons laisser l'habitude et la mémoire prendre le dessus. Nous voyons avec nos yeux et sentons avec nos doigts parce que nous avons été conditionnés ainsi. Cela est-il tellement incroyable ?

Dans *Walden ou la vie dans les bois*, Thoreau rapporte qu'il lui arrivait de s'attarder après la tombée de la nuit chez un ami à Concord, dans le Massachusetts, ce qui l'obligeait à repartir à pied jusqu'à sa hutte de Walden Pond, sans lanterne. Il « voyait » parfaitement son chemin, même sans Lune, même si les bois étaient d'un noir d'encre, pour parvenir infailliblement et sans trébucher à sa porte, plusieurs kilomètres plus loin.

Nous connaissons aussi le cas de Meyer Schneider, cet Israélien né aveugle et parvenu à recouvrer un degré de vue remarquable grâce à des exercices oculaires conçus par lui-même (qu'il enseigne actuellement au large auditoire de ses disciples, depuis son domicile de San Francisco). Sa vue, contrôlée, atteint près de 3/10 ; pourtant, les ophtalmologistes qui ont examiné le fond de l'œil de Schneider y voient toujours les mêmes défauts.

Pour commencer, la notion même que nous aurions cinq sens exactement est totalement arbitraire. Nous incorporons par exemple à notre sens du toucher nos réactions à la chaleur, à la texture, à la pression, au positionnement de nos membres, au poids de notre corps, à la douleur — toutes choses que nous « sentons ». Certains chercheurs travaillant sur la perception prétendent que, lorsque le système nerveux est intact, le nombre de nos sens s'élève à dix-sept. Nous n'avons pas de nom pour la plupart d'entre eux et certains restent contestables. Tout un chacun, par exemple, semble pouvoir détecter les phéromones, ces agents chimiques que le corps émet sous l'emprise de la peur ou de l'excitation sexuelle, et notre épiphyse, dans le cerveau, modifie ses émissions hormonales selon sa perception du cycle solaire annuel. Mais seuls quelques privilégiés jouissent de la perception extrasensorielle qui permet de voir les auras lumineuses enveloppant autrui.

Nous devons en conclure que la perception, infiniment souple, rend à l'esprit les services que celui-ci choisit de se faire rendre. Au sein de notre univers personnel, nous créons de nouveaux mondes, dont nos cinq sens s'emploient à confirmer la réalité. On peut même parfois arriver à « éteindre » la réalité extérieure. Un de mes amis, psychiatre, m'a raconté un appel d'urgence qu'il avait reçu au centre-ville de Boston. Une voiture, arrêtée à un feu rouge, n'avait pas bougé au passage du feu au vert. Un policier, arrivé sur place, avait découvert le conducteur immobile à son volant. Il semblait avoir été victime d'une crise cardiaque. Les ambulanciers qui arrivèrent quelques minutes plus tard le trouvèrent en vie, mais catatonique. Il ne réagissait ni à la lumière, ni au son, ni au toucher; toutefois, ses pupilles se dilataient encore sous la lumière d'une lampe de poche. Statufié en position assise, rigide, les mains agrippées au volant, il fallut l'extraire de force du véhicule.

Lorsque mon ami le vit, il était évident que l'automobiliste était totalement rétracté sur lui-même. Il n'avait aucun antécédent de maladie mentale (ce qui n'éliminait pas pour autant l'éventualité qu'il fût un « schizophrène non déclaré » comme il y en a beaucoup). Pour des raisons qui lui étaient propres, cet homme venait de décider de tout arrêter et, en un instant, toute sa machinerie perceptive avait plié boutique. Personne ne sait pourquoi quelqu'un décide, un jour, de faire disparaître le monde. Chacun en a pourtant le pouvoir souverain et, dès lors qu'il l'exerce, personne, hors de sa sphère mentale, n'a plus aucune importance.

Il est peut-être indifférent que nous ayons cinq ou dix-sept sens, puisque chacun d'eux n'est que le canal de communication de ce que sont les véritables activités de l'esprit, à savoir le tri, l'interprétation et, finalement, la création de la réalité. Un nouveau-né se sent en fusion complète avec sa mère ainsi qu'avec chaque objet. Certes, sa peau contient des nerfs en état de fonctionnement et ses yeux sont munis de bonnes rétines, mais ces pièces mécaniques ne suffisent pas à expliquer au bébé qu'il est une individualité. Le toucher et la vue de quoi que ce soit « dehors, là-bas » ne se distinguent pas de ce qu'il ressent s'il se voit et se touche lui-même.

Le principal travail intellectuel du premier mois de vie du bébé consiste à s'extraire de cette soupe uniforme de « moi-ité ». Nous avons, tous ou presque, accompli ce travail. Certaines personnes par exemple, autistes dans leur enfance, continuent d'avoir, par éclairs, le sentiment de retomber dans cette « moi-ité » fusionnelle ; elles ressentent le toucher d'un mur en le voyant. L'expérience fusionnelle est sans doute merveilleuse pour un enfant mais désoriente l'adulte et, si elle persiste, le terrifie.

Lorsqu'un sens a été sélectionné pour s'acquitter d'une tâche spécifique, les choses qu'il voit, touche ou entend deviennent « réelles », mais des milliards de stimuli doivent être éliminés dans le processus de sélection. Nous ne recueillons pas les ondes infrarouges qui émanent de la personne que nous regardons, ni le champ électrique qui l'entoure, pas plus que les boucles magnétiques qui s'échappent d'elle et lui reviennent ; la vibration du sol quand elle marche nous échappe tout autant : aucun de ces signaux n'entre dans nos sens conventionnels. Il est pourtant vraisemblable que nous y réagissons, inconsciemment.

Les serpents, les chauves-souris et les insectes dépendent de tels signaux et habitent par conséquent un monde qui chevauche partiellement le nôtre tout en demeurant notablement différent. Il me plaît particulièrement d'imaginer le monde vu par un caméléon, dont les deux yeux tournent indépendamment l'un de l'autre dans leurs orbites. Un rayon de lumière heurtant une table est double pour lui. Deux chaises ne peuvent jamais être éloignées de trente centimètres l'une de l'autre, ni à aucune distance déterminée puisque, en pivotant, cet œil lui permet de les éloigner autant qu'il le désire.

Sur ce point, quelqu'un m'a un jour vigoureusement contesté. « Si j'avais des yeux de caméléon, je verrais peut-être cette porte soixante centimètres plus à gauche, mais ce n'est pas là qu'elle se trouve en réalité. Si j'essayais de la franchir, je me cognerais au mur.

— Réfléchissez, répondis-je, cela signifie simplement que vous faites plus confiance à votre sens du toucher qu'à votre sens de la vue. Le monde peut paraître très convaincant, mais cela ne répond pas à une question plus profonde : pourquoi, après tout, devrions-nous faire confiance à n'importe lequel de nos sens ? »

Des réalités multiples

Si chacun crée constamment sa propre expérience intérieure, accordant d'innombrables interprétations aux données brutes fournies par les sens, nous tenons alors un motif très valable pour ne refuser à personne sa version personnelle de la réalité. Pour la génération précédente, l'hypothèse dominante était qu'une réalité — dure, scientifique, matérialiste — pouvait servir dans tous les cas. Il nous faut maintenant apprendre à nous débrouiller avec une situation faite de réalités multiples.

On raconte l'histoire d'un anthropologue britannique qui avait entrepris une étude sur le terrain, en Inde. Un soir, il s'enfonça dans la jungle et y surprit une scène étrange. Un vieil et saint homme dansait, émerveillé, dans la forêt. Il courait et embrassait les arbres, riait lorsque les feuilles s'agitaient et une expression de joie débordante émanait de son visage, baigné par la Lune. L'anthropologue regarda ce spectacle avec fascination puis, n'y tenant plus :

« Pardonnez-moi, dit-il, sautant hors des buissons, mais qu'est-ce qui vous fait danser ici, seul dans la jungle ? »

Le saint homme parut dérouté et répliqua : « Pardonnez-moi, mais qu'est-ce qui vous fait penser que je suis seul ? »

Ces deux questions excluaient mutuellement toute réponse, puisqu'elles s'appuyaient sur des regards exclusifs sur le monde. Le saint homme se voyait entouré par les esprits naturels de la forêt là où l'anthropologue ne percevait que bois et chlorophylle. Les deux réalités se superposaient en partie, mais étaient insensibles l'une à l'autre.

Ma propre vie a été dominée par des réalités conflictuelles et parfois contradictoires, et c'est pour cela que j'aime tant ce genre d'histoires. Mon enfance indienne s'est déroulée dans la famille d'un médecin militaire et j'ai eu l'occasion de voir la fanfare d'un régiment de soldats du Pendjab défilant en turbans sur le terrain de manœuvres, au son des cornemuses écossaises. A mes fêtes d'anniversaire, les enfants s'asseyaient, yeux grands ouverts, les mains sur la bouche, pendant qu'un charmeur de serpents nous présentait son spectacle ; mais mon cadeau préféré fut un train miniature venant d'Angleterre, avec tous ses accessoires et de minuscules gares où l'on pouvait lire « Wembley » et « Paddington ».

Mon école de New Delhi s'appelait Saint-Columba et était dirigée selon les strictes coutumes anglaises par des frères catholiques. Pendant nos récréations sportives, le frère McNamara me traînait hors du terrain, m'ôtait les pantalons et me flanquait une raclée à chaque fois que je lançais la balle à l'extérieur du guichet de gauche — à Saint-Columba, le cricket était une affaire de vie ou de mort. Le jour de la remise des diplômes, ce même frère m'a pris dans son bureau pour m'expliquer : « Le Christ est mort pour racheter votre damnation éternelle. Telle est l'essence de l'éducation que vous avez reçue ici. Que comptez-vous faire à ce propos ? »

Pouvais-je lui dire que nous avions pour voisin un swami qui ne subsistait que grâce aux cinquante roupies que lui donnait chaque mois ma mère, hindoue fervente ? (Ses besoins étaient minces puisque, assis dans les profondeurs de son *samadhi*, c'est à peine s'il respirait ou bougeait, sept jours sur sept.) Ou bien aurais-je dû lui dire combien elle avait été électrisée au retour d'un pèlerinage jusqu'à une grotte sacrée du nord de l'Inde ? Agenouillée à l'entrée de celle-ci, elle avait ouvert les yeux et reçu la bénédiction du dieu Shiva sous la forme d'un cobra dressé à soixante centimètres d'elle.

Mon sens de la réalité continuait de passer, chancelant, d'un monde à l'autre. Le jour où je suis parti en avion du Sri Lanka pour passer l'examen qui m'autorisait à pratiquer la médecine aux Etats-Unis, j'ai passé la matinée dans un temple où l'on vénérait une dent du Bouddha, à écouter de sublimes carillons éoliens accordés des milliers d'années auparavant pour le plaisir des *devas*, des anges. L'après-midi de ce même jour, j'ai passé un examen regorgeant de voies métaboliques et de biochimie fondamentale. Le consulat américain se souciait beaucoup de n'importer de l'étranger que des médecins maîtrisant bien l'anglais, aussi devais-je passer également une épreuve de langue où je découvris une question inoubliable : « Un boxeur poids lourd est A) un homme qui soulève de lourdes boîtes, B) une catégorie de sportif, C) un homme carré dont le corps évoque une boîte »*.

Quel est mon véritable « moi » ? Je suis bien obligé de répondre : « Tous. » La grande victoire du moi est d'être capable de créer une chose entièrement neuve et individuelle à la surface de cette Terre. Mon moi intérieur contient le frère McNamara, ma mère, notre voisin le swami, Shiva sous la forme d'un cobra, mon équipe de cricket et une maquette de gare portant l'inscription « Wembley ». Ces images, digérées, sont devenues constitutives de mon identité, de ma personnalité ; en ce moment même, de nouvelles images, faites de ce que j'ai vu, entendu, touché, goûté et senti aujourd'hui, deviennent constitutives

* Jeu de mots en anglais sur le double sens de « box » qui peut désigner à la fois la « boxe » et une « boîte » (NdT).

de mon identité, de ma personnalité. Chaque fois que je montre l'un de ces aspects de moi-même, j'exhibe en même temps tout un ensemble de réactions physiques qui me sont propres. Chaque pensée nouvelle ne provoquera peut-être chez moi qu'une légère modification physiologique, mais « légère » signifie ici, néanmoins, que des millions de signaux neuronaux à l'intérieur du cerveau vont, en un clin d'œil, donner naissance à des milliards d'autres événements cellulaires. Il est tout à fait justifié de dire qu'une nouvelle pensée me transforme en une nouvelle personne.

Il en va ainsi pour tous. Un vieillard qui revit un souvenir précieux de son enfance peut soudain s'embraser de jeunesse. Quoique temporaires, les effets peuvent en être frappants — ses rides s'adoucissent, sa peau paraît plus fraîche, ses yeux étincellent de vie. Le jeune garçon est toujours en lui, aspirant à franchir le seuil du temps. Et quel regret, visible, lorsqu'il doit s'en retourner et que le masque du grand âge revient avec son air las !

La profondeur et l'intensité de ces changements sont quelquefois presque insondables. J'ai été fasciné de lire le témoignage d'une paroissienne du père Jean Lamy, prêtre français décédé en 1931, à l'âge de soixante-dix-huit ans. Saint homme, profondément pieux, le père Lamy était lancé un jour dans un sermon enthousiaste lorsque cette dame vit un homme jeune émerger mystérieusement de l'intérieur même du vieux prêtre :

> Il s'est arrêté et a levé son regard. Son visage était devenu translucide, comme un bloc d'albâtre qui s'éclaire de l'intérieur. En dépit de son âge, je l'ai vu devenir jeune et beau comme un homme d'une trentaine d'années. J'ai vu disparaître ses rides. Aucun chatoiement n'entou-

rait sa tête, mais une lumière intérieure rendait son visage transparent, sans rien d'obscur, sans ombre, ni autour du nez ni autour des yeux. Cela a duré cinq à six secondes, peut-être plus, je ne sais pas. Il semblait léger. Il regardait droit devant lui. Puis tout est redevenu normal, imperceptiblement, et il a continué à parler, comme si rien ne s'était passé.

Ce moment magique, qui fut confirmé par un autre témoin oculaire, est à classer parmi les illuminations intérieures qu'ont toujours extériorisées les saints et les grands sages, en tous temps et dans toutes les traditions. Indépendamment du contenu spirituel d'un tel événement, dont je ne parlerai pas pour l'instant, je suis frappé par l'aisance avec laquelle le dur masque physique peut fondre à l'occasion d'un glissement de la conscience.

Pour reconnaître pleinement le pouvoir de la conscience, il nous faut abandonner l'idée que son activité est confinée à notre sphère mentale. La grande majorité des sociétés primitives croit que regarder un objet exige la projection de l'esprit au travers des yeux. Au lieu d'expliquer la vision par la pénétration de la lumière, elles affirment que c'est la vue qui se projette à l'extérieur. C'est ainsi qu'un chasseur talentueux peut hypnotiser le gibier en le traquant des yeux et qu'un chaman peut guérir les gens ou leur nuire par le pouvoir de son regard.

Dans les deux cas, le regard se comporte comme une onde porteuse, émettant l'intention mentale en direction du monde et la plaçant sur toute chose observée. Au lieu de comprendre la perception visuelle comme une *appropriation* de la réalité, ce point de vue, qu'Aristote et tout le monde antique partageaient, envisage la perception comme *conférant* la réalité. Il en va de même pour les autres sens.

Le son acquiert alors un pouvoir qui dépasse ses vibrations physiques et c'est pour cela que les hommes des tribus de Nouvelle-Guinée crient pour abattre un arbre, ou que les coups de trompettes des Israélites font chanceler les murs des cités.

Les peuples modernes se rient de telles choses, les ramenant au niveau de superstitions dignes du « mauvais œil ». Nous pensons savoir avec certitude que les ondes lumineuses pénètrent l'œil et les ondes sonores l'oreille. Curieusement, la question ne s'en trouve pas réglée pour autant, puisque c'est le flux de l'attention, et non les photons ni les molécules de l'air, qui émet les énergies dont nous parlons.

Nous avons vu comment le corps peut vivre ou mourir à partir d'une construction mentale. L'idée venue du fond des âges selon laquelle notre esprit peut interférer avec le monde demande un examen plus sérieux. Sinon, nous ne pourrons pas dire si nous avons tourné le dos aux superstitions ou si nous avons laissé échapper un pouvoir, pouvoir qui est assoupi et qui pourrait être tiré de son long sommeil.

3

La pensée magique

Il fut un temps où je vivais hors d'atteinte de la magie. Nouvellement installé à Boston, je tenais des gardes de seize heures d'affilée à l'hôpital des Anciens Combattants. C'est à peine si j'avais une heure libre avec ma femme et il me fallait de la chance pour passer trois minutes de douceur avec notre petite fille, qui se couchait à l'instant où je rentrais chez moi. Mon maigre salaire ne pouvait que m'inciter à travailler davantage encore lorsque notre minuscule appartement commença à se resserrer sur nous. J'inaugurai les heures supplémentaires de nuit. Au lieu de diriger mon vieux tacot vers la maison, je filais sur une longue route qui m'amenait à une salle d'urgences des faubourgs, où je restais de garde jusqu'à l'aube.

Un autre médecin, Claude, chirurgien traumatologiste, personnalité de grand talent, travaillait avec moi. Nous étions compagnons de galère et, pour éviter l'effondrement complet, nous faisions tour à tour de petits sommes. L'un de nous s'étendait sur un brancard dans un couloir du service pendant que l'autre gardait les yeux ouverts.

Qui songerait à qualifier une telle vie de magique ?

Ce mot était dépourvu de sens à mes yeux. La vie était difficile et parfois écrasante, comme la nuit où je dus réaliser une césarienne sur une femme qui venait d'être assassinée. Claude était absent et une jeune infirmière irlandaise me secondait. Nous n'avions pas eu le temps de monter la civière jusqu'à la salle d'opération et il avait fallu rester là, à la porte des urgences. Nos mains tremblaient tant la situation était sinistre. La maman mourut deux minutes après avoir mis son bébé au monde. Nous attendîmes, contractés. Il respira, puis il se tortilla.

« Tout va bien pour le mignon » murmura l'infirmière. Elle berçait doucement l'enfant tout en l'emportant vers les couveuses. Je vis qu'elle souriait, sans pourtant parvenir à arrêter les larmes qui roulaient sur ses joues. La joie surgissait dans l'ombre de la souffrance. « *Quand en a-t-il été autrement ?* » pensai-je. Le monde est un moulin qui fait sa farine de naissances et de morts, sans états d'âme. Le docteur danse au bord de la meule, tâchant de garder un cran d'avance sur la mort, pour que la vie qui apparaît ait de meilleures chances.

Mon hypothèse selon laquelle les choses arrivent au hasard dans la nature, sans aucune considération pour les sentiments ou les espoirs humains, avait été forgée par toute une vie d'expériences et pas seulement par un unique et pénible incident. Pourtant, une étrange série de coïncidences commençait à se déployer, qui venait ébranler mes certitudes, m'obligeant à me demander si l'esprit, d'une quelconque manière, n'aiderait pas à façonner les événements — car c'est là que commence ce que j'appelle la magie.

Les coïncidences se manifestèrent d'abord d'une façon tout à fait banale et apparemment inoffensive : Claude commença à tousser. Il n'y avait pas là de quoi être surpris puisque c'était un gros fumeur, même au travail. Sa toux épouvantable, rugueuse, était de celles qui demandent deux paquets par jour pour vraiment mûrir. Une nuit, je le pris à partie et lui demandai pour quelle satanée raison il ne faisait pas faire un examen radiologique, juste pour vérifier. « Parce que si j'y vois un cancer, dit-il gravement, cela va me terroriser à mort. » Et l'expression de son visage me demandait de ne pas insister.

Mais sa toux finit par devenir tellement mauvaise que son travail, de toute évidence, en pâtissait. Il s'inclina devant mes arguments et subit l'examen. Sur l'écran lumineux, le cliché laissait voir une ombre grise, aussi ronde qu'une pièce de monnaie, sur le lobe inférieur du poumon gauche.

« Dieu ! lâcha Claude, j'ai vraiment un cancer. » Je lui répliquai que nous ne pouvions encore rien conclure mais, quelques jours plus tard, nous savions tous qu'il avait raison. Une semaine après, il commença à cracher du sang pour la première fois. Au bout de trois semaines, il haletait et cherchait son souffle. On lui administra des rayons à fortes doses, mais il ne réagissait que faiblement. Mon ami Claude décéda dans les deux mois.

Il était parti avec une rapidité choquante ; je me forçai au fatalisme. Claude avait succombé à un cancer épidermoïde du poumon, maladie dont la mortalité approche les cent pour cent. J'avais de bonnes raisons de me dire que les statistiques ne lui avaient laissé que bien peu de chances, mais il se trouve que j'eus l'occasion d'avoir en main une ancienne radiographie de Claude, prise cinq ans plus tôt. Lorsque, par curiosité, je la mis à côté de la plus récente, je fus pris d'un frisson. C'est à peine si elles se distinguaient — la même lésion, l'ombre grise, ronde comme une pièce de monnaie était là, sur le premier cliché. Elle avait l'air un peu plus petite et moins précise, ce qui expliquait qu'elle n'eût pas été vraiment diagnostiquée.

Le corps de Claude avait vécu avec cette petite ombre ronde pendant cinq ans. Comment avait-elle pu le faire mourir si soudainement, en l'espace de deux mois ? Etait-il en effet mort de peur, comme il l'avait lui-même prédit ? La réponse de la médecine conventionnelle est un « Non ! » tonitruant : les mécanismes des tumeurs malignes sont, justement, mécaniques. Ils fonctionnent conformément à des lois physiques, chimiques et biologiques établies, et non en fonction des caprices mentaux du patient. On ne meurt pas d'une maladie simplement parce qu'on en a peur. Pourtant, il y avait de quoi s'étonner.

Troublante magie

La peur n'est qu'une sorte d'espoir en négatif. Si la peur peut se matérialiser, alors les espoirs le peuvent aussi. Mais rien de cela n'est censé être vrai. En fait, lorsqu'un psychiatre s'assied pour interroger un patient susceptible de perdre la raison, l'un des tout premiers symptômes qu'il recherche est ce que l'on appelle la « pensée magique ». La marque distinctive de la pensée magique est la croyance très forte de l'individu qu'il peut contrôler la réalité avec son esprit. Les feux ne passent pas du rouge au vert automatiquement — il les fait passer, lui. Ses pensées font que les gens se rapprochent ou s'éloignent de lui. S'il ferme les yeux et le désire suffisamment fort, il peut même faire disparaître le psychiatre.

Le fait qu'une pensée puisse se matérialiser n'implique pas qu'elle est magique. Il arrive que des gens aient une prémonition soudaine les avertissant de ne pas partir sur un certain vol et lisent ensuite dans le journal que cet avion s'est écrasé. Ces choses se produisent, mais une fois passé le moment d'émerveillement, nous les excluons généralement de notre esprit. Et si, pourtant, une relation de cause à effet était à l'œuvre ? Des puissances invisibles ont peut-être averti ces voyageurs dans le but de sauver leur vie. A ce stade, oui, nous flirtons avec la magie.

L'étape suivante peut mener au dérangement mental. Certains schizophrènes paranoïdes ne sont plus en mesure d'établir une distinction entre leur esprit et celui de Dieu. Ce type de folie va les inciter à se tenir pour responsables de la sauvegarde de la planète : sans leur intervention personnelle, des tremblements de terre détruiraient la tour Eiffel, des missiles nucléaires s'abattraient sur la Belgique... Certains paranoïaques en viennent à rester éveillés nuit et jour, faisant le guet comme des mamans inquiètes au pied d'un berceau, tant est puissante leur certitude que la réalité disparaîtrait et se vaporiserait comme un rêve, s'ils ne concentraient pas leur esprit dessus.

Cependant, ce n'est là que l'un des aspects d'un mystère qui intrigue l'humanité depuis des millénaires. Pouvons-nous effectivement peser sur la réalité par nos pensées ? Un mystique « pur et dur » répondra immédiatement que oui tandis que, tout aussi vite, son comparse rationaliste répondra par la négative. Mais la plupart des gens réagissent à cette question par la curiosité et la perplexité. Personne n'a jamais prouvé le caractère forcément erroné de la pensée magique et l'on ne sait pas expliquer autrement certains événements.

On connaît par exemple ce phénomène rare au cours duquel des patients au stade terminal ont soudain, en dépit de toutes les probabilités, l'intuition qu'ils vont guérir. Ce brusque revirement de la conscience n'est prévisible ni par le patient ni par son médecin — il semble frapper avec l'inconstance de la foudre. Un exemple remarquable (qui m'a été fourni par un chercheur de tout premier plan dans le domaine des rémissions spontanées, le Dr Yujiro

Ikemi) est celui de ces patients cancéreux au stade terminal, dont la tumeur souvent énorme disparaît soudain alors qu'au même moment, ou juste avant, ils *savent* que cela va arriver. Tout à coup, l'une de ces incontrôlables sautes d'humeur que connaît tout patient affrontant la mort apparaît. Mais, en un instant, le désespoir cède le passage non à l'espoir mais à un état de savoir tranquille, pratiquement surnaturel. « La tumeur s'en va » devient une certitude tout aussi naturelle que « mon rhume s'en va ». Un changement d'état de conscience a fait se produire quelque chose dans le corps ou bien a signalé ce qui vient de se produire. Personne ne sait vraiment quelle hypothèse retenir.

Acceptons que ce puisse être de la pensée magique, non au sens d'un dérangement, mais sous la forme d'un pouvoir potentiel de l'esprit. Il est clair que la nature s'est donné beaucoup de mal pour que ce pouvoir reste dissimulé. Et l'on pourrait passer sa vie à en ignorer l'existence, s'il n'y avait des personnes trop innocentes ou trop folles pour garder le secret de leur monde intérieur.

Une manière d'approcher la pensée magique est peut-être de laisser de côté, un instant du moins, la connexion corps-esprit et de nous concentrer sur l'idée que le penseur magique entretient vis-à-vis de ce qu'il est en train de faire. J'émets l'hypothèse qu'il fonctionne différemment de la plupart des gens, selon un principe « d'autoréférence ». L'autoréférence, cela signifie que je jauge la réalité en fonction de points de repère intérieurs et non extérieurs, au travers de mes propres sentiments et intuitions. Pour qui vit selon ce principe, un changement d'état de conscience qui provoque une transformation dans le corps ne saurait être mystérieux, puisque *toute* réalité commence par un tel changement et continue de se modifier avec moi.

Des choses semblent m'arriver, mais en fait je participe à chaque événement. Si j'étais suffisamment vigilant, je verrais mes pensées irradier, comme la lumière irradie d'une bougie ou d'une étoile. Les pensées jaillissent de leur source invisible et viennent heurter le monde comme la houle vient au rivage. Elles frappent tout ce qui m'entoure — les chênes, les nuages, les gratte-ciel, les gens et même les atomes et les particules subatomiques les plus aléatoires. Ces choses, fondamentalement, sont des reflets visibles vus dans le miroir de ma conscience. Et le miroir est vaste — mes pensées déferlent jusqu'aux confins de l'Univers, partant d'une source limitée mais se propageant jusque dans l'infini.

Le contraire de l'autoréférence est la référence à l'objet : l'importance première est accordée alors aux éléments externes, aux objets, plutôt qu'à soi-même. Une personne dont la pensée s'appuie sur les référents extérieurs suppose automatiquement que son esprit n'a aucune influence sur le monde extérieur. Une pensée est un événement subjectif qui ricoche à l'intérieur d'une sphère mentale ; elle est, à jamais, prisonnière. A toutes fins utiles, cela signifie que la conscience à référents extérieurs est dominée sans merci par les choses. Les objets durs, solides de ce monde semblent beaucoup plus réels et donc largement plus puissants que le fantôme d'une pensée. C'est dans cette position que, tous ou presque, nous nous trouvons.

Même s'il vous est impossible d'imaginer une réalité entièrement centrée sur vous-même, un autre que vous pourrait cependant vivre, avec bonheur, de cette façon-là. Un ami m'a rapporté cette histoire d'un de ses voyages, au Cachemire :

« Srinagar, la capitale du Cachemire, toute proche de l'Himalaya, voit souvent passer de saints hommes. Un jour, j'en ai vu un qui descendait une rue. C'était un ascète pourvu d'une longue barbe, vieux mais très grand et apparemment vigoureux. Vêtu d'une robe orange, il portait un bâton à trois dents que l'on appelle *trishul,* le trident de Shiva. Bon nombre d'ascètes indiens considèrent le dieu Shiva comme leur protecteur.

« Ce personnage imposant fut soudain accosté par une bande de garnements alors qu'il se rapprochait de moi. En une minute leurs railleries se sont transformées en bousculade. Ils tiraillaient le vieil ascète en tous sens, mais lui n'afficha pas la moindre irritation. L'un des garçons s'enfuit avec le trident. Mais le vieillard continua de marcher, souriant comme si de rien n'était. Ce bâton était son unique richesse. Sans aucun doute, il lui avait été cérémonieusement remis par son gourou des lustres auparavant ; ses autres biens se résumaient au sac de coton qui était noué à son cou.

« Tout à coup, un autre garçon apparut, la main crispée sur le trident qu'il rapportait. Il courait derrière l'ascète et, juste à l'instant où il se trouva suffisamment proche pour rendre le bâton, le vieil homme, qui ne pouvait rien voir, tendit élégamment sa main vers l'arrière pour attraper son *trishul.* Il n'avait pas cessé de marcher droit devant lui et ne tourna même pas la tête. C'était comme si la main et le bâton étaient destinés à se retrouver, ou n'avaient jamais été séparés. Puis il disparut.

« J'ai poursuivi mon chemin, absorbé dans mes pensées. Comment ce vieil homme avait-il pu rester aussi impassible ? Savait-il que le bâton allait lui revenir ? Au carrefour suivant, je levai les yeux et il était là, croisant à nouveau mon chemin. Il tourna gravement les yeux dans ma direction et, lentement, comme un conspirateur, me lança un clin d'œil. Je n'avais même pas pensé qu'il savait que j'avais été témoin. Puis il me dit en anglais : “Puis-je vous offrir une tasse de thé ?" Ces mots semblaient légèrement ridicules mais, immédiatement, je me sentis attiré dans une réalité sans faille, inébranlable ; un sentiment merveilleux de sécurité me remplit. »

Cette histoire me fait comprendre que le moi et le monde ne sont pas contraints d'être des entités disjointes. L'incident, dans son ensemble, n'était pas nécessairement une altercation entre un vieil homme et une bande de jeunes garçons ; c'était un divertissement à l'intérieur de la conscience de celui-ci, mais qui avait pris une forme extérieure. Il était campé au centre de l'événement, sûr de son issue, et sa main avait retrouvé le bâton parce que telle était sa destinée. Certains, mieux que d'autres, perçoivent cette magie. Comme l'écrit Robert Frost dans l'un de ses plus brefs poèmes : « Nous dansons en cercle et supposons/Mais le Secret est assis au milieu — il sait. » Mon ami est allé prendre un thé avec le saint homme, mais ne put guère tirer de lui d'autres paroles. L'ascète avait suffisamment dévoilé le Mystère pour ce jour.

Il n'est pas nécessaire de perdre de vue le monde matériel pour apprendre à vivre sur la base de l'autoréférence ; le plus austère des ascètes a besoin de nourriture, d'eau et d'un abri. Ne nous hâtons donc pas trop de présumer que les plaisirs de ce monde sont les ennemis du moi. Il suffit de réorienter sa propre perspective, de voir le soi comme ce qui est principal et les choses extérieures comme ce qui est secondaire. Malheureusement, la perspective de se considérer comme le pivot de la réalité peut être assez troublante pour qui se définit au travers d'objets extérieurs. Pour chaque mot séduisant de notre vocabulaire, comme autonomie, esprit d'initiative, autosuffisance, notre culture à références objectives en a inventé un qui ne l'est pas : centrage sur soi, introversion, renfermement, narcissisme, solipsisme, égocentrisme.

Certes, la subjectivité est censée être versatile et indigne de confiance ; il ne semble pourtant pas moins hasardeux de se fier, psychologiquement, aux objets extérieurs. Je me souviens d'une fable que j'entendais souvent en Inde : il était une fois un pauvre villageois qui n'avait que deux biens — son fils de seize ans et un magnifique poney gris. Il les aimait plus que tout au monde. Un jour, le poney disparut et l'on ne put le retrouver. Le villageois tomba dans une tristesse profonde. Nul ne parvenait à lui redonner courage. Mais le troisième jour le poney revint, suivi par un superbe étalon arabe noir. Débordant de joie, l'homme embrassa son poney et mit sans délai la bride à son compagnon.

Son fils, impatient, lui demanda la permission de monter ce cheval sauvage et, ne pouvant lui refuser quoi que ce soit, il consentit. Une heure plus tard, on apprenait que le jeune homme avait fait une mauvaise chute sur la plage. Meurtri, la jambe droite brisée en deux endroits, il fut transporté chez lui sur un brancard. A la vue de son fils blessé, le bonheur du père se changea à nouveau en une affliction sans bornes.

Il se lamentait, assis devant sa hutte, lorsque survint une troupe de soldats du roi. La guerre était imminente et ils avaient pour mission de fournir l'armée en hommes. Ils enrôlèrent impitoyablement tous les jeunes gens du village mais, arrivant à la demeure de cet homme, ils virent que son fils était estropié et le laissèrent. Les larmes du père se transformèrent une fois encore en allégresse et il remercia avec ferveur les cieux pour la tragédie sur laquelle il gémissait un instant auparavant.

L'absence de fin constitue à la fois l'étrangeté et la morale de cette histoire. Les flambées et les chutes de l'humeur du villageois n'ont pas de cesse, attachées qu'elles sont aux sorts capricieux d'un jeune homme et d'un poney. Dans la vie réelle, les gens ont davantage de choses à chérir, mais le résultat est identique. Aussi longtemps que notre bonheur dépend des objets du monde extérieur, nous en sommes prisonniers. Nous avons abandonné notre liberté pour des choses.

Tristes histoires d'amour

La médecine n'est certes pas encore prête à admettre que l'autoréférence puisse jouer un rôle essentiel dans l'apparition comme dans la guérison de la maladie, mais un grand nombre de patients sont très ouverts à cette éventualité. Instinctivement, ils se réfèrent aux sensations qui entourent leur maladie. Ces sensations sont généralement agitées et par conséquent les induisent en erreur lorsqu'ils refusent fortement leur état ou en ressentent une vive culpabilité. Mais elles peuvent être aussi étonnamment claires, donnant au patient une compréhension bien plus précise de sa situation que ne pourrait objectivement lui apporter toute personne de l'extérieur.

Il existe à ce sujet un récit fascinant du célèbre auteur de science-fiction Michael Crichton, qui fit des études de médecine il y a vingt-cinq ans à la faculté de Harvard. Dans son livre de scènes autobiographiques, *Travels,* Crichton se souvient des mois qu'il passa au service de cardiologie d'un centre hospitalo-universitaire de Boston. Les étudiants de troisième et de quatrième année font traditionnellement de brefs séjours à tour de rôle dans les principaux services hospitaliers. Crichton n'avait nulle intention de poursuivre des études de cardiologie, mais il eut une intuition simple et neuve au cours de ce séjour : et si la maladie de cœur n'était pas la même pour tous les patients, si elle avait quelque signification particulière pour chacun ?

Crichton avait été poussé à réfléchir dans ce sens par quelques découvertes médicales célèbres du début des années cinquante. Au cours de la guerre de Corée, des autopsies étaient régulièrement pratiquées sur de jeunes soldats tués au combat et les médecins découvrirent avec surprise que les artères de plus de 70 % d'entre eux présentaient des signes avancés d'athérosclérose ; ces jeunes artères étaient déjà enrobées de plaques graisseuses, privant le cœur d'oxygène et progressant inexorablement vers la crise cardiaque.

Mais, si des jeunes hommes de dix-sept ans étaient déjà atteints par cette maladie, se demanda Crichton, pourquoi l'infarctus frappait-il beaucoup plus tard et le plus souvent des hommes ayant atteint la quarantaine ou la cinquantaine ? « Il fallait bien supposer que tous ces patients avaient vécu avec des artères bouchées depuis leur adolescence, écrit Crichton. Une crise cardiaque pouvait survenir à tout moment. Pourquoi attendaient-ils vingt ou trente ans pour en être victimes ? Pourquoi survenait-elle telle année et non pas l'année suivante, telle semaine et non la précédente ? »

Il décida, pour répondre à sa question, de les interroger sur les sentiments qu'ils entretenaient envers leur maladie. L'approche directe semblant la meilleure, Crichton se rendit dans son service et demanda à brûle-pourpoint à ses patients : « Pourquoi avez-vous eu une crise cardiaque ? » Et il comprit que ses investigations pouvaient déclencher des réactions imprévisibles.

« Ma question impliquait aussi que les patients avaient eu quelque choix en la matière et donc une forme quelconque de contrôle sur leur maladie. Je craignais qu'ils ne répondissent avec colère. Aussi commençai-je avec le plus accommodant du service, un malade d'une quarantaine d'années, peu atteint.

« Pourquoi avez-vous eu une crise cardiaque ?

— Vous voulez vraiment savoir ?

— Certainement.

— J'ai eu de l'avancement. La société pour laquelle je travaille veut que je déménage pour Cincinnati. Mais ma femme refuse d'y aller. Toute sa famille est ici, à Boston et elle ne veut pas partir avec moi. C'est pour cela. »

Le malade avait parlé avec un calme parfait, sans afficher le moindre signe de colère. Crichton poursuivit ses interrogatoires dans le reste du service et tous les autres patients répondirent de la même manière :

« Ma femme parle de me quitter. »

« Mon fils n'ira pas faire son droit. »

« Je n'ai pas eu d'augmentation. »

« Ma femme veut un autre bébé et je crois que nous ne pouvons pas nous le permettre. »

Aucun n'était pris en défaut de réponse, mais aucun ne mentionnait l'athérosclérose comme cause de sa crise cardiaque, ni les facteurs de risque habituels comme les régimes trop riches en graisses, l'hypertension, le manque d'exercice, la cigarette. A la fin des années soixante, la connexion corps-esprit était considérée comme peu sérieuse et la façon de voir des patients laissa Crichton perplexe. En y repensant, il écrit : « Ce que je constatais, c'est que leurs explications prenaient du sens du point de vue de l'organisme dans son ensemble, comme si ce dernier mimait quelque chose. Ces patients me racontaient des événements qui avaient touché leur cœur, au sens métaphysique. Ils me racontaient des histoires d'amour. De tristes histoires d'amour qui avaient fait souffrir leur cœur. Leur femme, leur famille, leur patron ne se souciaient pas d'eux. Leur cœur en était meurtri et, très vite, *littéralement* blessé. »

Ces récits intuitifs ne prouvaient rien de nouveau sur les maladies du cœur. Pourtant accordons à Crichton le mérite d'avoir entrevu un concept corps-esprit fondamental et largement accepté aujourd'hui, à savoir que nos sentiments ne vivent pas dans un monde disjoint de celui de nos cellules. C'est cependant le minutage exact de ces crises cardiaques, contrôlé par la victime, mais également totalement imprévu par elle, qui donne au récit de Crichton son caractère exceptionnellement fascinant. Ses patients ne savaient ce qu'ils avaient fait qu'après l'avoir fait. Cette « tache aveugle » ouvre sur un nouvel aspect du mystère. Nous voyons le corps mimer les scènes de l'esprit, mais nous n'avons pas encore espionné le réalisateur qui décide de l'ordonnancement des scènes. Parce que l'esprit a décidé de nier une part de lui-même.

Un espace par-delà la raison

La magie semble souvent si étrangère à la partie rationnelle de notre esprit que, généralement, cette dernière redoute assez sa part non rationnelle. Le mot même de « magie », pour la plupart d'entre nous, renferme un sous-entendu sinistre que nous assimilons à tout ce qui est sombre, dangereux, inquiétant ou sauvage. Mais la menace a été largement exagérée. Nous passons une grande partie de notre vie dans un espace par-delà la raison. Lorsque je dis : « Je vous aime », les ondes sonores de ma voix rebondissent sur la membrane de vos tympans, installant une vibration dont l'oreille interne fait un signal électrique. Cette impulsion est transmise le long des neurones au centre cérébral du langage et le contentement apparaît sur votre visage.

La raison sait tout de ce voyage, sauf sa dernière étape, la plus importante. Pourquoi le fait que je vous aime est-il source de plaisir ? Pourquoi ces influx électriques parvenant au cerveau ont-ils un sens ? Si je prononce une autre phrase comme : « Vous êtes au stade terminal d'un cancer », le même influx physique transporte ma voix jusqu'à votre centre cérébral du langage, mais alors c'est l'écrasement qui paraît en vous. Scientifiquement, les signaux sont tout ce qu'il y a de plus identiques, mais les résultats qu'ils produisent ne sauraient être plus éloignés. Un électroencéphalogramme (EEG) ne peut décoder l'activité chargée de sens du cerveau ; les gribouillis d'un graphique ne disent rien de ce qui distingue l'amour de la haine, la joie de la peine, l'inspiration de l'ennui. La production électrique générée par un swami profondément immergé dans la félicité crée des modèles ressemblant étrangement à des crises d'épilepsie ; la tension électrique engendrée par le système nerveux d'un poète n'est pas forcément moindre que celle provenant d'un psychopathe.

Pour peu que l'on s'intéresse à la signification des choses, le fait que cette dernière échappe aux mains de la science constitue une bonne raison de prendre la magie au sérieux. Le fort penchant matérialiste de la science la conduit à esquiver les choses qui ne peuvent être directement contactées par les sens. Pourtant, la nature a mis en réserve tout un univers de choses impossibles à voir, toucher ou soupeser. Avez-vous jamais observé un vol d'hirondelles au crépuscule ? Les avez-vous vues tournoyer et virer ensemble, changer de direction en un clin d'œil, selon des trajectoires incroyables ? Comment chacun des oiseaux sait-il qu'il doit tourner à l'instant précis où les autres le font ? Des chercheurs ont établi qu'aucun d'eux ne joue un rôle de chef — d'une manière ou d'une autre, l'impulsion est partagée par chacune des hirondelles, simultanément. La magie se blottit en chacune d'elles, mais aussi entre elles, au-dessus d'elles, autour d'elles. Elle est fluide et invisible, comme l'air, plus que l'air.

Voici un autre mystère encore : je pense un mot au hasard — disons « archipel ». Pour que je pense ce mot, des millions de cellules cérébrales doivent lancer un modèle précis au même instant exactement. Ce n'est pas une cellule isolée qui rêve le mot, puis le passe à ses voisines. Il surgit partout à la fois. Mais où se cachait « archipel » lorsque je n'y pensais pas ? La géographie de l'espace mental est aussi insaisissable que l'espace extérieur de l'Univers.

L'espace mental est tellement inconcevable que l'on pourrait facilement le prétendre entièrement magique. On peut programmer des ordinateurs pour qu'ils jouent aux échecs au niveau des plus grands maîtres, mais, au contraire de ceux-ci, ils ne se fatiguent pas, n'ont pas de traits de génie, ne piquent pas de crises de rage et ne font pas la tête lorsqu'ils ont perdu. Un grand maître ayant piqué une colère lors d'un tournoi a déclaré refuser de jouer tant qu'un sorbet à l'ananas ne serait pas posé à côté de l'échiquier. Une telle réaction, inconcevable pour l'intelligence que singe l'ordinateur, est si humaine ! Avoir un esprit, c'est cela. Même si un ordinateur devient un jour le plus grand joueur d'échecs de l'histoire, il restera toujours aux humains le plaisir.

Ainsi, la pensée magique ne se présente pas elle-même comme à l'écart de la raison mais comme un moyen d'exploration au-delà de celle-ci, dans un espace plus vivant et plus signifiant. La pensée magique nous est aussi naturelle que la rationalité, plus peut-être. A sa naissance, un bébé est entièrement centré sur lui-même ; ne nous étonnons donc pas si nous débutons dans la vie en pensant constamment au travers de la magie. Le jour de votre naissance, vous avez commencé à regarder un monde né avec vous. Bientôt, un objet particulier, volant, est apparu dans votre champ de vision. Doux et d'apparence plutôt molle, il flottait au hasard devant vos yeux, quelquefois visible, quelquefois s'élançant hors de vue.

Vous ne vous étiez pas rattaché à cet objet mais, un jour, vous avez fait une découverte considérable. Aiguillonné par le désir intense du sein ou du biberon, vous avez tendu le bras, sur une impulsion. Et en même temps que vous agissiez ainsi, en vertu de ce réflexe nouveau, le mécanisme qui se cramponnait au sein était ce même objet — mais vous compreniez seulement maintenant. L'entité ballante face à vos yeux était à vos ordres : vous veniez d'acquérir une main.

Les talents moteurs les plus complexes, jouer du violon ou faire de la gymnastique, se développent sur la même base. Un désir parvient à l'intérieur de quelque région inconnue et revient avec quelque chose à dire : il a découvert ce qui est possible et ce qui ne l'est pas. L'esprit, à condition qu'il utilise cette information, va légèrement modifier son attitude et, lorsque arrivera le rapport suivant, les informations ne seront plus exactement les mêmes. Il sera maintenant possible de faire davantage, ou moins ; la nouvelle position du doigt sur le manche du violon va permettre, ou non, plus de souplesse. Dans l'un et l'autre cas, l'esprit s'est renouvelé.

L'aptitude de l'esprit à étendre son influence semble illimitée, même devant des obstacles impossibles à franchir. Dans son ouvrage *Sagesse, déraison et folie : La fabrication d'un psychiatre,* R.D. Laing, psychiatre écossais renommé, raconte une histoire étonnante au sujet de Jacqueline du Pré, la célèbre violoncelliste britannique morte de sclérose en plaques alors qu'elle avait une quarantaine d'années.

Cette artiste, tragiquement frappée par la maladie à l'âge de vingt-huit ans, vit sa carrière musicale s'interrompre rapidement dès lors qu'elle eut perdu sa capacité de coordination des bras. Elle passa une année sans toucher au violoncelle.

Mais, un matin, elle se réveilla guérie, inexplicablement. Non seulement sa coordination musculaire, mais aussi ses capacités musicales étaient à nouveau là, intactes. Elle se précipita dans un studio où elle enregistra, magnifiquement, des morceaux de Chopin et de César Franck. Il va sans dire qu'elle ne les avait pas travaillés de l'année. Sa rémission dura quatre jours, à la fin desquels elle revint à son état antérieur, sans espoir.

Bien que le fait soit insensé d'un point de vue médical, il est difficile de nier que, pendant ces quatre jours, Jacqueline du Pré fut *totalement* libérée de sa maladie. La sclérose en plaques inflige progressivement des dommages organiques au système nerveux ; la gaine graisseuse recouvrant chaque nerf, la myéline, se détruit par plaques éparses dans le cerveau et la moelle épinière. Chez certains patients, le processus dégénératif peut durer plus de cinquante ans, tandis que d'autres sont invalides en quelques semaines ou en quelques mois.

Jacqueline du Pré avait déjà atteint la phase où les neurones endommagés sont atteints de dysfonctionnement. Comment a-t-elle recouvré ses capacités ? Comment un système nerveux incapable de mouvoir un bras peut-il soudain récupérer la maîtrise des mouvements, si incroyablement précis et délicats, nécessaires au jeu d'un violoncelliste ? Jacqueline du Pré n'avait pas imaginé pouvoir guérir et ni le courage ni la volonté ne semblent avoir joué ici le moindre rôle. D'une manière ou d'une autre, elle avait transcendé sa maladie à un point tel que la réalité, tout simplement, avait changé.

Pour compléter ce récit, Laing raconte comment il aida un patient à créer ce même effet magique, bien que pour un court moment seulement. Il s'agissait d'un homme approchant la quarantaine, prisonnier de son fauteuil roulant depuis un certain temps. « Il semblait atteint d'une sclérose en plaques à moins qu'un diagnostic plus pointu soit fait à Killearn. C'était en tout cas le portrait clinique parfait d'une personne atteinte de cette maladie.

« J'expérimentai sur lui l'hypnose et lui dis de se lever de sa chaise roulante et de marcher. Il y parvint et fit quelques pas. Il serait tombé si on ne l'avait pas soutenu ni aidé à se rasseoir dans sa chaise roulante. Mais peut-être marcherait-il encore aujourd'hui si je n'avais pas (comme lui) perdu courage après ces trois ou quatre pas ; pendant un an au moins, on l'avait cru incapable de marcher. » Ainsi, pour un instant, Laing avait permis à son patient de pénétrer dans un espace où sa sclérose en plaques n'existait pas. Soit ses neurones ravagés s'étaient comportés comme s'ils avaient été en bon état, soit ils n'avaient pas réussi à être pris en compte, d'une manière strictement mystérieuse. Ces deux conceptions reviennent au même : la paralysie dépendait (dans une mesure que nous ignorons) d'un état de conscience du patient.

Nous serions tous paralysés si les pensées ne recelaient quelque invisible force d'« animation » et ce, même si une telle affirmation a bien de quoi horrifier un « vrai » scientifique. L'autisme nous en apporte la preuve poignante. Cette maladie infantile rare, diagnostiquée pour la première fois en 1943, a été ainsi désignée, à partir d'une étymologie grecque, pour souligner que l'individu devient « autocentré » ou « indépendant » ; elle frappe moins d'un bébé sur dix mille et affecte quatre fois plus de garçons que de filles. Sa cause reste incertaine. Les théories psychologiques les plus anciennes montraient du doigt les « mères mortifères » de ces enfants ; elles ont cédé la place à des théories biologiques faisant l'hypothèse d'un déséquilibre chimique ou d'une éventuelle lésion physique du cerveau de l'enfant.

Quoi qu'il en soit, un enfant autiste ne montre pratiquement aucune réaction au monde extérieur et à autrui. Installé dans une balançoire que l'on pousse d'avant en arrière, il peut paraître vaguement concerné, mais dès lors qu'on le laisse se balancer lui-même, il tombe dans l'apathie. Si on lui lance une balle, il ne lève les mains ni pour l'attraper ni pour détourner sa trajectoire. L'essentiel de son temps libre se passe en mouvements répétitifs, mécaniques, assimilables à ceux de quelqu'un qui se « tourne les pouces ». On ne sait trop comment, l'étincelle du désir s'est perdue dans un noir et tortueux dédale d'absorption en soi.

On peut quelquefois, par la ruse, retourner la situation. Je me souviens d'une bande vidéo montrant des enfants autistes qui, à trois ou quatre ans, ne savaient toujours pas marcher. Retirés dans leur monde étanche, ils ne pouvaient se lever que si on leur donnait un tuteur sur lequel s'appuyer ; sinon, ils tombaient immédiatement et ne tentaient pas de se relever. Un ingénieux dispositif fut réalisé pour aider ces enfants.

On installa tout d'abord, à trois mètres l'une de l'autre, deux chaises reliées par une solide corde. On cajola chaque enfant pour qu'il se tienne à la corde et fasse quelques pas. Après un certain temps, ce travail étant maîtrisé, l'enfant pouvait aller, sans tomber, d'une chaise à l'autre. La fois suivante, une corde légèrement plus fine vint remplacer la première. Cette fois encore, l'enfant s'appuyait sur la corde et passait d'une chaise à l'autre. De jour en jour, la corde devint de plus en plus fine, mais l'enfant ne remarquait pas la différence. Et il finissait par marcher, « soutenu » par une légère ficelle.

C'est alors que surgit l'idée géniale. Pour libérer les enfants de la routine mécanique consistant à marcher d'une chaise à l'autre, les expérimentateurs leur donnèrent à chacun un morceau de ficelle à tenir dans la main. Persuadé d'être en sécurité avec ce soutien sur lequel s'appuyer, l'enfant pouvait maintenant marcher librement. Il y a de la magie dans cet instant d'envol. Voyant ces enfants récemment libérés errer pour la première fois d'un endroit à l'autre dans leur salle de jeux, je me suis demandé combien de petits fossés me séparent de la liberté, fossés d'apparence énorme, bras de mer infranchissables, parce qu'il me manque le petit morceau de ficelle qui servirait de pont.

Deux mondes à relier

Jusqu'à ce stade, mon plaidoyer pour la pensée magique n'est pas allé s'égarer bien loin hors du champ clos du cerveau et du corps que celui-ci contrôle. Cependant des gens sont parfois certains que leurs pensées influent sur des événements totalement hors d'atteinte de leurs signaux nerveux. Des études parapsychologiques ont quelque peu renforcé la crédibilité encore fragile de ce domaine. La plupart des gens ont connu des prémonitions qui se sont révélées exactes, mais nous avons déjà observé que la pensée magique va au-delà de la perception extrasensorielle et de la précognition, lorsqu'un individu fait apparemment volontairement bouger les personnes ou les choses « du dehors ».

La peur et les préjugés sont ici tellement puissants que j'aimerais démystifier cette sorte de magie. Faire jouer par une autre personne la scène qui a traversé votre pensée ne signifie pas qu'elle est obligatoirement un automate, ni que vous avez empiété dans les limites de son libre arbitre. Il s'agit là de peurs-réflexes qui jaillissent à l'esprit, renforcées par la conviction « rationnelle » que chaque personne occupe une portion totalement isolée d'espace et de temps.

Supposons, juste un instant, que ce soit un préjugé. Si vous tenez dans le creux de votre main un aimant, sa charge, extrêmement faible, est apparemment isolée. Mais il ne serait pas chargé sans la présence de l'immense champ magnétique terrestre ; il existe une connexion invisible entre les deux et au-delà. La Terre ne pourrait être magnétisée sans le champ magnétique solaire, le champ du Soleil dépend de forces galactiques, etc., à l'infini. En définitive, l'aimant que vous tenez dans votre main est un fil dans le tissu de l'Univers tout entier.

La chronologie des évolutions menant du Big Bang jusqu'à mon esprit est tout aussi continue que celle qui mène à l'aimant. Certes, chacune des pensées de mon esprit est minuscule, mais elle émerge des milliers de milliards de pensées potentiellement présentes dans mon esprit, qui elles-mêmes dépendent des millions d'années d'une évolution humaine ayant mené à la structure actuelle de mon cerveau. L'évolution, à son tour, dépend du déroulement de l'Univers tout entier, depuis le moment du Big Bang. C'est pour cela qu'une simple pensée peut être regardée comme un minuscule affleurement dans le champ universel.

Bien entendu, la différence fondamentale est que le champ électromagnétique peut être mesuré en millions d'années-lumière, tandis que personne n'a prouvé que le cosmos fût doté d'un esprit. Nous préférons croire que l'intelligence est arrivée sur scène plus tard, à la dernière minute de la vingt-troisième heure de la vie connue dans l'Univers, et que notre intelligence est une mouture toute particulière de cet événement radicalement isolé. En fait, une poignée de scientifiques évolutionnistes mise à part, la science se passe très bien d'examiner cette question épineuse : où et comment l'intelligence a-t-elle commencé ?

Si cette question est ici abordée, c'est parce que la pensée magique semble être dotée d'un grand nombre des caractéristiques du champ. Le champ électromagnétique de l'Univers est invisible, pénètre tout et peut réagir au moindre des changements qui affectent son propre intérieur. Toutes les boussoles de la planète suivent les déplacements du pôle magnétique terrestre ; à l'inverse, si vous sortez une boussole de votre poche, le champ magnétique terrestre est affecté dans une proportion infime. En bref, nulle partie du champ ne peut se déplacer sans que l'ensemble ne suive.

Transposons cela à l'esprit. Alors, chacune de nos pensées affecte la totalité des autres esprits, non parce que nous mettons en œuvre des pouvoirs psychiques, mais parce que chaque esprit est un petit affleurement dans le champ. J'introduis ici un paradigme considérable et je suis très décidé à en explorer chacune des ramifications. Même si nous négligeons les problèmes colossaux qui se dressent devant nous, l'idée d'appartenance à un entrelacs d'intelligence est la conclusion logique de l'argument selon lequel la réalité « ici, dedans » est connectée à la réalité « du dehors, là-bas ». Et qu'est-ce qui, mieux que l'intelligence, serait susceptible d'assurer la connexion ?

Si, ainsi que nous l'avons conclu lorsque nous envisagions la question de la perception, l'esprit de l'individu est engagé dans un échange créatif avec le monde, il doit alors exister une sorte de terrain commun. Il peut paraître absurde d'affirmer que l'esprit de tout un chacun peut affecter un rocher ou un arbre mais, à l'intérieur de nos cerveaux, l'activité mentale ne cesse d'altérer la structure des substances chimiques qui s'y trouvent. Ces substances chimiques sont faites de molécules et d'atomes, tout comme les rochers et les arbres. Le fait qu'un atome de carbone soit installé dans la substance grise de votre cerveau ne le rend pas plus proche de l'esprit que si ce même atome se trouvait dans un arbre. Il reste toujours à affronter l'infranchissable bras de mer séparant l'esprit et la matière.

La pensée magique nous apporte la preuve que nous le traversons sans cesse. En fait, cette image linéaire est beaucoup trop statique, car les champs frémissent continuellement de vie. Il est beaucoup plus conforme à la vérité de dire que l'esprit et la matière dansent, se déplacent instinctivement ensemble, conscients, en silence, du lieu où les mènera le pas suivant. J'ai choisi Hélène, pour illustrer cette métaphore. Anglaise, la cinquantaine passée, elle fut profondément affectée par une pensée magique.

Il y a une trentaine d'années de cela, jeune fille fraîche émoulue d'une institution religieuse, Hélène tomba enceinte sans être mariée. Sa famille, catholique fervente, ne pouvait accepter cette maternité. Hélène, de son côté, comprit qu'elle n'était pas prête à élever seule un enfant et, bien qu'elle fût affolée à l'idée d'abandonner son bébé, elle décida d'aller au bout de sa grossesse et d'autoriser son adoption par un foyer. Dans une lettre étonnante, elle me raconta son histoire : « J'ai regardé mon bébé venir au monde dans un miroir installé au pied de mon lit. Je me souviens de mes sensations d'émerveillement, d'excitation et d'accomplissement lorsque ce beau petit garçon est apparu. Je me souviens aussi du sentiment de vide qui venait de l'absence de quelqu'un, qui que ce soit, avec qui partager mes sensations.

« Au moment où mon bébé est né, nous avons tous

deux commencé à pleurer. Je le tenais contre mon cœur, tâchant de nous réconforter, lui et moi, tâchant de sentir son cœur battre à l'unisson du mien. Pendant six jours, je lui ai donné le biberon tandis que la lente mais implacable procédure d'adoption prenait nos vies. Personne pour me conseiller, sinon pour m'entendre dire que la "pauvre petite" que j'étais devrait oublier ce qui était arrivé, sortir et tout recommencer. Une intense douleur s'est installée dans mon âme. »

On avait trouvé une famille convenable pour son petit garçon et Hélène s'engagea à ne pas interférer dans son éducation, ni même à faire connaître son existence. En retour, elle demanda qu'il gardât le prénom qu'elle lui avait choisi : Simon. Elle tint promesse pendant vingt ans, bien que la séparation lui fût de plus en plus insupportable, le temps passant. Elle ne put jamais avoir d'autre enfant, craignant de renouveler l'immense traumatisme de sa première grossesse.

Lorsque Simon atteignit sa vingt et unième année, Hélène décida de retourner chez elle, en Angleterre, pour demander à le rencontrer. Ignorant les coordonnées de la famille adoptive, elle loua les services d'un détective privé. Entre-temps, elle se retira chez de vieux amis à Oxford. C'est alors qu'un événement emporta l'histoire d'Hélène dans une autre dimension.

« Pour passer le temps, je me promenais beaucoup parmi les merveilleux clochers d'Oxford. J'étais captivée par l'allure médiévale de la ville. Un après-midi, après avoir visité Christ Church College, je suis descendue à travers champs vers la rivière. Huit rameurs s'entraînaient à l'aviron non loin de là.

« Un frisson s'empara immédiatement de ma colonne vertébrale. Sans aucune raison, mon taux d'adrénaline monta, les paumes de mes mains devinrent moites et ma bouche se dessécha. Mon esprit galopait à toute allure et j'entendis appeler "Simon !". Je me suis précipitée chez mes amis, anéantie. Affalée sur le canapé, devant le feu, glacée, choquée, j'avais l'esprit embrouillé. J'avais acquis la certitude, je ne sais comment, que mon fils était étudiant à Oxford et que je l'avais vu ramer sur la rivière cet après-midi-là !

« Une seconde vague d'intuitions m'est alors venue, et j'ai dit à haute voix à mes amis : "Je sais une chose que je ne devrais pas savoir. Il est étudiant en médecine. Simon est sur les pas de sa grand-mère." (La mère d'Hélène était une spécialiste des maladies organiques.) D'où venait que mon état de conscience s'était élevé ainsi ? Je l'ignorais. »

Ses amis la pressèrent d'aller consulter le registre des étudiants et, comme elle en avait eu le pressentiment, son fils s'y trouvait bien. Hélène était déconcertée par son troublant savoir mais, n'ayant aucune idée de ce qu'elle pouvait en faire, elle ne fit rien. Le détective privé lui présenta un rapport confirmant dans le détail ses intuitions et ne fut pas peu surpris par ce qu'elle connaissait déjà.

Nos études conventionnelles sur la psychologie humaine ne peuvent expliquer cet événement mais il n'y a aucun doute dans mon esprit : Hélène avait « magnétisé » la chose, attirant à elle l'enfant égaré qu'elle avait tant souhaité retrouver. C'était comme si toute sa frustration refoulée ne pouvait plus être contenue. Elle devait se libérer et, pour cela, avait franchi la barrière artificielle séparant les réalités intérieure et extérieure.

Un autre détail de l'histoire d'Hélène m'insuffle une double sensation de crainte respectueuse et de gratitude. Ses mystérieuses intuitions ne menèrent finalement pas à d'heureuses retrouvailles avec Simon. Les membres de sa famille adoptive exercèrent de fortes pressions sur lui pour qu'il rejette l'apparition soudaine dans leur vie de cette femme indésirable. La mère et le fils ne trouvèrent le courage mutuel de se rencontrer et de s'accepter l'un l'autre que neuf années plus tard.

Ces retrouvailles émouvantes eurent lieu en 1989, lorsque Simon, installé comme médecin à Oxford, invita sa mère à lui rendre visite. En dépit de ses vives inquiétudes, le vœu le plus cher d'Hélène se réalisa : elle fut acceptée pour ce qu'elle était — ce sont ses propres termes — et accueillie comme un membre de la famille de Simon. Peu après qu'elle fut arrivée chez lui, son fils lui proposa une promenade dans les bois, près de son ancien collège. Par hasard, il choisit la même rive que celle où Hélène avait vu les rameurs, des années auparavant. Elle lui raconta ses intuitions pendant qu'il l'écoutait, fasciné.

« C'est vrai, dit-il d'une voix hachée, *j'étais* en train de ramer ce jour-là, et je me souviens d'avoir levé les yeux sur une femme, seule, sur la rive. J'ai senti mes cheveux se hérisser dans le cou. J'avais des fourmillements dans la colonne vertébrale et je suis devenu très nerveux. Elle semblait me regarder. La pensée "C'est ta mère" a éclaté dans ma tête. »

Hélène et Simon se turent. Il leur était impossible d'appréhender de quelle manière ils avaient été amenés au contact l'un de l'autre, mais ils sentaient bien que quelque chose de surnaturel s'était produit. « Nous sommes allés à pied jusqu'à la chapelle de Merton College, raconte Hélène. Simon m'a retiré mes gants et a doucement pris mes mains dans les siennes pendant que nous adressions nos remerciements au ciel. Il a soufflé : "Je suis gêné, c'est comme un premier rendez-vous d'amour." J'ai ri et des larmes sont venues à nos yeux, doucement, sans bruit. C'était comme si elles lavaient la douleur de mon cœur, ne laissant qu'amour et pardon. Je n'étais pas très sûre de ce qui ou de qui était pardonné, mais à ce moment-là je me suis sentie libérée de mon ancienne colère et de ma solitude. »

L'histoire d'Hélène est extraordinaire, mais elle illustre je crois un phénomène beaucoup plus vaste. Le monde « du dedans, ici » est censé couler et se fondre avec celui « du dehors, là-bas » et, lorsque nous nous opposons à ce flux, nous ne faisons que repousser le jour où l'esprit parviendra à restaurer l'ordre naturel des choses. Cela doit arriver, tant à petite qu'à grande échelle, bien plus souvent que nous ne le remarquons ou ne nous soucions de l'admettre. On en vient à supposer que la pensée magique est un acte de guérison et que les esprits les plus magiques sont donc les plus sains.

4

Courber la flèche du temps

Comme sous le doigt du destin, les deux pires journées de la vie de Martin se suivirent. Un lundi, comme chaque matin, son frère courait dans le parc lorsqu'un autre sportif, soudain, le vit s'écrouler sur le chemin. L'homme se précipita pour le secourir, mais le frère de Martin était déjà mort, foudroyé par une crise cardiaque. Agé de cinquante ans, soit sept ans de moins que Martin, il n'avait jamais eu de problèmes de cet ordre.

Le mardi, l'épouse du meilleur ami de Martin, un pédiatre de quartier approchant la cinquantaine, appelait, dans un tumulte de larmes. Son mari, revenant en voiture de l'hôpital cet après-midi-là, s'était effondré au volant. Lui aussi venait d'être frappé par une crise cardiaque fatale, alors que personne ne soupçonnait chez lui une maladie de cœur.

Martin fut durement affecté par cette double perte. Anéanti, bouleversé, il commença à ruminer de sombres pensées sur l'incertitude de la vie. Avant la fin de la semaine, il avait décidé de consulter un médecin sur l'état de son propre cœur. Son cardiologue réalisa un ECG qui se révéla normal, mais la crise cardiaque de son frère trahissait peut-être une prédisposition familiale et on lui demanda de se prêter à une épreuve d'effort sur tapis roulant. Il s'en sortit à la perfection, faisant monter ses pulsations à 180 sans en souffrir et sans que la moindre distorsion apparût dans son rythme cardiaque. Le médecin le rassura : « Cessez de vous inquiéter. Vous avez un cœur de vingt ans. »

Mais le lendemain matin, arrêté à un feu rouge, toujours obsédé par les deux décès qui avaient laissé un tel gouffre dans son existence, Martin ne vit pas le signal passer au vert. Il se retrouva brusquement à la tête de trois files de véhicules klaxonnant et dont les chauffeurs exaspérés s'efforçaient de le contourner en trombe. Troublé, désorienté, il lui fallut quelques secondes pour reprendre son sang-froid et, au moment d'embrayer, il remarqua une bizarre sensation au centre de sa poitrine ; douleur ou pression, il n'aurait pu le dire, mais il sentit un étourdissement momentané.

Martin décida de consulter un autre cardiologue, qui décela quelques possibilités d'anomalie dans la manière dont la première épreuve d'effort avait été menée. « Pourquoi ne pas recommencer ce test, conseilla-t-il. Pour vérifier simplement. » Martin se présenta de bonne heure au laboratoire d'essais, où on lui dit d'attendre son tour. Assis, il se mit à regarder d'un air vague l'homme, apparemment en bonne santé, qui, de l'autre côté de la vitre, marchait à petits pas rapides et décidés sur le tapis roulant du laboratoire. Comme dans un film muet, il le vit ouvrir la bouche sans qu'un son en pût sortir, se saisir convulsivement la poitrine et s'affaisser au sol. L'infirmière fit sortir Martin ; quelques minutes plus tard, il apprenait que l'homme avait succombé à un infarctus. Son propre test fut repoussé à une autre semaine.

Martin se sentit pourchassé par une malédiction. Il rentra chez lui profondément perturbé, et pour la première fois commença à ressentir nettement des élancements douloureux autour du sternum. Il signala immédiatement ce symptôme à son nouveau cardiologue. « Ecoutez, répondit celui-ci, aucune épreuve d'effort n'est absolument fiable. Si vous voulez vraiment être renseigné sur l'état de votre cœur, faisons une angiographie. » L'angiographie, qui permet d'observer le cœur sur un écran pendant que les artères coronaires sont éclairées par l'injection d'un produit de contraste, est considérée comme la méthode reine dans l'évaluation des coronaropathies.

L'examen fut réalisé, et les plus épouvantables craintes de Martin se révélèrent exactes. Deux de ses artères coronaires étaient bloquées à 85 %, réduisant dangereusement l'afflux sanguin vers le cœur. Les douleurs thoraciques augmentèrent brutalement, en intensité et en fréquence. Dès que Martin entreprenait une activité physique, le profil typique de l'angine de poitrine se dessinait. Alarmé, son cardiologue le mit sous comprimés de nitroglycérine pour maîtriser les crises. Toute la semaine suivante, Martin resta chez lui mais, pour lutter contre le découragement, il décida d'achever quelques bricolages pour lesquels il dut monter à une échelle, car il mettait en place de lourds châssis de fenêtres.

Lors de la consultation suivante, il indiqua qu'il avait fait ces travaux sans rien éprouver dans la poitrine. Le cardiologue fut horrifié. « Ne faites pas des choses pareilles ! Vous ne comprenez pas qu'avec des artères coronaires bloquées à ce point, vous pouvez avoir une crise cardiaque à chaque instant ? »

A ces mots, une douleur écrasa la poitrine de Martin, lui coupant le souffle — c'était sa première crise d'angor instable, symptôme tardif et gravissime de maladie du cœur. Le terme « instable » indique que les accès douloureux frappent de façon imprévisible, qu'il y ait ou non un effort physique. Le cardiologue ne voyant d'autre solution que l'opération, Martin subit un double pontage par greffe ce vendredi-là. C'était moins d'un mois après les deux crises cardiaques mortelles qui l'avaient tant affecté.

Cela ne mit pas un terme à sa maladie. Lorsque je le vis, quatre mois plus tard, les vaisseaux coronariens récemment greffés de Martin restaient bien ouverts, mais les douleurs thoraciques n'avaient pas faibli. Aujourd'hui encore, il présente tous les signes classiques de l'angor instable. Devant s'abstenir du moindre effort, il a été contraint à une retraite anticipée. Se déplacer sans hâte jusqu'au réfrigérateur suffit maintenant à faire éclater de douleur sa poitrine et il se trouve ainsi presque totalement cloué chez lui. Il est vraisemblable que le degré élevé de son angoisse déclenche les crises, soit en provoquant des spasmes des artères coronaires, soit en créant une douleur psychosomatique.

« D'où vient tout cela, à votre avis ? lui ai-je demandé.

— J'y pense chaque nuit, répondit-il, lugubre. Est-ce que je me suis infligé cela moi-même, ou bien est-ce que j'ai une déveine incroyable ? Personne ne m'a fourni la moindre explication satisfaisante. Appelons cela un mystère, et n'en parlons plus. »

Le temps et sa perception

S'il avait fallu à Martin quarante années, et non quatre semaines, pour en arriver là, il n'y aurait aucun mystère. Nous dirions simplement qu'il a vieilli. Tant de personnes âgées souffrent de maladies des artères coronaires qu'on les a longtemps considérées comme inséparables du processus du vieillissement. Aujourd'hui encore, alors que l'on sait prévenir ces maladies du cœur et qu'elles ne sont donc plus, au sens strict, normales, elles demeurent la première cause de mortalité des personnes âgées. La médecine n'a pas encore réussi à débusquer les causes du vieillissement, ni même à le décrire correctement mais, par définition, vieillir est une chose qui prend beaucoup de temps. Un cœur qui vieillit en un mois se comporte d'une manière extrêmement anormale, pour ne pas dire étrange.

Il est plus que probable que Martin, d'une façon ou d'une autre, a engendré la série d'événements dont il a été victime, même si sa conscience n'admet pas ce fait. Tout d'abord, il est difficile de croire que son cas puisse être le résultat du hasard. Le minutage et l'orchestration des circonstances qui ont suivi la mort de son frère sont trop parfaits. On croirait assister à un drame bien ficelé, avec une tension dramatique croissante et un dénouement rapide et poignant. Martin n'a aucune idée sur la manière dont il a pu réaliser tout cela. Accélérer le processus de vieillissement non seulement suppose le contrôle de ce dernier, mais implique une maîtrise sur le temps même, chose évidemment impossible — du moins le croyons-nous.

Ecartons-nous de la vision scientifique limitée du monde. Des explications apparaissent alors. Tout d'abord, nous sommes en mesure de contester l'hypothèse de base selon laquelle le temps serait objectif. Les horloges sur lesquelles nous nous reposons semblent marquer leurs heures et leurs minutes indépendamment de nous, et les événements quotidiens paraissent s'enchevêtrer sans rime ni raison ; mais, si l'on regarde autrement, tout ceci n'est que le traitement conventionnel et communément admis du temps. Nous avons collectivement accepté que le temps réponde à certaines caractéristiques immuables : il avance, il est mesuré par les horloges, il est uniforme en tout lieu, il n'attend personne.

Pourtant, cette convention n'est pas inaltérable et, inexplicablement, le temps devient parfois élastique. Un ami suisse, médecin lui aussi, m'a récemment lu un article bizarre et émouvant racontant une catastrophe dans une mine de charbon en Allemagne. Un petit groupe de mineurs étaient enterrés vivants à la suite d'un important effondrement. Ils comprirent que l'air, dans le puits, ne durerait qu'un nombre d'heures limité. Il se trouve qu'un seul d'entre eux portait une montre, et celui-ci se mit à compter les heures qui passaient, tandis qu'ils attendaient les secours dans l'angoisse. Mais, pour entretenir l'espoir chez ses compagnons, il tricha ; il n'annonça qu'une heure pour deux qui étaient en fait réellement passées. Six jours plus tard, une équipe de secours découvrit les mineurs dans leur piège ; pour stupéfiant que cela paraisse, tous étaient vivants excepté un : celui qui portait la montre.

L'homme à la montre avait, fondamentalement, dupé les autres en brisant leur convention sur ce qui constitue le temps réel. Le drame fut qu'il ne put se tromper lui-même. Est-il possible que le temps attende un homme et en dépasse un autre en fonction de ce que chacun espère ? Au printemps 1990, à San Diego, un rapport de sociologues de l'université de Californie indiquait que le taux de mortalité des Chinois chutait de 35 % au cours de la semaine précédant la fête de la Lune des moissons, une journée parmi les plus propices du calendrier chinois, pendant laquelle les anciens sont particulièrement honorés. A la fin de ces festivités, les taux de mortalité grimpaient à nouveau et, la semaine suivante, affichaient 34 % de plus que la normale. Il faut conclure que des gens proches de la mort peuvent repousser leur trépas dans le but de savourer une journée qui, pour eux, a une grande signification.

On a pu observer des fluctuations semblables de

mortalité chez les juifs, immédiatement avant et après leur Pâque (les groupes témoins non juifs n'affichant en revanche aucune répercussion et entretenant, tout au long de cette période, des taux de mortalité identiques). Enfin, les cardiologues ont médité sur le fait que les taux de crises cardiaques sont plus élevés à neuf heures les lundis matin qu'à aucun autre moment de la semaine. Le choix de ce moment n'est pas, à proprement parler, un hasard. Pour bien des gens, reprendre le travail après le week-end est un retour à de plus pénibles réalités. Se pourrait-il que certains aient découvert la voie radicale d'évasion qu'est la crise cardiaque, plutôt que d'aller pointer une fois de trop ?

Ces exemples restent limités au temps biologique, l'horloge cachée dans nos cellules. C'est en nous penchant sur les rêves que nous observons une maîtrise véritablement globale du temps. Le temps du rêve manque tout autant de séquences fixes que de logique. Il peut avancer ou reculer, accélérer ou ralentir, s'arrêter ou tout simplement disparaître : nombre de rêves sont gelés dans une sorte de non-temps sans commencement ni fin. Voler au travers des nuages, être pris dans un contre-courant, courir dans la rue avec à ses trousses un bandit imaginaire, autant de rêves dont les événements peuvent paraître durer un court moment ou une éternité, comme si le temps avait déserté la scène.

Au réveil, de retour au monde des horloges fiables, le temps reprend son allure rampante, ce qui ne prouve rien quant à sa nature véritable. Imaginez un homme assis dans une pièce, regardant oisivement par la fenêtre. Le matin, le milieu de la journée, la soirée passent ; perdus dans le vague de son regard passif, des gens défilent devant lui, des événements se produisent dans la rue. Il se peut que ce même homme aille dormir, le soir venu, qu'il voie en rêve les mêmes gens exactement, les mêmes événements, mais que cette fois la matinée, le midi et la soirée ne prennent plus que deux minutes de son sommeil. A l'instar de tout le reste de son rêve, le temps est créé par son cerveau. En quoi le temps de veille est-il différent ? Dans les deux cas, le fil du temps est traité par les mêmes cellules cérébrales ; le temps de veille et le temps de rêve pourraient bien, tous deux, être créés de manière autonome.

S'il en est ainsi, alors le temps lui-même n'est qu'une perception personnelle, sujette aux mêmes variations que l'humeur, la rêverie, l'imagination, ou toute autre pensée occasionnelle. Les psychologues reconnaissent déjà que le temps comporte un aspect fortement personnalisé. Chacun de nous s'emploie avec quelque talent à manipuler le temps selon ses caprices. Languissant dans la salle d'attente du dentiste, mon ennui fait se traîner le temps. Pour le faire accélérer, il me suffit d'aller ailleurs, où je retrouverai mon bien-être ; dans un restaurant indien peut-être. Si je me tourne vers une chose qui me satisfait profondément, le temps s'envole. La différence entre un temps lourd, lent, et un temps vif, fugace, réside dans ma perception de la situation. Dans la mesure où je reste libre d'aller de chez le dentiste au restaurant, j'exerce un contrôle personnel sur l'impression que donne le temps.

Mais si je me sens obligé de rester chez le dentiste, alors il ne me reste plus qu'à subir le genre de temps sournois que m'offre ce lieu. Nous avons tous été piégés par ce type de contrainte. Jour après jour, nous demeurons dans le même cadre temporel, parce que nous pensons le devoir ou y avoir intérêt. Mais il ne s'agit que d'un pacte que nous avons passé quelque part en chemin — et nous ne savons même plus quand. Chacun peut se libérer et réaffirmer son aptitude à contrôler le temps.

Les voyageurs du temps

Le thème de l'artificialité du temps est majeur dans toutes les traditions spirituelles du monde, et l'un des objectifs des maîtres éclairés est de briser le sortilège du temps qui limite l'esprit de leurs disciples. Un guru indien dit un jour aux siens : « Vous vous êtes enfermés dans la prison de l'espace et du temps, vous avez réduit votre expérience à la durée d'une vie et au volume d'un corps. De cette illusion imposée par vous-mêmes naissent tous vos conflits : la vie et la mort, la douleur et le plaisir, l'espoir et la crainte. Pour mettre fin à ces problèmes, vous devez d'abord en finir avec l'illusion.

— Mais comment faire ? » demanda un disciple.

Le maître répondit : « Vous êtes pris dans ce monde comme des poissons dans un filet. Mais tous les filets ont des trous. Trouvez-en un, évadez-vous, et vous verrez ce qu'est vraiment la réalité. »

Le filet du temps semble troué de la sorte en maints endroits. Il semble objectivement réel, mais peut-être n'est-il en réalité rien de plus qu'une idée nourrie dans notre esprit. Le grand sage Shankara, qui domine de très haut toute la tradition de la philosophie indienne, a écrit : « Les gens vieillissent et meurent parce qu'ils voient d'autres personnes vieillir et mourir. » Je me souviens de mon sentiment d'incrédulité et d'émerveillement à la première lecture de cette phrase, il y a dix ans. Si Shankara a raison, alors le vieillissement n'est pas un processus biologique immuable ; ce n'est qu'un ballot de perceptions que nous avons ramassées, prises dans notre corps, et auxquelles nous avons accordé une forme physique.

En biologie, une expérience révélatrice, quoique cruelle, consiste à jeter un rat dans un réservoir d'eau. Les rats nagent mal et l'animal se débat dans l'eau, tentant vainement d'escalader les parois du réservoir et ne parvenant qu'à glisser le long des cloisons vitrées. Quelques minutes plus tard, il est totalement épuisé, prêt à se noyer. L'expérimentateur le sort, et le laisse se reposer.

La procédure est réitérée les jours suivants, et en peu de temps, généralement moins de trois semaines, le rat subit une évolution spectaculaire. L'effet d'une telle tension quotidienne a immensément vieilli ses tissus. Si l'expérience dure, le rat mourra « de vieillesse » en un mois ; à la dissection, son cœur, son foie, ses poumons et divers autres organes, se révéleront de couleur foncée, durcis, fibreux comme ceux d'un rat ayant vécu normalement deux ans ou plus.

Les expérimentateurs ont ainsi fondamentalement accéléré le temps, et forcé le rat à l'intégrer dans son corps. Les tissus épuisés et d'une couleur anormale qui en résultent sont comme des morceaux d'un temps gelé auquel on aurait fourni une expression physique par le processus du vieillissement. Il en va de même chez les êtres humains, bien que notre absorption du temps soit plus complexe et fonction de nos valeurs personnelles. Au contraire des rats de laboratoire, nous pouvons choisir de vivre dans une tension plus ou moins grande ; qui plus est, nous pouvons interpréter le temps de diverses manières, ce qui nous permet de le transformer. Le mauvais usage de ce privilège engendre des souffrances démesurées. Et je ne pense pas seulement aux personnes qui se mettent d'elles-mêmes dans des situations désespérément stressantes, bien qu'elles soient des millions. La plus profonde des ignorances est de ne pas comprendre que le temps n'a pas à être irrémédiablement figé en nous.

L'idée apparemment curieuse de Shankara, selon laquelle nous vieillissons parce que nous regardons autrui vieillir, pourrait bien être exacte. Une étude ingénieuse du département de psychologie d'Harvard, à la fin des années soixante-dix, nous en a d'ores et déjà fourni une confirmation partielle. En fait, l'équipe de Harvard, dirigée par le professeur Ellen Langer, n'avait pas en tête, dans son entreprise, l'affirmation de Shankara ; il s'agissait pour ces chercheurs d'établir si le vieillissement est bien irréversible, comme on l'admet habituellement. La position officielle de l'Institut national américain de recherche sur le vieillissement est qu'il n'existe aucune méthode fiable pour restaurer une jeunesse perdue, qu'il s'agisse de produits pharmaceutiques, de régimes, d'exercices physiques ou de techniques mentales. Bien que de nombreuses recherches viennent étayer cette position, l'équipe de E. Langer avait quelques doutes ; ses membres soupçonnaient que le vieillissement est peut-être une création de l'esprit que l'esprit peut défaire.

Dans le but d'étudier cette éventualité, ils commencèrent par passer une petite annonce dans un quotidien de Boston afin de recruter des hommes de soixante-quinze ans et plus, qui accepteraient de partir une semaine en vacances, tous frais payés. Un groupe de volontaires fut sélectionné, installé dans une estafette, et rapidement expédié dans une retraite luxueuse de cinq hectares de forêt, à l'écart du monde, dans la campagne de la Nouvelle-Angleterre.

Une reconstitution de la vie quotidienne de vingt ans auparavant les attendait en ce lieu isolé. Au lieu des magazines de 1979, c'étaient des numéros de *Life* et du *Saturday Evening Post* datant de 1959 qui étaient posés sur les tables. La radio diffusait la musique de cette année-là et les discussions collectives se centraient sur la politique et les célébrités de cette période. Un discours enregistré du président Eisenhower fut suivi du film *Anatomie d'un meurtre*, récompensé d'un Oscar en 1959. Parallèlement à ces accessoires, tout était fait pour centrer chaque individu sur la manière dont il ressentait les choses, dont il se présentait, parlait et agissait lorsqu'il avait vingt ans de moins.

Le groupe ne devait s'exprimer qu'au présent, comme si 1959 représentait l'actualité immédiate : « Pensez-vous que Castro va devenir une marionnette de Khrouchtchev ? » et personne ne devait aller plus loin que cette même année dans ses allusions à sa famille, à ses amis et à son travail. Leurs enfants, qui avaient tous quarante ans au moins, étaient encore au foyer ou « commençaient » leurs études universitaires ; eux-mêmes « étaient » à l'apogée de leur carrière. Chacun avait fourni une photographie de lui-même prise vingt ans plus tôt, qui avait servi lors des présentations mutuelles du groupe.

Tandis que se déroulait cette semaine en trompe l'œil, un groupe témoin d'hommes de plus de soixante-quinze ans évoquait aussi les événements de 1959, mais en parlant au passé, et non au présent. Castro, tel joueur de base-ball célèbre, Eisenhower et Marilyn Monroe redevenaient des personnages historiques et l'on n'avait retranché aucun jour à leur vie. La radio diffusait la musique de 1979, les magazines apportaient de « vraies » dernières nouvelles et les films étaient ceux du moment.

Avant, pendant et après sa coupure du monde, E. Langer mesura chez chaque homme les signes de son vieillissement. Parmi les membres du groupe 1959 les résultats de ces mesures montrèrent dans une proportion remarquable un recul dans le temps, tout au long de la semaine. Leur mémoire et leur dextérité avaient commencé à s'améliorer ; eux-mêmes étaient plus actifs et plus autonomes. (Au lieu d'attendre d'être servis, ils allaient chercher leurs repas et nettoyaient leur table d'eux-mêmes.)

On pouvait s'attendre à certains de ces changements de la part de personnes âgées profitant avec plaisir d'un séjour de vacances. Cependant, des traits assurément considérés comme les signes irréversibles du vieillissement amorcèrent aussi un revirement. Un jury indépendant, auquel furent présentées des photographies « avant et après » de ces hommes, évalua leurs âges à trois années de moins que la réalité. La mesure des mains montra que leurs doigts s'étaient véritablement allongés et avaient reconquis une certaine souplesse d'articulations. L'ensemble du groupe se tenait plus droit sur ses chaises, donnait des poignées de main plus vigoureuses, et même voyait et entendait mieux. Le groupe témoin présenta aussi certaines de ces évolutions, mais à des degrés moindres, et certaines mesures, telles l'habileté manuelle et la longueur des doigts, avaient même diminué au cours de la semaine.

Dans son livre intrigant et fascinant, *L'Esprit en éveil*, E. Langer attribue certains des retournements enregistrés au fait que ces hommes s'étaient vu offrir une plus grande maîtrise de leur vie qu'ils n'avaient chez eux. On les avait traités comme n'importe quelle personne à mi-chemin entre la cinquantaine et la soixantaine qui, naturellement, porte sa propre valise ou choisit elle-même son repas. Lors des discussions en commun, leurs opinions étaient prises au sérieux et il allait de soi que leur esprit était clair et alerte, hypothèse vraisemblablement absente de leur vie quotidienne. De passive, leur existence était devenue active, selon le propre terme qu'emploie Langer pour qualifier une vie faite de vivacité d'esprit, d'ouverture aux idées nouvelles et de puissance mentale. Mais pourquoi le groupe qui avait « vécu en 1959 » était-il tellement meilleur que le groupe 1979 ? Il est assez vraisemblable que ses membres avaient progressé à cause de ce qu'ils voyaient. Pour paraphraser la maxime de Shankara : *ne pas voir* vieillir notre prochain semble empêcher notre propre vieillissement.

Les sujets de E. Langer, tels des voyageurs dans le temps d'un genre particulier, ont remonté dans le passé en rebroussant chemin en eux-mêmes. Nous avons tendance à penser que le temps nous est extérieur, mais dans cette affaire il était tout autant à l'intérieur, emmagasiné sous forme de mémoire. Se souvenir, c'est faire voyager son corps dans le temps sans même quitter sa chaise. Par exemple, si je me souviens d'avoir eu peur dans une allée sombre lorsque j'avais six ans, mon cœur va battre la chamade à nouveau, comme un cœur de six ans. L'esprit peut également projeter le corps en avant dans le temps. J'ai vu des femmes de vingt ans qui, à l'annonce de leur cancer, vieillissaient sous mes yeux et devenaient aussi usées que si elles s'étaient battues des années durant contre la maladie.

L'esprit s'arrange, à chaque fois, pour occuper deux positions simultanément, voyageant dans le temps et restant dans le présent. Les hommes d'un certain âge qui sont remontés jusqu'en 1959 étaient tout aussi fermement ancrés en 1979 : ils lisaient de vieux magazines, mais la même pluie tombait sur eux et sur les autres habitants de Boston. L'illusion d'avoir immobilisé le temps s'en trouvait donc partiellement estompée. On pourrait aller plus loin. Si je perdais tous mes conditionnements antérieurs concernant le spectacle du vieillissement des autres, peut-être pourrais-je conserver indéfiniment mes vingt ans, tout en menant ma vie et en ressentant le passage ordinaire du temps comme les autres. J'aurais alors acquis la maîtrise de « mon temps ».

Pourquoi ne pas parler de « mon temps » et de « votre temps » ? Sur son étagère, la pendule égrène automatiquement ses secondes et ses minutes, mais notre horloge intérieure possède autant d'intelligence que le cerveau qui l'abrite. Après des années de recherches, les physiologistes ont localisé, au cours de cette dernière décennie, l'horloge biologique qui régit toutes les fonctions périodiques du corps, telles que l'état de veille, le sommeil, l'alimentation, la soif, la température du corps, la tension artérielle et la croissance, le flux et le reflux de nombreuses hormones.

Un minuscule agrégat de cellules de l'hypothalamus, appelé noyau suprachiasmatique, règle tous ces rouages d'entre les rouages, orchestrant des rythmes aussi longs que le cycle menstruel de vingt-huit jours et aussi courts que celui des émissions de l'hormone de croissance, toutes les trois heures. A l'intérieur des cellules, les réactions chimiques qui se produisent des milliers de fois par seconde doivent, elles aussi, obéir à l'horloge maîtresse de l'organisme.

Le terme « horloge » employé ici est trompeur puisque nous pouvons dicter l'écoulement du temps en nous, nous libérant de tout tic-tac mécanique. Nous nous éveillons, dormons, mangeons et respirons selon notre volonté, dominant les cycles préétablis de ces fonctions. Certaines femmes semblent capables de modifier leur cycle d'ovulation, retardant leurs règles en période de tension. (Elles peuvent ne pas être conscientes d'avoir fait ce choix, mais leur corps, apparemment, réagit à un signal cérébral spécifique déclenché par leurs émotions.) Dans des cas plus extrêmes, des femmes affectées de personnalités multiples — syndrome rendu célèbre par « Eve » et « Sibyl » — peuvent avoir des règles pour chacune des personnalités, séparées par plusieurs jours ou plusieurs semaines, chaque mois. Une femme ayant trois personnalités et trois cycles menstruels ne possède pas trois horloges intérieures distinctes ; elle est dotée au contraire d'une meilleure maîtrise du temps qu'il n'est généralement admis.

Une telle liberté de choix peut totalement désorganiser des rythmes qui ne devraient pas être perturbés — les troubles dus au décalage horaire à l'occasion des longs voyages en avion dérangent provisoirement notre cycle principal de sommeil-veille, qui entraîne à sa suite des douzaines d'autres cycles plus courts. Pourtant, le fait même que le temps et l'esprit puissent se fondre l'un en l'autre signale la potentialité d'une liberté totale, d'une évasion loin des horloges indifférentes vers une réalité où chaque seconde serait vivante.

La flèche du temps

Aux yeux du physicien, le concept de temps personnel n'est que pur fantasme. Pour lui, l'espace-temps est le fondement de l'existence et le temps est régi par des lois que l'esprit ne peut infléchir. Les physiciens parlent de la « flèche du temps » pour signifier que les événements vont de l'avant comme ils le doivent et ne peuvent s'inverser. Stephen Hawking, parmi d'autres, a utilisé l'exemple de la tasse que l'on fait tomber d'une table. Lorsqu'elle heurte le sol, elle se brise en centaine d'éclats et ne se reconstituera jamais d'elle-même. Conformément à la même loi, les glaçons fondent dans un verre et ne se reforment pas : dans le dépotoir du ferrailleur, les carcasses rouillent en amas chaotiques, sans aucune chance de redevenir soudain des véhicules neufs.

Sur le papier, vous pourriez rassembler à nouveau les morceaux d'une tasse brisée, en calculant avec soin les échanges d'énergie qui ont projeté chacun des fragments dans l'espace environnant. C'est toute la tasse que l'on pourrait faire ainsi réapparaître en inversant chaque trajectoire. En mathématique pure, une tasse entière n'est jamais qu'une tasse brisée dont les équations ont été inversées et chacun de ses modèles peut, sans fin, être échangé contre l'autre.

Mais la flèche du temps interdit de battre aussi aisément les cartes du monde réel. A l'instant où se produit le choc, le temps emporte la tasse pour l'empêcher, à jamais, de redevenir entière. Si ceci est véritablement une loi, la sagesse commande de nous résigner et de nous plier au temps comme s'y plient la chaleur, la lumière, tous les corps en mouvement et toutes les formes d'énergie de l'Univers. Mais le temps personnel, « mon temps », est tout autre. Au lieu de se jeter dans une direction, il va de l'avant lorsque je me soucie de l'avenir et recule lorsque je me souviens du passé. « Le temps n'est pas une simple route, écrivit le romancier John Fowles. C'est aussi une salle. » Nous appelons mémoire cette salle, cet espace où l'on peut s'asseoir, entouré par les amas des choses du passé.

Le temps personnel peut aussi être mort ou vivant. Il y a bien des années, une équipe d'archéologues découvrit un récipient d'argile contenant des grains de blé, enfoui dans une pyramide égyptienne. Les grains furent semés et arrosés et, en quelques jours, de façon stupéfiante, ils germèrent, après deux mille années de sommeil. Essayez d'imaginer cet événement du point de vue du grain de blé : pour lui, cela a dû beaucoup ressembler à un réveil. Pendant que la graine était en repos, le temps était mort et ne causait ni transformation ni dépérissement. Les vingt siècles qui étaient passés ne différaient en rien d'une saison, puisqu'il n'y avait pas de vie dans le temps en question. C'était du temps mort, ou dormant, enveloppé au sein de la graine, attendant le coup de baguette de la vie.

Ce temps enveloppé se trouvait dans l'ADN du froment, ce même ADN qui emmagasine aussi du temps pour nous, sous la forme de notre mémoire génétique propre. Nous ne pourrions survivre à aucun rhume, à aucune maladie, si notre thymus ne conservait la mémoire d'anticorps qui ont appris, des millions d'années plus tôt, à combattre virus et bactéries. Notre système immunitaire est une encyclopédie de toutes les maladies ancestrales de l'homme ; des milliers de générations sont mortes de fièvres et de fléaux divers pour que nous puissions vivre.

La science n'a toujours pas reconnu le côté magique de l'ADN, mais imaginez que vous êtes debout dans une salle vide, face à un escalier en spirale. C'est un escalier en bois, comme ceux que l'on trouvait partout dans les vieilles maisons et les églises. Vous êtes en train d'admirer cette parfaite pièce de charpenterie et une chose bizarre se produit alors. L'escalier, lentement, tourne et se fend en deux, exactement en son milieu, comme si une fermeture Eclair l'ouvrait de bas en haut. Les deux moitiés sont maintenant séparées, face à face.

Puis vous remarquez une chose qui vous avait tout d'abord échappé. Les escaliers sont enveloppés par un nuage de sciure tourbillonnante. Ce nuage semble informe, mais des courants et des remous commencent à se former à l'intérieur puis, inexplicablement, le nuage rebâtit peu à peu les deux demi-escaliers, ajoutant de nouvelles marches, de nouvelles mains courantes et de nouveaux pilastres, jusqu'à ce que vous aperceviez devant vous deux escaliers complets, identiques en tout point à l'original.

L'ADN, étrangement, se comporte exactement ainsi. A chaque fois que vous avez besoin de fabriquer une nouvelle cellule (besoin qui se fait sentir des millions de fois par minute), une molécule d'ADN doit se fendre en deux. Et elle procède exactement comme l'escalier du rêve : la double spirale originale commence par se diviser en son milieu, privant provisoirement la cellule d'un ADN intact. Puis, dans un nuage tourbillonnant de substances biochimiques, l'ADN rebâtit chacune de ses moitiés pour constituer deux répliques de la molécule de départ.

La complexité n'est pas ce qui étonne le plus dans ce processus — quoique trois milliards d'informations élémentaires génétiques soient remplacées pour chaque cellule avec une précision parfaite. Ce qui est vraiment stupéfiant, c'est que tout ce travail de reconstruction est réalisé par des *choses*. Une molécule d'ADN, tout comme un escalier de bois, est une simple chose. Elle est constituée de molécules parfaitement ordinaires d'hydrogène, de carbone, d'oxygène et d'azote, qui ne sont elles-mêmes que des choses plus petites. Des molécules du même genre peuvent constituer un morceau de sucre, une goutte d'huile, une motte de tourbe. Aucune n'est capable de réaliser les actes dont nous venons d'être les témoins imaginaires. Comment se fait-il alors que des molécules bornées, inertes, aient appris à bâtir un escalier des millions de fois plus compliqué qu'aucun de ceux qui furent jamais construits par la main de l'homme ?

La réponse est que l'ADN n'est pas vraiment une chose ; c'est une mémoire vivante résidant dans une chose. La mémoire n'est pas intrinsèque aux atomes de carbone, d'hydrogène ou d'oxygène qui la composent. Si cela était, alors le morceau de sucre, lui aussi, serait vivant. L'ADN est avant tout un masque matériel derrière lequel on découvre une conscience riche mais abstraite.

Réfléchissons à la maîtrise de l'ADN sur le temps. Pour nous, êtres humains, une pellicule déroulant vingt-quatre images par seconde s'anime sous nos yeux parce que notre cerveau enregistre les éclairs de ses images comme un mouvement continu. Il n'y a là que pure illusion pour le taon, dont l'œil est suffisamment rapide pour s'emparer des espaces noirs projetés entre chaque image fixe. Le cerveau de cette grosse mouche ne verrait là que la projection d'un diaporama. Par contre, le serpent, qui n'est capable de voir qu'une nouvelle image toutes les quatre secondes, manquerait les trois quarts du film ; il ne verrait qu'un salmigondis d'images saccadées. (Vous pourriez donner à un serpent l'illusion qu'une fleur s'est évanouie dans les airs sous ses yeux pourvu que vous puissiez la cueillir d'un geste suffisamment rapide.) Pour chaque créature, l'ADN a adopté une configuration différente et transporte avec elle un genre de conscience différent, adapté à cette créature, engendrant de ce fait un mode temporel différent.

L'ADN est comme un poste d'aiguillage entre l'éternité et toutes les formes de vie qui utilisent le temps. Il tranche distinctement le fil sans fin du temps en fonction de la conscience exclusive d'une espèce et de la durée de vie particulière qui lui est impartie. Le temps de l'homme, celui du taon, celui du serpent : voilà autant de cadres totalement différenciés les uns des autres. Bien plus impressionnante encore est la capacité de l'ADN à exercer, aussi bien dans un sens que dans l'autre, sa maîtrise du temps. Le fait que nous avons tous des dents de sagesse, par exemple, est un morceau de l'héritage que l'ADN nous apporte du passé. L'ADN doit cependant aller vers le futur pour savoir que cette dent n'apparaîtra qu'en tant qu'étape finale de notre dentition d'adulte, après notre douzième année.

La même brindille d'ADN, déposée dans l'utérus, sait comment entreprendre des millions d'actes qui ne seront pas nécessaires pendant les années ou les décennies à venir. Nos gènes savent comment unir les os aux jointures lâches du crâne et, simultanément, comment compenser les pertes de calcium dans un fémur de soixante-dix ans. Cette mixture de temps et de vie va bien au-delà de ce que peut imaginer le cerveau humain. On a estimé que six mille milliards de réactions chimiques se produisent à chaque seconde dans le corps. La même brindille d'ADN les contrôle toutes, se trompant exceptionnellement ici ou là, quelle que soit la distance dans le temps et l'espace.

Si le grouillement de ces réactions demeurait identique d'un moment à l'autre, un biologiste spécialiste de la cellule pourrait un jour donner une explication exhaustive de la manière dont l'ADN dirige les flots de la vie. Mais il existe une quatrième dimension dans laquelle chaque cellule obéit à sa destinée propre : une cellule cutanée survit un mois tandis qu'un neurone, mû par la même brindille génétique, dure tout au long de notre vie. Nous ne parvenons pas à imaginer comment nos gènes coordonnent des lignes de vie aussi radicalement diverses. Un minuscule morceau de nulle part et de « nul temps » est entremêlé dans le tissu de nos gènes et là, nous pouvons nous installer comme un pêcheur s'installe sur une berge, pour lancer sa ligne dans le courant. De cette position hors du temps, vous êtes vieux avant d'être jeune, chauve avant d'avoir vos premiers cheveux de bébé, de là vous expirez sur votre lit de mort avant d'avoir poussé votre premier cri.

Le Soi au-delà du temps

Puisque l'ADN est doté d'une maîtrise du temps tellement manifeste, nous nous devons d'y participer. Et le mystère de Martin se dirige alors seul vers sa propre solution. Il s'est délivré lui-même de la flèche du temps, abandonnant sa linéarité comme un train saute hors de sa voie. Il a plongé dans l'inconnu, prenant tous les risques. Mais il s'est tout de même davantage approché de la vérité que la plupart d'entre nous, car le temps ressemble en fait beaucoup plus à une contrée inconnue qu'à une voie de chemin de fer.

Lorsque nous regardons le paysage du temps dans son entier, les frontières en lignes droites disparaissent et il ne reste que l'éternité, le non-temps. A leur manière, toutes les traditions spirituelles ont tenté de persuader l'homme que le non-temps est plus réel que n'importe laquelle des expériences qu'il pourrait vivre dans le temps. Nous voici encore, cependant, échoués au bord de ce fleuve, tant physiquement que mentalement. En ce siècle, les évadés ne sont pas nécessairement des hommes de foi, mais il convient de chercher leur trace, avec ardeur.

Erwin Schrödinger, l'un des théoriciens les plus influents des premières décennies de la physique quantique, a fait le saut conceptuel dont nous sommes, pour la plupart, incapables: « Aussi inconcevable que cela puisse paraître à la raison ordinaire, vous et tous les autres êtres conscients en tant que tels, êtes tout dans tout. De ce fait, cette vie qui est la vôtre, que vous vivez, n'est pas simplement un morceau de l'Univers dans son entier mais en est *le tout*, en un certain sens. » Pour l'ego isolé, cette affirmation supprime tout repère. Comment une personne peut-elle être le tout, c'est-à-dire tout ce qui existe, tout en demeurant ce qu'elle a l'air d'être, un individu doté d'idées et de souvenirs distincts ?

Même si notre monde est esclave du temps, de nombreux indices signalent que nous sommes en harmonie avec la réalité plus immense du « tout dans tout ». Un éminent neurologue japonais, le Dr Tadanobu Tsunoda, a passé quatorze ans à tester les fonctions des côtés gauche et droit du cerveau. Un mécanisme d'aiguillage situé dans le tronc cérébral nous permet d'accorder la prépondérance à l'hémisphère gauche de notre cerveau lorsque nous sommes engagés dans une activité de parole, de calcul ou de logique, puis à notre hémisphère droit pour la musique, la reconnaissance des formes, la conclusion d'analogies, ou bien lorsque quoi que ce soit vient solliciter nos facultés d'émotions. (Nous parlons ici d'un passage temporaire et non de la domination du cerveau gauche — ou droit — dont il a tant été question ces dernières années.)

Tsunoda a conçu une nouvelle cartographie de ce mécanisme d'aiguillage en s'appuyant sur les retards dans les retours sonores, ce qui revient à observer le cerveau d'une personne qui entend le son de sa propre voix lorsqu'elle parle. De nombreux aspects subtils du passage du cerveau gauche au cerveau droit ont été mis au jour, mais le plus remarquable fut ceci : il a été découvert que la domination cérébrale des gens change lorsqu'on leur fait entendre un son dont la fréquence est un multiple de leur âge (par exemple un multiple de quarante vibrations par seconde dans le cas d'une personne de quarante ans). Plus étrange encore est l'observation, confirmée au Japon sur trente sujets, qu'un passage durable se produit également au jour anniversaire de la personne. Pendant un laps de temps variable, les personnes dominées par leur cerveau droit passent au cerveau gauche et vice versa. Ce phénomène s'est produit sur plus de la moitié des sujets examinés et pour certains pendant trois années consécutives.

Confronté à ces énigmes, Tsunoda se demande si nos cerveaux ne sont pas, d'une manière ou d'une autre, réglés sur la révolution de la Terre autour du Soleil, sur les phases de la Lune et autres horloges cosmiques. « Le lien avec l'activité cosmique suggère la présence d'un cosmos miniature dans le cerveau humain, écrit-il. Mais nous avons perdu notre aptitude à percevoir ce microcosme en nous-mêmes, dans la bousculade et le remue-ménage de la civilisation. » L'Occident risque de considérer cette conclusion comme quelque peu hâtive, au vu de la minceur des données recueillies, mais les vieux sages indiens déclaraient :

Le macrocosme est comme le microcosme,
L'atome comme l'Univers,
L'esprit humain comme l'esprit cosmique.

En d'autres termes, nul lieu de l'Univers n'est hors de vous-même. Et, pour reprendre Schrödinger : « Vous êtes une partie d'un être éternel et infini. Vous pouvez donc vous jeter à plat au sol, étalé sur la Terre nourricière avec la conviction absolue de ne faire qu'un avec elle et qu'elle ne fait qu'un avec vous. Vous êtes aussi solide, aussi invulnérable qu'elle — en fait, mille fois plus solide et invulnérable. » Cette affirmation n'est pas le fruit de quelque vénératon mystique. Schrödinger prenait au sérieux la proposition selon laquelle le sentiment du moi, du « Je suis » est forcément primordial dans l'Univers et plus invulnérable que la Terre qui, elle, perdure seulement parce qu'elle est un morceau de matière que, du reste, le temps ne cesse de ronger. D'autre part, je m'éveille chaque jour avec un sentiment renouvelé de la vie, enraciné dans la certitude d'exister.

Comment ce sentiment du « Je suis » est-il apparu ? Il existe, semble-t-il, dans la nature même de la vie. La plupart des gens ne sont pas à l'heure actuelle capables d'accepter l'existence d'une vie dans la moindre parcelle de leur environnement. Cet aveuglement place notre culture à l'écart de la plupart des grandes traditions de l'humanité. Un seul fleuve de vie coulait pourtant autrefois dans le monde entier, émanant de dieux ou de Dieu. Cette force inimaginable a créé les galaxies et, simultanément, préservé la plus fragile des fleurs de montagne. Tout autour de nous la vie s'est épanchée puis s'est retrouvée sur le chemin de son propre retour, se recourbant joyeusement sur elle-même et bondissant de bonheur devant sa propre force infinie. Nous aussi étions partie prenante de ces flots. Nous en étions issus et notre destinée glissait à leur surface.

Tout cela est maintenant devenu très vague. Nous mettons sur un même pied la vie et les molécules d'ADN, méprisant le fait que l'ADN d'un individu est tout aussi intact la seconde qui suit son décès qu'il l'était celle d'avant. Quelquefois, après une vive gelée de novembre, je marche dans de hautes herbes près de chez moi et je trouve une sauterelle accrochée, sans vie, à quelque tige flétrie. Je ramasse cette carapace froide, je l'examine et pense : « Quelque chose vivait là-dedans. Maintenant, cette chose est partie je ne sais où. Ce que je tiens n'est qu'une gousse dont les molécules vont bientôt disparaître aussi, pour retourner à la terre. Qu'est-ce qui leur avait donné vie, qu'est-ce qui a pris cette vie ? »

Au cœur de ma perplexité, je ne puis m'empêcher de me voir comme le meilleur des juges de ce qu'est la vie. J'ai des questions à poser et je peux les poser. En ce qui me concerne, le temps existe puisque je cours contre le temps. Je prévois déjà que mes molécules aussi reviendront à la terre. Mais, au contraire de la sauterelle, je pourrai consciemment vaincre cette menace si je sais comment l'outrepasser. Au sens le plus large et le plus profond, c'est cela la « signification de la vie », le total général de ce que chaque personne a appris sur sa propre vie et la possibilité de la conserver. En d'autres temps, l'on connaissait peut-être les réponses à ce mystère, ou bien l'on se serait installé dans une réponse toute prête, dictée par la foi.

Je n'attends nulle preuve finale, « pure et dure », que l'esprit existe dans la nature. Il se peut que cette preuve n'arrive jamais puisque c'est notre esprit qui mène les recherches et que l'esprit est bien connu pour son penchant à changer les règles. Le sens se trouve où vous le voyez, il est comme vous le voyez.

Avec un microscope, l'on peut regarder les points scintillants d'un écran de télévision couleur et les voir comme des chatoiements aléatoires sur un support chimique phosphorescent ; l'on peut aussi s'éloigner et voir ces mêmes chatoiements sous la forme d'une image. L'un des points de vue détecte un ordonnancement et un sens, le produit de l'esprit ; l'autre non. La différence réside uniquement dans la façon de regarder et non dans la chose elle-même.

Si vous jetez un coup d'œil par votre fenêtre et que vous reconnaissez les arbres, le ciel et les nuages comme parties de vous-même, votre perception n'est automatiquement ni vraie ni fausse. Peut-être subissez-vous une hallucination de type schizophrénique ; peut-être éprouvez-vous la plus profonde des intuitions des vieux sages indiens, *Aham Bramasmi* : « Je suis Brahman », le tout en tout. La palette des significations contenues dans une telle expérience va de l'absurde au sacré. L'important est que la même matière cérébrale contient chacun de ces sens. Lorsque nous touchons à un nouveau niveau de conscience, c'est un monde nouveau qui se crée.

Se découvrir vivant dans une ère de doute n'est pas une malédiction. Il y a quelque chose de respectueux dans la quête de la vérité, même avant que la première parcelle n'en soit découverte. Albert Schweitzer a écrit : « Désirez la sagesse. Explorez tout autour de vous, pénétrez jusqu'aux plus lointaines limites de la connaissance humaine et vous arriverez toujours à la fin à quelque chose d'inexplicable. On appelle cela la vie. »

La chose inexplicable qui s'est évadée de la carapace de la sauterelle se répète dans ma propre vie et, si je consulte les données rassemblées depuis les confins de l'Univers, j'y relis le même mystère encore. Cela signifie que ma quête de vérité est simplement la vie qui se cherche elle-même. La nature est un miroir : l'observateur est l'observé. Telle est peut-être la véritable piste qui mènera à la fin du mystère. J'ai entendu parler d'un exercice spirituel qu'un maître indien proposait à ses disciples :

« Réunissez votre pouce et votre index. Sentez-vous le pouce toucher l'index ou l'index toucher le pouce ? C'est l'un aussi bien que l'autre, n'est-ce pas ? Dans un cas, le pouce est l'expérimentateur, dans l'autre il est l'objet de l'expérience.

« Maintenant, posez-vous la question : "Qui effectue la manœuvre de passage de l'expérimentateur à l'objet observé ?" Puisque c'est vous qui menez l'opération, vous la dominez. Vous êtes plus vaste que l'expérimentateur, plus vaste qu'aucune série d'expériences. Quoi que vous soyez, vous ne trouverez que vous-même au-delà des choses que vous connaissez. »

Cette leçon ne bouleversera peut-être pas chacun autant qu'elle me bouleverse. Elle me dit que mon histoire ne peut se limiter à cet esprit et à ce corps, qui me limitent aujourd'hui d'une manière tellement évidente. Qu'est-ce que l'esprit, sinon l'expérimentateur, celui qui connaît ? Et qu'est le corps, sinon l'objet de l'expérience, le connu ? Si je peux faire passer mon attention de l'un à l'autre, alors il doit y avoir un « moi » qui n'est pas enfermé dans le dualisme entre l'esprit et le corps. Ce « moi » ne peut être découvert par des moyens simples. Je ne peux le regarder parce qu'il est dans mon œil ; je ne peux l'entendre parce qu'il est dans mon oreille ; je ne peux le toucher parce qu'il est dans mon doigt. Alors, que reste-t-il ? Seulement la voix intérieure qui murmure : « Va plus loin. » En suivant ce chuchotement, je risque de me perdre en un pays inconnu. Mais, d'autre part, il se pourrait que je saute hors des frontières du temps lui-même. Alors je découvrirai, une fois pour toutes, si le temps est ma vraie demeure, ou bien s'il est éternité.

DEUXIÈME PARTIE

PAR-DELÀ LES FRONTIÈRES

5

Un mirage moléculaire

Petit garçon à New Delhi, je m'émerveillais du contraste brutal qui distinguait mes deux grands-pères. L'un était homme d'action, soldat, fils d'un petit rajah des hautes terres arides, au nord-ouest du pays. « Rajah », ou prince, est un titre de grande allure, trop noble pour être mérité par ces petits chefs tribaux férocement indépendants, dont les sujets étaient les plus belliqueux de toute l'Inde. Lorsque les soldats britanniques furent envoyés pour le contraindre à l'allégeance envers la Couronne anglaise, mon arrière-grand-père décida imprudemment de tirer sur eux. Sa faible troupe fut rapidement défaite.

Notre tradition familiale affirme que le village rebelle n'avait qu'un seul et antique canon pour se battre. Le vieil engin tonna inutilement et lorsque les étrangers pénétrèrent enfin dans la place, les morts gisaient à ses flancs avec, parmi eux, mon arrière-grand-père. Les péchés du père ne furent pas reportés sur le fils. Les Britanniques eurent la bonté d'offrir à mon grand-père la rente qu'ils auraient offerte au rajah, ainsi qu'un grade à vie de sergent de l'armée britannique.

C'était à l'époque un honneur insigne. Mon grand-père savourait la vie militaire et celle-ci modela chaque détail de son caractère. Il fêta ma naissance en grimpant sur le toit de sa villa de Lahore, tira en l'air une salve puis souffla triomphalement dans son clairon. Heureux d'avoir averti (et terrifié) le voisinage, il descendit reprendre, tranquillement, son petit déjeuner.

Mon autre grand-père, du côté de ma mère, était un homme de paix. Sa vie aussi avait été modelée par l'influence étrangère, mais d'une manière totalement différente. Lorsque les machines à coudre Singer arrivèrent en Inde, au début de ce siècle, il en devint le représentant et se mit à voyager dans tout le pays pour vanter les mérites de ce miraculeux mécanisme qui pouvait faire le travail de trois femmes. Il amassa rapidement des sommes considérables et prit sa retraite avant d'avoir atteint sa cinquantième année, pour passer le reste de sa vie en méditation et en recherche spirituelle. A l'annonce de ma naissance, il quitta sans tapage sa maison de Babar Road, à New Delhi, pour se rendre dans l'une des misérables rues de la vieille ville, où il donna des aumônes aux pauvres.

Ce grand-père passait ses heures en compagnie de yogis, de swamis et autres saints hommes, ou bien simplement avec ses vieux amis qui parlaient constamment de « l'Ineffable ». Si un ami trouvait dans la rue une roupie en or datant de la reine Victoria, ils secouaient la tête en souriant et murmuraient, comme des complices partageant une plaisanterie commune : « Oh, revoilà l'Ineffable. » Lorsqu'une jeune maman perdait son premier enfant, c'était encore un caprice de l'Ineffable ; en fait nul incident inhabituel, petit ou grand, ne se produisait sans que soit invoquée cette personne non vue et invisible. A qui faisaient-ils allusion ? Je n'en avais aucune idée, mais il y avait dans ce personnage un mélange d'enjouement insondable, d'imprévisible et de divin.

Bien peu de garçons d'une dizaine d'années, même en Inde, sont dotés de penchants contemplatifs ; je ne faisais pas exception. Il ne me vint pas à l'esprit que ces vieillards en vestes blanches et casquettes à visière, assis la moitié du jour sous notre véranda sans échanger trois mots, pussent être à la recherche de quelque chose qui en valût vraiment la peine. Ce grand-père mourut sans m'avoir initié à son monde. A l'inverse, l'essentiel de ma vie fut dominé par mon grand-père militaire. La médecine s'accorde bien avec l'action, elle est presque militaire dans la rigueur de sa formation, dans l'intérêt qu'elle porte à la défense, dans sa façon de se regrouper et de lutter pied à pied contre l'ennemi, sans oublier — ce n'est pas la moindre analogie — la violence qu'elle inflige fréquemment au corps humain en prétendant lui faire du bien.

Pour la plupart des médecins, l'éventualité la plus terrible n'est pas celle d'un cas incurable mais celle où ils se trouvent sans moyens d'action. Même incurable, toute maladie a ses traitements, en attendant le jour où l'un d'eux se révélera efficace. « Faire n'importe quoi plutôt que rien » est une attitude sans laquelle nous ne disposerions d'aucun des traitements existants. Mais que penser lorsque c'est ne *rien* faire qui est le traitement ? C'est dans ces moments que l'Ineffable commence à se faire sentir.

Dans *La Chair et le couteau. Confession d'un chirurgien,* Richard Selzer se souvient de Joe Riker, l'un de ses patients, un cuisinier, qui se présentait toujours à son rendez-vous hebdomadaire coiffé d'un chapeau mou. Un terrible secret se cachait sous ce couvre-chef : au milieu de son crâne, une tumeur avait progressivement frayé son chemin à travers la peau, les os du crâne et les trois solides enveloppes extérieures du cerveau, laissant un trou béant. On pouvait maintenant voir la surface humide du cerveau. La réaction du Dr Selzer à ce spectacle éprouvant n'était pas faite d'horreur, mais d'intense compassion :

« Je contemple Joe Riker et m'émerveille. Quelle dignité ! Comme si la tumeur qui le ronge et a dénudé jusqu'à son cerveau lui conférait une grâce qu'une existence entière de bonne santé ne lui avait pas donnée.

— Joe, dis-je, débarrassons-nous de ça ! Excisons ce qui est gâté, implantons une plaque de métal et vous êtes guéri.

Puis j'attends.

— Pas d'opération, dit Joe.

Et j'insiste :

— Comment ça, "pas d'opération" ? Vous allez attraper une méningite. D'un moment à l'autre. Et vous en mourrez. Cette saleté va finir par vous attaquer le cerveau.

Je la vois dévorant les rêves et les souvenirs de cet homme. Et je me demande ce qu'ils peuvent bien être. Le chirurgien connaît toutes les parties du cerveau, mais il ignore les rêves et les souvenirs de ses patients. Un instant, je suis tenté... de prendre la tête de cet homme entre mes mains et d'y appliquer l'oreille. Mais ses rêves ne me regardent pas. C'est sa chair qui compte.

— Pas d'opération, dit Joe.

— Ah, vous me collez mal à la tête, tenez !

Et nous sourions — pas de cette plaisanterie qui a depuis longtemps cessé d'être drôle, mais de cette chose entre nous, comme un secret.

Semaine après semaine, pendant six mois, le Dr Selzer n'eut d'autre choix que d'appliquer des pansements et fixer un rendez-vous pour la semaine suivante, à chaque fois pour le jeudi, à seize heures. Un jour Joe ne se présenta plus à son rendez-vous. Un mois passa et le Dr Selzer prit sa voiture pour aller manger à New Haven, où travaillait Joe ; il le trouva derrière le comptoir, toujours coiffé, et lui demanda de le laisser l'examiner. Joe refusa nerveusement, mais accepta de venir au cabinet ce jeudi-là. Il arriva en retard.

« Allez, ôtez votre chapeau.

Le son de ma voix lui apprend que je suis de mauvaise humeur. Il n'en soulève pas moins son feutre, des deux mains, comme il fait toujours, et je constate que la plaie... est guérie. A la place du cratère humide et brouillé il y a désormais un pont fragile de peau luisante, toute neuve. Je parviens enfin à articuler :

— Que s'est-il passé ?

— Pour ça ? demande-t-il en indiquant son crâne. Oh, ben, voilà : la sœur à ma femme est allée en France et m'a rapporté une bouteille d'eau de Lourdes. Ça fait un mois que je me nettoie avec ça.

— De l'eau bénite ? demandé-je.

— Ouais, dit Joe, bénite. »

A partir de ce jour, le Dr Selzer alla dîner, de temps à autre, dans le petit restaurant où il regardait travailler Joe, qui n'avait cependant rien de remarquable et surtout pas l'air d'un « jardin des miracles en chair et en os » comme l'avait surnommé le Dr Selzer. Il semblait n'y avoir aucun changement dans la démarche traînante de Joe, pas plus que dans ses façons de faire.

« L'unique changement est peut-être le clin d'œil rusé dont il m'accueille, comme pour signaler que nous avons, furtivement, partagé quelque chose. Un tel homme — se peut-il qu'un tel homme, ruminé-je en buvant mon café à petites gorgées, ait ressenti le battement d'ailes qui l'effleurait ? »

Le masque de Maya

Avec ses mots, très personnels, le Dr Selzer pose la même question que mon grand-père religieux : une force mystérieuse vient-elle nous caresser par moments, élevant la vie ordinaire au-dessus des lois qui semblent lier celle-ci ? « Ce qui pour telle personne n'est que coïncidence, est miracle aux yeux de telle autre » écrit le Dr Selzer. « Ce que j'avais vu au printemps dernier était cette coïncidence, ou bien ce miracle. » Mais n'y a-t-il pas de troisième voie ? Le corps pourrait n'être qu'un masque, une apparence de réalité adaptée aux cinq sens qui, *habituellement*, se conforme au jeu bien connu de la physique, mais qui est libre aussi de changer. Si tel est le cas, alors les événements étranges qui se produisent de temps en temps ne seraient pas véritablement des miracles mais des aperçus de ce qu'il y a derrière le masque, de petites fenêtres dans un couloir de réalité généralement hermétique.

Lorsque je dis « le corps est une illusion », je refuse à la structure de peau et d'os le statut fixe, prévisible et rigide qu'elle paraît avoir dans le temps et l'espace, mais cela n'implique pas que nous devions l'abandonner et la traiter avec autant d'indifférence que nous regardons les dessins illusoires que peut faire la fumée d'une cigarette. Le corps nous est *d'autant plus* précieux qu'il n'est ni fixe ni prévisible.

Nos choix de réaction devant l'illusion sont immenses. Nous pouvons opter pour quelque chose de trompeur, d'irréel, de non fiable. Mais aussi la regarder comme une merveille, un enchantement, une surprise, comme un spectacle du grand magicien Houdini. Je suis certainement libre de choisir cette seconde interprétation. C'est ce que faisait mon grand-père religieux lorsqu'il considérait l'illusion plus grande encore de la vie comme un tout : pour lui, l'Ineffable n'était pas un imposteur. Il était la force d'animation toute-puissante qui fait se produire les choses, quelquefois selon les règles, mais pas toujours. Après tout, ce sont *Ses* règles.

Dans la tradition indienne, *Maya* est le nom formel de cette force omnipotente. Maya, en sanskrit, signifie « illusion » ou « fantasme », au sens fort de ces termes. L'éminent spécialiste des mythologies Joseph Campbell a retracé les nuances de sens de Maya. Ce mot vient de la racine verbale *ma*, « mesurer, former, construire » et indique la capacité des dieux à changer les formes, à faire les mondes, à endosser des masques et prendre de fausses apparences.

Maya signifie aussi « magie », ou spectacle d'illusionnisme. Dans l'art de la guerre, cela peut signifier camouflage ou manœuvres trompeuses. Enfin, pour les philosophes, Maya dénote l'illusion qu'il y a à penser que vous voyez la réalité lorsque vous ne faites que voir l'une des couches des effets que la ruse superpose à la réalité *réelle*.

Conformément à sa nature trompeuse, Maya est pleine de paradoxes. Pour commencer, elle est partout, même si elle n'existe pas. Elle est souvent comparée à un mirage du désert, mais au contraire de celui-ci, ne flotte pas simplement « dehors, là-bas ». L'Ineffable n'est nulle part ailleurs qu'en chaque personne. Finalement, Maya n'est pas puissante au point que nous ne puissions la maîtriser — et c'est bien cela l'essentiel. Maya est effrayante ou divertissante, omnipotente ou totalement impuissante, selon votre manière de regarder. Si le cancer est simplement Maya, alors son apparence terrible, comme celle d'un croque-mitaine, sera dissipée par celui qui ne se laissera pas duper par elle. L'illusion terrifiante devient un merveilleux spectacle pourvu que vous soyez en mesure de la manipuler.

Maya ne serait qu'une ruse sans intérêt, ou même avilissante, si nous ne pouvions percer son masque. Qui souhaite s'entendre dire qu'il est trop ignorant pour voir la réalité sans fard ? Le médecin, lui, est pratiquement contraint de percer le masque de Maya à cause de tous ses patients qui, comme Joe Riker, ne cessent de lui jeter sa propre ignorance à la figure. Mon patient, M. Elias, avait au moins une mince raison objective pour laisser éclater une colère irraisonnée : ce qu'on lui apprenait de terrifiant au sujet de son cœur. Mais je ne parviens pas à me convaincre du véritable bien-fondé de cette raison. En quelque lieu très enfoui de nous, nous savons tous que les règles qui entretiennent la vie sont temporaires et que nous pouvons décider, quelques ténues que soient nos raisons, de cesser de nous y conformer. Et celui qui s'y décide en secret peut se réveiller un matin, paniqué, furieux, et s'écrier avec force : « J'ai fabriqué ce corps, je le contrôle et j'en ferai ce qu'il me plaira ! »

Maya ne provoque généralement pas une telle violence. Le corps a été mis au point pour fonctionner comme une machine bien rodée. Mais proclamer que le corps n'est que pure mécanique, c'est exprimer une opinion subjective et non un fait objectif. On m'a demandé un jour de prendre la parole à Boston devant un petit auditoire de médecins ; un confrère pathologiste très cordial me présenta à l'auditoire par ces mots : « Je suis bien certain que nous allons tous trouver fascinantes ces vues sur la médecine corps-esprit, mais je dois dire que je suis un scientifique et que je ne puis considérer cette chose comme réelle tant que je ne l'aurai pas vue sous mon microscope.

— Je suis bien ennuyé, répondis-je, parce que je m'apprêtais à prouver que ce que vous voyez sous votre microscope n'a pas de réalité du tout. Je ne voudrais pas vous mettre au chômage.

— Continuez, répliqua-t-il aimablement. Je ne

pense pas que vous puissiez prouver cela et, qui plus est, mon vœu secret est d'être psychiatre. »

Tout le monde rit, mais je me demande s'il avait saisi que j'étais sérieux. Si vous excluez de l'humain tout ce qui est visible sous un microscope, le scientifique n'a plus rien à quoi se raccrocher. Chacun des atomes qui nous constituent n'est fait que de vide, à 99,999 % ; les particules « solides » qui filent à toute allure en lui ne sont elles-mêmes que des fagots d'énergie bien serrés. Si vous passez en revue ce corps d'aspect solide et convaincant, vous tomberez bien vite sur une pincée de rien.

Pourtant, ce rien n'est pas vraiment un vide, mais plutôt une matrice. Avec une fécondité incroyable, notre espace intérieur fait naître « la solitude, le silence, le chagrin, la camaraderie, l'amour, la méditation, la prière, la veillée, les beuveries, la musique, la lune, les étoiles, le petit jour... [...] se baigner nu au clair de lune », en définitive tout ce qui tisse la trame de la vie et fait qu'elle vaut d'être vécue. Voilà une liste impressionnante que les scientifiques vont devoir exclure de la réalité. (C'est R.D. Laing qui nous la propose, mais lui *est* psychiatre.)

Les scientifiques défendent les faits objectifs en disant : « Je peux voir et toucher cette chose ; ses dimensions sont mesurables ; elle suit des lois objectives que les mathématiques peuvent décrire jusqu'à la puissance *n*. » Ce genre de raisonnement ne prouve pas grand-chose. Au cinéma, je peux avancer jusqu'à l'écran et compter les points de couture sur les vêtements des acteurs. Si je les prends sous l'angle du diagnostic, je trouverai quelques signes de maladie dans leur aspect et, muni d'un microscope adéquat, je pourrais probablement examiner les cellules de leur peau sur l'image en celluloïd. Mais rien de tout cela ne rend celle-ci réelle. Nos corps occupent trois dimensions et non les deux du cinéma, ce qui signifie que je peux aller plus profond dans l'image que je vois et touche, mais cela non plus ne lui confère pas davantage de réalité.

Ce qui rend le corps plus réel qu'un film, c'est Maya. Maya est plus convaincante que tout. Si elle ne l'était pas, nous ne nous laisserions pas tromper par elle ; d'ailleurs la couche suivante de réalité serait encore Maya. Ce processus n'est jamais tenu de finir. Aussi longtemps que vous cherchez à « prouver » que le monde sensoriel est réel, Maya est suffisamment vaste pour vous offrir toutes sortes de couches : les organes laissent leur place aux tissus, les tissus aux cellules, les cellules aux molécules, puis aux atomes et aux protons, aux électrons et aux quarks et, finalement, au néant.

Intellectuellement, nous savons que l'espace vide est tout ce qu'il y a au fond des choses, mais pour que la vie quotidienne puisse continuer, nous établissons certaines conventions. La science « objective » est la gardienne de ces règles sur mesure et s'acquitte d'une tâche extrêmement précieuse, aussi longtemps qu'elle se souvient que les règles sont faites pour être transgressées. Par exemple, au centre de cette machine que nous appelons le corps, rien n'est plus ordonnancé et fiable que le cœur. La complexité de son fonctionnement est un défi lancé aux talents médicaux les plus brillants depuis quatre siècles, depuis l'époque où William Harvey découvrit la circulation du sang. Comme toute autre partie du corps, le cœur, lorsqu'on s'y plonge, s'avère n'être qu'un espace vide. Le cœur « réel » n'est pas ce paquet convulsif de muscles qui bat trois milliards de fois avant d'expirer, mais la puissance organisatrice qui le construit et le fait battre, qui crée quelque chose à partir de rien.

La métaphore de William Harvey

Historiquement, le cœur a joué un rôle majeur dans l'assimilation du corps à une machine. Dès 1616, Harvey écrivait cette simple phrase dans ses notes : « Le mouvement du sang se fait constamment en cercle, entraîné par les battements du cœur. » Personne n'avait encore exprimé une pensée aussi audacieuse (en Occident du moins, car d'anciens textes indiens permettent de penser que les médecins ayurvédiques avaient découvert la circulation sanguine des siècles auparavant). La courageuse affirmation de Harvey battait en brèche la plus haute autorité médicale de l'Antiquité, le médecin grec Galien, dont les paroles avaient force de loi depuis quatorze siècles.

Pour Galien — et donc pour tout médecin évolué en Europe — le cœur aidait les poumons à apporter le *pneuma* dans le corps ; c'est ainsi que les Grecs désignaient la force vitale invisible qui garde en vie les créatures vivantes. Galien affirmait que le sang ne circulait pas. Il y avait plutôt deux sortes de sang, celui des artères et celui des veines, avec leurs flux et leurs reflux, semblables aux marées. Les deux sortes de sang étaient produites par le foie ; puis il exsudait partout dans le corps et, d'une manière que l'on n'expliquait pas, se consumait, ne revenant jamais à sa source.

Leur culture se révoltant à l'idée de la dissection des cadavres, les pères de la médecine grecque n'accordèrent que peu d'attention à l'anatomie du cœur. Observer le cœur vivant était hors de question et, en tout état de cause, ses battements étaient trop rapides pour être décrits avec précision puisqu'ils se produisaient en à peine une seconde chez les humains et en beaucoup moins encore chez les animaux plus petits. Et les ecclésiastiques médiévaux déclarèrent donc péremptoirement que seul Dieu pouvait connaître le véritable fonctionnement du cœur.

Bien entendu, les médecins avaient vu le sang jaillir d'artères coupées et observé la différence entre le sang artériel rouge vif et le sang veineux, rouge sombre et bleuâtre. Ils avaient aussi détecté le pouls, mais y avaient vu la palpitation indépendante des artères elles-mêmes. D'une façon ou d'une autre, tous ces détails étaient intégrés au schéma de Galien.

Harvey était brun, petit, véhément. C'était aussi un expérimentateur acharné. Il payait des pêcheurs pour se fournir en crevettes vivantes venues de l'estuaire de la Tamise, car il était possible, à travers leurs corps transparents, d'observer le mouvement du sang. Il fit des visites dans des boucheries et regarda l'intérieur des bêtes en train de mourir, seul moment où leurs battements cardiaques ralentissaient suffisamment pour devenir observables. Il plongea ses mains dans les corps fumants de chiens et de cochons agonisants pour comprimer leurs artères et leurs veines; il put ainsi prouver personnellement que le sang artériel quittait le cœur tandis que le sang veineux y retournait.

L'apport de William Harvey ne consista pas simplement en de nouvelles observations mais aussi en une nouvelle métaphore du cœur. Il s'empara de la source indicible des émotions les plus tendres, du siège de l'amour, du mystère que seul l'esprit divin connaissait, pour le réduire au statut de pompe. Ce n'était pas la première fois que l'on appliquait au corps humain l'image de la machine, mais il s'agissait cette fois d'une révolution intellectuelle, dont la médecine ne s'est pas encore remise.

Rares sont les gens qui semblent comprendre que Harvey ne nous présentait pas la vérité à l'état pur. Une métaphore est un symbole, un jeu verbal qui remplace le monde prosaïque par un monde imaginaire. Sur le plan de la métaphore, la femme que vous aimez peut être une rose, le Soleil, la Lune et les étoiles — toutes images qui expriment vos sentiments mieux que la déclaration brute : « J'aime une femme. » Appeler le corps une machine est une métaphore particulièrement puissante, car le mot « machine », dur, rude, concret, n'est pas poétique. Une machine est une chose faite de matière et non de fantaisie.

Les médecins croient fermement en la matière. Leur formation renforce sans cesse cette tendance, qui s'est affermie encore la première fois qu'ils ont posé un scalpel sur la peau grise d'un cadavre pour le disséquer. En tant que rite d'initiation, cette première incision dans la peau humaine fut, sur le moment, audacieuse, sournoise, choquante et très impressionnante ; trop impressionnante pour qu'il leur fût possible de s'en affranchir aisément au cours des années suivantes. Dans notre société, les médecins sont les seules personnes habilitées à violer l'intérieur sacré des corps, à manipuler avec rudesse leurs tissus et leurs organes. Cette expérience est beaucoup plus forte et immédiate que ne peut le suggérer n'importe quelle planche anatomique. Ouvrir le cerveau, par exemple, est un événement terrifiant, même pour le plus expérimenté des neurochirurgiens. Pour une large part, la puissance de ce sentiment vient du fait même de poser les yeux sur la substance grise vulnérable, humide, qui se cache sous l'armure du crâne et de la manipuler avec d'infinies précautions.

Au contraire des Grecs, nous ne sommes cependant plus handicapés par une terreur trop immense en présence du corps. La machine est là pour être bricolée, le Dr Michael DeBakey, cardiologue renommé de Houston, introduit son ouvrage de référence, *The Living Heart*, par ces mots : « Les organes du corps peuvent être comparés à une série de machines au travail. Le cœur par exemple, lié à chacun d'eux, est une pompe à double effet. Le foie et les intestins raffinent les carburants utilisés par les moteurs du corps. Les reins, les poumons, les intestins et le foie sont des unités sanitaires se débarrassant des polluants potentiels, des déchets et des cendres laissés par la consommation des carburants. »

Poursuivant avec les poumons (la soufflerie de la chaudière), le système nerveux (un réseau de lignes téléphoniques), les veines et les artères (des tuyaux d'alimentation), DeBakey peaufine l'image d'une machinerie soigneusement organisée tout au service d'une machine principale, le corps lui-même. L'ensemble du modèle est éminemment commode dans un monde avide des pompes artificielles les plus récentes et les meilleures, de pontages par greffes et d'artères synthétiques. Mais le problème de cette théorie selon laquelle le cœur est une machine est qu'elle risque de vous déterminer à vivre vous-même comme une machine. Les métaphores peuvent être très persuasives mais, une fois l'esprit convaincu, la réalité se grippe comme l'eau de la rivière qui, gelée par l'hiver, ne peut plus couler.

Envisageant le cœur comme une pompe, nous attendons de lui qu'il soit similaire à celle d'un puits ou d'un poste à essence, qu'il s'use ; que ses pièces s'abîment ou présentent des défauts ; qu'avec le temps, il fonctionne moins bien. Mais à moins d'être ensorcelé par la métaphore, il est évident que le cœur n'est pas une pompe. Pour commencer, il grossit : votre cœur pesait moins de soixante grammes à votre naissance et il lui a fallu plus de dix ans pour atteindre son poids définitif, soit à peu près cinq cents grammes. Il peut modifier ses rythmes et le volume de ses battements selon vos changements d'activités ou vos humeurs, autoréguler son débit et réparer les dommages que lui ont infligés des crises cardiaques sans gravité. Quelle est la pompe qui en ferait autant ?

Des sentiments se trouvent aussi associés au cœur. Quelque chose, dans ma poitrine, souffre avec ma peine et s'élance avec ma joie, devient aussi dur que la pierre lorsque j'éprouve de la méfiance et fond sous la tendresse aussi légèrement qu'un flocon de neige au soleil.

« D'accord, répliquerez-vous peut-être, le cœur est plus qu'une machine, mais soyons concret. Bien évidemment, le jour finit par arriver où le cœur, comme toute autre pompe, est véritablement usé. » Sommes-nous tellement sûrs de cela ? Il y a vingt-cinq ans, on pensait que les fonctions du cœur diminuaient régulièrement avec l'âge, que celui-ci devenait plus rigide et fibreux et voyait sa capacité de pompage s'amoindrir à chacun de ses battements. Des images nous sont alors parvenues de contrées reculées comme le Caucase, où des vieillards de quatre-vingt-dix-neuf ans affichent une prodigieuse activité physique.

Des médecins occidentaux ont vu ceux-ci escalader devant eux des pentes abruptes, sauter dans des torrents de montagne au petit matin et accomplir bien d'autres exploits que de vieilles « pompes » n'auraient pas permis. Des examens médicaux ont révélé que ces cœurs remarquables étaient souvent biologiquement beaucoup plus jeunes qu'ils n'auraient dû et que, même avec un cœur malade et détérioré, les « malades » n'avaient pas renoncé à mener une vie active. Pour compenser les atteintes de l'âge, ces cœurs avaient épaissi leurs parois, appris à pomper différemment, et fonctionnaient généralement à pleine puissance.

Si l'on songe au profond respect de Harvey pour les faits, ignorer ceux-ci reviendrait à une curieuse conception de son héritage. Les médecins d'aujourd'hui entendent se consacrer à la recherche de la vérité avec le même zèle que leur illustre prédécesseur. Ils n'ont cependant pas toujours jaugé tous les faits selon des mesures identiques. Certains ont été rejetés sans ménagement, parce qu'ils ne cadraient pas tout simplement avec leur idée de machine.

Lors d'expérimentations contrôlées, des yogis indiens ont montré qu'ils peuvent ralentir leur cœur à volonté, au point que le sang *cesse* de parvenir au muscle cardiaque. Pour les normes occidentales, un tel phénomène n'est pas seulement déroutant : il est contradictoire avec le maintien de la vie. Un cœur arrêté survit quinze minutes à l'absence d'oxygène ; après quatre minutes seulement les cellules cérébrales sont irréversiblement endommagées. C'est contre ces seuils critiques que les unités de secours cardiaque se battent frénétiquement lors de leurs interventions d'urgence. Certains yogis pourtant ont virtuellement arrêté leur circulation sanguine pendant des heures et vécu des jours entiers avec un cœur palpitant à peine. Si la médecine a fait vœu d'être une science objective, de telles démonstrations devraient alors faire culbuter la totalité de nos concepts sur ce qu'est véritablement le corps. Malheureusement, les métaphores ont la vie dure.

Les sensations fantômes

Rien ne vous oblige à essayer de passer au travers du masque de Maya. Aussi longtemps que vous acceptez le monde physique pour argent comptant, votre allégeance maintient la machine en fonctionnement. Les rochers demeurent durs et solides, le vent souffle, l'eau mouille et le feu brûle. Maya est fort serviable. A un certain stade cependant, le mirage des molécules n'est pas suffisamment réel pour être satisfaisant.

L'illusion commence à se dissoudre — nous en avons déjà vu bien des exemples — alors débute la quête de la réalité vraie, celle qui se cache sous les trucages.

Pourquoi devrais-je attendre de guérir « miraculeusement » d'une tumeur cérébrale pour entreprendre cette quête ? Le simple fait d'observer que je ne suis pas seulement une poignée d'espace vide est un bon début. Quelque chose fait de moi un tout ; une sorte de colle ou de pôle magnétique empêche mes molécules de s'envoler en tous sens. Quelle est cette colle ? Comment est-ce que je m'y prends pour m'organiser autour d'un centre stable et pourvu de sens ?

Il est tout à fait étrange que l'une des pistes réside dans le phénomène qu'expérimentent certains amputés qui continuent de sentir, comme s'ils les avaient encore, leurs doigts, leurs orteils ou leurs bras et leurs jambes perdus. Oliver Sacks a fort bien écrit sur ces membres « fantômes », comme on les appelle en neurologie. On observe cette sensation fantôme, fréquemment, juste après une amputation : elle peut durer pendant des jours, des semaines, voire des années. Sa manifestation est, pour le moins, très troublante.

Le Dr Sacks évoque un marin qui avait perdu un index dans un accident de mer. Au moment de sa blessure, le doigt était tendu et la sensation fantôme qui est apparue à sa place conservait cette même position. L'homme avait l'impression très nette d'être à jamais en train de pointer son doigt en l'air. Celle-ci était tellement constante que c'est à peine s'il posait la main sur son visage quand il se rasait, de crainte de se crever un œil. D'autres membres fantômes entraînent des douleurs, des démangeaisons ou diverses autres sensations désagréables, à la limite du bizarre — un homme a signalé que sa jambe fantôme souffrait régulièrement de crampes nocturnes très pénibles, auxquelles ne manquaient ni les orteils rétractés ni les mollets noués.

Les membres fantômes possèdent souvent l'étrange faculté de changer de taille. C'est ainsi qu'une jambe un instant longue de deux mètres cinquante ne « mesure » plus que cinq centimètres la minute suivante. Ces phénomènes ne sont pas seulement trompeurs. Toute personne ayant travaillé avec des infirmes découvre vite qu'il leur est plus difficile d'apprendre à utiliser un membre artificiel s'il n'y a pas de sensation fantôme. Marcher d'un pas ferme sur une prothèse implique de l'intégrer à votre image corporelle présente. Aussi longtemps que la prothèse reste un poids mort, son intégration ne peut être totalement naturelle. Mais la jambe fantôme peut se mouler sur la fausse, lui conférant des sensations de vie.

Même s'il peut se révéler utile, un membre fantôme n'est pas toujours coopératif. Sacks nous parle de ce patient qui se réveillait certains matins et découvrait que la partie inférieure — fantôme — de sa jambe n'était pas là. A sa place se trouvait un vide, un néant dénué de tout sentiment d'existence. (Bien entendu il n'y avait *que* de l'air au-dessous de son genou mais, ces matins-là, c'était de l'air « mort ».) Pour ramener son membre fantôme à la vie, le patient devait frapper vigoureusement sa cuisse à cinq ou six reprises, comme il aurait donné une fessée à un enfant, jusqu'à ce que la sensation fantôme s'éveille et s'étire. Alors, il pouvait fixer sa prothèse et marcher.

Ce qui m'intrigue tellement dans les sensations fantômes, c'est que nous en avons tous — il se trouve que nous les appelons le corps. Le corps, qui n'est fondamentalement qu'un amas inerte, est tout aussi mort qu'une jambe de bois. Ses sucres n'ont pas davantage de sentiments qu'un bonbon ; ses protéines ne sont pas plus intelligentes qu'un haricot. Au travers du système nerveux qui pénètre dans chaque fibre corporelle, nous avons appris à nous projeter dans cet amas inerte, l'ajustant comme un amputé ajuste sa prothèse. Lorsqu'un pied ou une main sont engourdis, nous pouvons ressentir ce qu'est vraiment un poids mort. « Etre engourdi », cela signifie être provisoirement paralysé parce que des nerfs viennent d'être écrasés, généralement sous le poids de notre thorax lorsque nous nous sommes tournés par mégarde dans le lit, ou que nous sommes restés assis trop longtemps, jambes croisées.

Les amputés ne sont pas seuls à s'appuyer sur de trompeuses sensations fantômes. Une jeune femme souffrant d'anorexie qui se regarde dans un miroir se trouve confrontée à une image maigre, presque squelettique. Le corps qu'elle a affamé, qui pâtit de son trouble de la nutrition est là, devant ses yeux. Mais intérieurement elle entretient une image contraire d'elle et se trouve trop grosse (ou plutôt pas assez mince) et ce fantôme visuel régit son esprit. Elle « voit » une grosse personne dans le miroir, tout comme un amputé « sent » qu'il a une jambe de cinq centimètres ou de deux mètres et demi.

Tout ce que le fantôme vous présente comme vrai devient vrai. Je « sais » que ma jambe a quatre-vingt-dix centimètres de long, que mon corps pèse soixante-huit kilos, que je me tiens droit en position assise et que je suis réveillé, mais croire ces choses c'est les accepter « sur parole », car mon fantôme pourrait bien se rire de moi. L'esprit, par nature, recherche la continuité, s'efforce de lier les pensées entre elles, de donner à nos actes des motivations cohérentes et cherche aussi la cohérence chez autrui.

Tâchons d'avoir quelque idée des efforts nécessaires à l'organisation d'une réalité continue en observant la situation des schizophrènes, dont le cerveau organise si mal le monde que leurs paroles ne sont qu'un déversement chaotique et embrouillé, une « salade de mots ». Le clairvoyant ouvrage de David

Noonan, *Neuro*, nous rapporte de façon très vivante des exemples de ces « associations déréglées » qui n'offrent aucun lien logique, caractéristiques de la schizophrénie. Un patient déclare : « Mon dernier professeur dans cette matière était A. C'était un homme aux yeux noirs. Il y a aussi des yeux bleus et des yeux gris et d'autres sortes encore. J'ai entendu dire que les serpents ont des yeux verts. Tout le monde a des yeux. »

Submergé de la sorte par les pensées et les sensations, l'esprit d'un schizophrène ne peut plus mettre en forme la moindre déclaration ordonnée et logique à partir des tourbillons de sensations générés depuis l'intérieur et l'extérieur. Un autre patient, à qui l'on avait demandé ce qu'il pensait de la crise énergétique, expliqua : « Ils sont en train de détruire trop de bétail et trop de pétrole, simplement pour faire du savon. C'est vrai qu'on a besoin de savon pour sauter dans un bassin et quand on va acheter son essence, mais mes parents pensaient toujours qu'il valait mieux acheter du soda, alors que le mieux, c'est l'huile de vidange et l'argent. Ils auraient tout aussi bien pu y aller pour échanger des boîtes de soda et ah, des pneus, des tracteurs, des garages ; c'est comme cela qu'ils peuvent sortir des voitures de la casse, c'est ce que je pense. »

Il est clair que ce patient avait compris la question posée, mais ne parvenait pas à trier les images, les souvenirs et les concepts qu'elle faisait jaillir dans son esprit. Tout se mélangeait en une salade vraiment folle, mais émouvante dans la transparence de ses allusions aux temps anciens où le monde avait un sens. Le massacre verbal qui en résulte me rappelle que mes propres mots sont cimentés d'une manière extrêmement étrange par une conscience que je tiens pour acquise. Je n'ai pas besoin d'en passer par des batailles mentales pour que mes paroles aient un sens — c'est ainsi, ou ce ne l'est pas.

Sans cette trompeuse et automatique continuité, la vie se transformerait en une « salade de vie ». Mais il semble y avoir là un paradoxe. Comment entretenir la continuité tout en restant ouvert à l'inattendu, au flot toujours changeant des événements et à l'éclair éblouissant de la révélation ? Il m'appartient de choisir d'accepter le monde tel qu'il est ou de l'altérer pour qu'il s'adapte à mes désirs. Maya et moi-même avons très bien réussi à respecter nos conventions pour rendre le monde prévisible. Pourtant — qui sait ? — je peux, demain, décider de rompre le contrat. Ou même dans une minute. La réalité est toujours ouverte à la révision.

S'éveiller du sortilège

Milton Erickson, grand pionnier des utilisations thérapeutiques de l'hypnose, donnait un jour une conférence assortie de démonstrations devant un auditoire d'étudiants en médecine. Il demanda qu'un volontaire se joigne à lui sur l'estrade. Un jeune homme vint, prit un siège face à l'auditoire et, à la demande d'Erickson, posa ses mains sur ses genoux. Puis ce dernier demanda : « Souhaitez-vous continuer de voir vos mains sur vos genoux ? » L'étudiant répondit que oui. Pendant qu'il parlait, Erickson fit en silence un signe à un collègue, qui arriva derrière le jeune volontaire et leva en l'air le bras droit de celui-ci. Le bras resta en place.

« Combien de mains avez-vous ? demanda Erickson.

— Deux, bien sûr, répondit le jeune homme.

— J'aimerais que vous les comptiez pendant que je les désigne, dit Erickson.

— Très bien », répliqua son interlocuteur, avec une nuance de condescendance dans la voix. Erickson désigna la main qui était restée sur le genou gauche et le jeune homme compta « Une ». Il désigna le genou droit où il n'y avait plus de main et le jeune homme dit « Deux ». Puis il désigna la main suspendue dans l'air. L'étudiant devint horriblement confus.

« Comment expliquez-vous cette autre main ? demanda Erickson.

— Je ne sais pas, dit le jeune homme. Je devrais peut-être travailler dans un cirque. »

Peut-être avez-vous deviné que le volontaire était déjà sous hypnose. L'étonnant, dans cette histoire, est qu'il n'avait pas été hypnotisé préalablement. Erickson était tellement maître de son art qu'il avait provoqué une transe par le simple fait de poser la question : « Souhaitez-vous continuer de voir vos mains sur vos genoux ? » C'est exactement cette suggestion que l'étudiant faisait ressortir en « voyant » une main sur son genou droit.

Et moi ? Tout ce que je vois autour de moi à cet instant même est tout aussi précaire que cette troisième main. Je fais confiance à mon « sens des réalités », non parce qu'il est réel, mais parce que ma confiance le rend réel. Un hypnotiseur peut, en faussant mon attention de la façon la plus légère, me faire croire qu'il y a six personnes dans une pièce et non deux douzaines, ou qu'une mixture au goût immonde préparée par le pharmacien du coin est le plus délicieux des vins de Xérès. R. D. Laing passa par ces deux épreuves, avec l'aide d'un ami hypnotiseur, à Glasgow.

Au sujet de l'histoire du Xérès, Laing se lamente : « Comment notre *goût*, un sens aussi intime, était-il aussi facile à tromper ? Je ne pouvais donc plus me fier à mon *goût ?* Ce n'était pas seulement intéressant ; c'était profondément troublant. Cela me déconcertait. Me *terrifiait.* » Ce sont de fortes émotions qui sont soulevées lorsque nous nous sentons osciller au-dessus d'un gouffre sans fond. Et Laing, logiquement, se demande : « Quel est le goût *réel* d'une chose ? En quel sens un phénomène quelconque est-il réellement réel ? » C'est exactement cette question qui rendait perplexes les amis de mon grand-père réunis sous notre véranda de Babar Road. Mais Laing est plus consterné encore. « Dans quelle mesure l'impression et la structure de notre monde habituel, quotidien, sont-elles socialement programmées, ne sont-elles qu'une fiction induite dans laquelle nous nous empêtrons tous ? » demande-t-il. Les seuls qui s'échappent du filet sont « un petit nombre dont le conditionnement n'a pas "pris" ou s'est dissous, ou qui ont rompu le charme — une poignée de génies, de psychotiques et de sages. »

C'est exactement cela. L'unique voie hors de Maya est de s'éveiller hors de son charme, de rejoindre ceux qui ne se sont pas laissé ensorceler. Dans notre culture, l'envoûtement est devenu la respectable science « pure » ; cela ne la rend pas plus vraie. L'avantage qu'il y a à percer Maya à jour est que l'illusion scientifique, qui nous a certes offert une vie de tous les jours moderne et pratique avec avions à réaction et ordinateurs, scanners et presse-légumes, ne s'est pas débarrassée de la peur, de la violence, de la haine et de la souffrance. Maya les programme aussi, étant dans le rêve que vous acceptez de rêver.

Il m'arrive de rencontrer parfois un membre de cette troupe hétéroclite dont le conditionnement n'a pas « tenu ». Ce ne sont pas obligatoirement des psychotiques, des génies ou des sages ; ce sont, simplement, des gens qui ne se laissent pas convaincre aussi facilement que les autres. Invariablement, nos rencontres ébranlent un peu mon rêve. Et je les quitte, avide de voir ce qu'ils voient et d'être ce qu'ils sont.

Mais il y a du bonheur, voire de l'euphorie, à comprendre ce qui arrive. Pendant un instant, regardant par-delà l'illusion, nous nous sommes crus égaux. « Qui sait ? semblent dire leurs yeux. Peut-être serez-vous le prochain éveillé. »

C'est surtout à Charles que je pense, un vieil homme qui, la première fois que je le vis, avait l'air totalement ordinaire bien qu'à soixante-quinze ans son corps fût dans un état de fatigue évident. Sa fille me l'avait amené parce qu'elle s'inquiétait des progrès rapides que semblait faire l'insuffisance rénale dont son père souffrait, un trouble qui est une menace sérieuse chez bien des personnes âgées.

Nous étions assis tous les trois dans mon cabinet et elle parlait fiévreusement des mesures que nous pourrions prendre, dont celle de mettre son père sous dialyse. Cependant Charles, installé dans son fauteuil, ne semblait pas concerné. Lorsque je vis les analyses, je compris immédiatement la raison des inquiétudes de sa fille. Le taux d'azote urique dans le sang approchait 90, le niveau normal étant de 10 environ. Un autre indicateur, la créatinine, était extrêmement élevé.

Tout le monde accumule des déchets azotés dans le sang : ce sont les résidus de la décomposition des protéines dans les cellules. En quantités importantes, ces déchets sont toxiques et deviendraient rapidement mortels si le corps ne disposait pas d'un mécanisme pour s'en débarrasser grâce aux reins. Un taux élevé d'azote urique ou de créatinine signale toujours au médecin des problèmes rénaux graves, encore que peu précis. Charles était fort proche du stade où la dialyse est automatiquement prescrite. C'est là-dessus que son médecin de famille avait insisté, mais Charles la refusait.

Il vivait probablement avec bien des désagréments, mais lorsque je lui énumérai les symptômes classiques de l'insuffisance rénale — nausées, étourdissements, faiblesse, perte d'appétit — il assura se sentir bien, quoique peut-être légèrement fatigué. Je devais avoir l'air incrédule car, sans me laisser le temps de le questionner à nouveau, il ajouta : « Ce problème n'est pas nouveau, vous savez.

— Oh ! et quand est-il apparu pour la première fois ?

— Il y a quarante-cinq ans environ » répondit-il, avec un regard espiègle.

Un homme ayant vécu quarante-cinq ans avec une insuffisance rénale chronique devrait être rongé par une infinité de symptômes, sans parler des détériorations définitives des os, des yeux, des poumons, des vaisseaux sanguins et des reins eux-mêmes. Mais Charles affirmait avoir entendu parler pour la première fois de son problème au cours de la Seconde Guerre mondiale, lorsqu'un médecin militaire lui expliqua que les résultats des analyses de son sang imposaient qu'il fût immédiatement réformé. De but en blanc, on lui avait annoncé alors qu'avec les taux d'azote urique de son sang il ne lui restait pas plus de cinq ans à vivre.

A cette époque, Charles ne présentait aucun symptôme, mais comme il n'existait pas de traitement de l'insuffisance rénale chronique, il empocha sa réforme et partit. Cinq ans plus tard, il revint sur place pour revoir ce médecin, mais celui-ci était mort.

« J'étais ennuyé qu'il ne fût plus là, car il connaissait mon cas, dit Charles, aussi je suis reparti chez moi sans voir personne d'autre. » Ce n'est que vers le milieu des années cinquante qu'il chercha à consulter un autre spécialiste des reins. Ce dernier fut affolé à la vue des taux d'azote urique de Charles et lui expliqua qu'il ne lui restait que très peu de temps à vivre — son seul espoir était qu'une nouvelle technique, alors aux tout premiers stades de son développement, la dialyse rénale, soit mise au point suffisamment tôt pour pouvoir le sauver. Charles repartit, et se mit à attendre.

« Je pensais que le dialyseur allait être la réponse, c'est pour cela que je me suis tenu au courant » dit-il. Dix ans plus tard environ, il lut dans les journaux que cette intervention était maintenant concrètement possible. Il revint voir son urologue, pour découvrir que ce deuxième docteur, lui aussi, était mort. Les résultats des analyses de Charles continuèrent de s'aggraver et, il y a cinq ans, lorsqu'il voulut contracter une assurance-maladie, un troisième spécialiste lui révéla qu'il était si malade qu'il devrait soit opter pour des dialyses régulières, soit songer à une greffe du rein.

« Ma fille a vraiment été bouleversée. Et comme je continuais de penser qu'il fallait que je fasse quelque chose, j'ai donc à nouveau appelé le médecin le mois dernier. Mais son assistante m'a dit qu'il venait de mourir d'une crise cardiaque. »

Nous restâmes cois pendant une seconde, mais que pouvais-je dire ? Nous avons éclaté de rire tous les trois ensemble. « Voyez-vous, si j'ai survécu à trois urologues, dit Charles, dérouté par tant de chance, je crois qu'il vaut mieux que je me tienne tout à fait à l'écart des médecins. Pour eux, cela vaudra mieux.

Je ne pouvais qu'être d'accord.

6

Un fil vers la liberté

« Je n'ai pas peur. Je comprends que j'ai pris un gros risque en acceptant cette intervention chirurgicale. Il faudra peut-être m'alimenter avec une sonde jusqu'à la fin de mes jours. Cela ne fait rien. Au moins, j'aurai fait quelque chose. Je n'ai jamais eu peur de mourir. Je voulais simplement vous rassurer là-dessus. »

J'étais fort peu convaincu. Pendant que Luc parlait, ses yeux brillaient et ses mains tremblaient, incontrôlables. Il s'efforçait de ne pas remarquer à quel point ses véritables sentiments transparaissaient. Peut-être ne le remarquait-il pas, effectivement.

Je me demandais comment le délester un peu de cette peur réprimée. Cela n'était pas facile quand on songeait à la vitesse avec laquelle la catastrophe s'était abattue.

Deux mois auparavant, il n'y avait aucun signe de dérangement à moins qu'une vie trop parfaite ne soit elle-même un symptôme. Luc, bien qu'américain, vivait de ses rentes en Espagne où il se consacrait à sa passion, l'histoire de l'art. Lorsqu'il commença à se sentir malade, les symptômes étaient bénins. Son épouse, une Espagnole, servait toujours du vin au dîner. Luc commença d'observer que le moindre verre de vin rouge suffisait à provoquer chez lui une brutale crise de nausée et de la diarrhée.

Il s'en plaignit auprès d'un spécialiste des maladies organiques à Madrid, qui le rassura en lui disant qu'il s'agissait probablement d'un virus intestinal passager. Mais le problème persista et le médecin décida de faire quelques tests de dépistage. Un scanner permit de détecter une masse suspecte d'environ cinq centimètres de long à la tête du pancréas. Une ponction fut réalisée et, quelques heures plus tard, le laboratoire de l'hôpital fit parvenir les résultats sinistres de la biopsie. Il s'agissait d'un adénocarcinome, un cancer mortel du pancréas.

Luc n'avait guère qu'une chance sur deux de survivre au-delà de six mois, pourtant il ne ressentait toujours aucune douleur. Son corps ne présentait aucun signe de cachexie, ce dépérissement des tissus typique des dernières phases d'un cancer. S'il n'avait fait autant d'efforts pour enquêter sur ses indigestions, Luc aurait pu continuer de se croire en bonne santé.

« C'est étrange de se réveiller chaque matin et de se sentir si bien, disait-il. Juste au moment où je commence à me demander si je vais jouer au tennis ou trier quelques dessins, je me souviens que je suis en phase terminale et je ne parviens pas à trouver l'énergie de faire quoi que ce soit. » Une ombre passa sur son visage. « Si seulement je pouvais m'accrocher à ce premier moment où je décide d'agir. »

Plus que d'habitude, je ressentais au fond de moi le besoin d'aider. Luc était revenu en Amérique pour y être soigné, mais les interventions classiques mettant en jeu la chirurgie et les rayons étaient de rudes procédés. Le pancréas est la principale source d'enzymes digestifs ; une fois enlevé, le patient perd l'essentiel de sa capacité à digérer la nourriture. On peut lui apporter des enzymes de substitution, mais jusqu'à ce jour, ce ne sont que de piètres ersatz des processus naturels du corps.

Lors de ma formation en endocrinologie, j'ai passé une période au service de cancérologie du Baptist Hospital de Boston, sous les ordres d'un chirurgien célèbre, spécialiste du pancréas, qui était aussi un médecin traitant particulièrement remarquable. Ses patients, sur leur lit, semblaient dans un état affreux, affaiblis dans toutes leurs fonctions de nutrition, jaunes. Ils ne pourraient plus jamais manger après les interventions chirurgicales qu'ils avaient subies et ils restaient des semaines entières ligotés aux tuyaux des perfusions qui, goutte à goutte, assuraient entièrement leur nutrition. Finalement, malgré d'énormes efforts et des soins infinis, l'immense majorité ne survivait guère que quelques mois.

Ma première priorité était d'épargner ce triste scénario à Luc. Je n'étais pas son médecin ; celui-ci me l'avait envoyé après avoir lu l'un de mes ouvrages, supposant qu'une approche corps-esprit pourrait aider à le soulager de sa formidable peur. Mais je ne pouvais m'empêcher de penser que Luc était aussi angoissé par son traitement que par sa maladie. Je lui conseillai de considérer le fait de ne pas se faire opérer. Sa vie pourrait être légèrement prolongée par l'opération, tout au moins c'était ce qu'affirmaient les statistiques, mais il lui fallait mettre son propre confort dans la balance. Souhaitait-il traverser autant de misères pour un profit aussi minime ? Luc écoutait attentivement, mais ne semblait pas persuadé par mes arguments.

« Mon instinct me dit de ne pas me faire opérer, mais si je meurs dans six mois sans avoir rien tenté ? Ce serait tellement cruel pour ma femme ; je me sentirais tellement coupable envers elle ! »

Après avoir longuement interrogé sa conscience, il

tomba d'accord sur un compromis. Au lieu de se faire entièrement enlever le pancréas, il subirait une opération limitée laissant intact l'essentiel de l'organe. Il pourrait donc manger normalement dans les semaines à venir. Cependant, au fur et à mesure que l'imminence de l'opération se précisait, l'humeur de Luc commença à se transformer radicalement. Il arrivait parfois à mon cabinet en feignant la confiance, l'exubérance même, quant à ses chances ; plus fréquemment, il était sombre et déprimé. Son moi normal et les relations qu'il entretenait habituellement avec son corps s'étaient effondrés dans une totale confusion. Rien ne lui appartenait plus vraiment. Son corps n'était plus sien mais un objet étrange et inquiétant. Il voulait s'en détacher mais ce dernier l'hypnotisait sans cesse davantage. A trop regarder un monstre on se fait monstre soi-même — cet adage se vérifiait avec Luc.

Un jour, je lui demandai de fermer les yeux et de s'asseoir calmement. Et je lui dis, alors qu'il s'exécutait : « Pour l'instant, prenons le temps de ne pas parler de votre cas, de ne pas y penser. Soyez simplement vous-même. N'identifiez votre esprit à aucun problème particulier ; ne faites rien. » Je fis une pause et nous restâmes tous deux silencieux.

« Ressentez-vous la moindre douleur, demandai-je.

— Non.

— Bien. Maintenant, installez-vous confortablement sur votre siège et observez tout ce qui vous vient à l'esprit. Si une pensée vous arrive, même si elle est lancinante, laissez-la tout simplement passer. Vous allez voir, c'est facile. » Une autre pause, puis : « Avez-vous ressenti quelque impulsion de peur ou d'anxiété ? »

De la tête, il fit signe que oui.

« Ne vous en préoccupez pas. Ce n'est qu'un nuage qui passe. Ce que je veux que vous notiez, c'est qu'il existe des espaces entre vos pensées, comme des parcelles de bleu entre les nuages. Lorsque vous observez l'un de ces espaces, faites simplement oui de la tête. » Il referma les yeux et, après un instant, fit le signe convenu. L'exercice se poursuivit pendant quelques minutes.

« Maintenant, vous sentez-vous anxieux ? » Luc secoua la tête et je lui demandai d'ouvrir les yeux. Il avait l'air plutôt surpris.

« Voyez-vous, ce n'est pas si difficile de cesser d'être un cancéreux, dis-je. Je voulais que vous vous asseyiez calmement pendant un moment pour faire l'expérience, même vague, de l'état de silence intérieur. Les pensées vont et viennent dans ce silence. Mais lorsqu'il n'y a pas de pensée et qu'il n'y a pas non plus d'impulsion de peur, ni de souvenir fort, ni d'envie d'agir, l'esprit est simplement avec lui-même, il est lui-même. A cette seconde précise vous avez le choix d'avoir la prochaine pensée ou la prochaine émotion. Maintenant, posez-vous la question : qui fait face à ce choix ?

— Je l'ignore, répondit Luc, quelque peu dérouté. Personne ne m'a jamais présenté les choses comme cela. »

Je poursuivis : « Pour projeter un film, il faut un écran. Les images s'agitent et jouent sur l'écran ; des émotions précises et une vraie pièce de théâtre se déroulent. Malgré tout cela, l'écran, en lui-même, n'est pas partie prenante. Il ne fait pas partie du film, n'est-ce pas ?

— Non, hésita Luc.

— La différence entre l'esprit et un écran de cinéma, c'est que nous sommes partie prenante du film, parce qu'il est le film de *notre* vie. Notre écran intérieur est tellement imbibé d'images personnelles incontournables que le sentiment qu'il y a un écran — une partie invariante, non affectée de l'esprit — disparaît. »

Nous saisissions bien tous deux à quel point tout cela résonnait comme une nouveauté. Pour chacun, le sens intérieur du « moi » est bâti sur les images du passé et chacun désigne comme « siennes » tous ces espoirs, peurs, rêves, amours et déceptions. Pourtant, si je me débarrasse de toutes ces images, quelque chose de « moi » demeure : le décideur, l'écran, le témoin silencieux.

« Je ne peux pas trouver ce centre vierge à votre place, dis-je en y mettant toute ma conviction. Il faut que la rencontre soit directe. Mais je vous ai donné un indice. Les pensées et les sentiments qui s'écoulent, comme des nuages sur l'écran du ciel, ne servent qu'à vous distraire. Votre vrai « vous », c'est le ciel, au-delà. A chaque fois que vous réussirez à voir clairement cet espace ouvert, vous trouverez un espace de sécurité, car celui-ci n'a jamais eu le cancer. Là, vous êtes face à vous-même — l'observé est aussi celui qui procède à l'observation. »

Le fil du Yoga

La certitude que le moi a un centre intouchable joue un rôle essentiel dans la psychologie moderne, en particulier dans le milieu de la psychothérapie. En thérapie, un patient, au mieux, subira des changements superficiels aussi longtemps qu'il n'affrontera que les couches superficielles de lui-même. Pour les franchir et réaliser des changements majeurs, il lui faudra dévoiler le « noyau central — cette volute du moi qui possède la sagesse absolue et la connaissance de soi ». Ces mots sont ceux d'Irvin Yalom, psychiatre de grande renommée et professeur à la faculté de médecine de l'université de Stanford, en Californie. Au début, seul le thérapeute comprend l'existence d'un centre de sagesse et de connaissance de soi. Le patient, quant à lui, sous l'influence de sa détresse mentale, s'est éloigné de cette partie de son psychisme. Le rôle du thérapeute est alors de donner au patient le courage et la liberté d'amener à la lumière son moi le plus profond (je parle ici de la classique « thérapie du divan »).

Dans la plupart des cas, le premier pas est de le convaincre de la réalité du moi plus profond. Il convient de montrer au patient l'objectif pour ensuite l'amener à faire l'expérience de cette partie de son esprit qui transcende la crise, qui enregistre la vie avec une clarté cristalline, même lorsque l'esprit conscient chancelle dans l'ahurissement et la panique. L'exploration n'est pas facile. Depuis Freud, la psychologie des profondeurs a toujours avancé en fonction de la notion selon laquelle « celui qui sait », le « connaisseur », est enfoui sous de multiples couches successives d'expériences douloureuses. On ne peut se lancer dans une exploration directe et il faut donc procéder par la ruse. On confronte alors le patient à ses rêves, ses lapsus, ses associations d'idées qui trahissent ce qui, de fait, se passe sous toutes les couches du camouflage.

Je discutais un jour avec un autre spécialiste des maladies organiques et nous parlions des taux élevés de divorce ; je lui demandai tout à coup si ses propres parents étaient divorcés. « Non, me répondit-il. Vous ne me croirez peut-être pas, mais ils sont toujours mariés après quarante-cinq ans. De nos jours, ce sont presque des pièces de musée ! J'aurais dû les mettre sous terre. » Avant que j'aie pu réagir il s'était repris : « Mon Dieu, je voulais dire "sous verre", bien entendu. » Quatre-vingts ans plus tôt, il aurait pu glisser sans souci sur ce lapsus freudien ; aujourd'hui, il lui fallait s'interroger sur le vœu secret qui avait jailli par les fissures de son psychisme.

L'une des grandes différences culturelles entre l'Orient et l'Occident est que la quête du « connaisseur », que nous entreprenons en Occident en tant que traitement de désordres comme la névrose ou la dépression, est un objectif normal de la vie en Orient. En Inde, trouver le « connaisseur » est considéré comme la grande aventure de la vie. Aventure extrêmement personnelle, mais néanmoins jalonnée par une tradition de savoir — au point qu'il s'agit d'une véritable science — appelée Yoga, du mot sanskrit signifiant « union ».

L'union que recherche un yogi n'est nullement à l'extérieur de lui ; ce n'est pas non plus une union avec Dieu, ni une extase, ni une union avec le surnaturel, bien que tous ces aspects puissent se manifester à un moment quelconque. L'union du yogi est plus définitive, enracinée dans son insatiable besoin de trouver cette infime brindille de lui-même qui expérimente directement la réalité, sans filtre ni masque.

En Inde, l'héritage du savoir ancestral et immense des yogis est stupéfiant pour les étrangers. Lorsqu'ils se donnent la peine de le définir, la plupart des Occidentaux estiment que le Yoga est une pratique de divers exercices physiques qui, poussés à l'extrême, tortillent le corps dans des postures grotesques. Cette discipline, appelée à juste titre Hatha-Yoga, n'est que l'un des huit « membres », ou disciplines, du Yoga (et nullement le plus important).

La quête du « connaisseur », non plus que le Yoga, n'est pas un projet exclusivement indien. Son but est de découvrir systématiquement le témoin silencieux à l'intérieur de nous et cette possibilité reste ouverte à chacun, à toutes les époques. Un poète chinois du XIIIe siècle, Wu Men, l'a résumée en quatre vers :

Un instant est l'éternité,
l'éternité est le maintenant.
Si tu vois au travers de cet instant,
tu vois au travers de celui qui voit.

Pour sa part, le grand poète soufi Djalāl al-Din Rumi nous invite à la liberté en trois lignes provocantes dans leur simplicité :

Dehors, au-delà des idées du bien et du mal faire,
il y a un champ.
Je t'y attends.

Celui qui désire avoir une idée plus précise de ce que représente le Yoga devra se tourner vers le problème global de l'identification, puisque c'est cela qui sera résolu lorsque l'union sera réalisée. Nous nous mouvons tous dans la vie en nous identifiant à telle chose après telle autre. *Ma* maison, *ma* carrière, *ma* femme sont autant de formes d'identification qui nous réconfortent et nous sécurisent — mais non définitivement cependant. L'esprit doit sans cesse passer d'un centre d'intérêt à l'autre parce que les situations évoluent : ma maison devient trop petite pour y vivre, ma vie professionnelle est en crise, ma femme s'ennuie. Si je réussis à traverser en douceur ces changements, je peux demeurer en relative sécurité, mais le risque de voir le fond s'effondrer est toujours là, parce que je me suis attaché à une chose totalement incertaine. Luc s'était identifié à sa maladie non à la suite d'un choix conscient mais parce que s'identifier à son propre corps est tellement naturel. Lorsque le corps tombe malade, sa douleur pourrait ne pas être un problème, mais elle le devient automatiquement si l'idée de « mon » corps est suffisamment forte.

C'est parce que l'identification se bâtit au sein de l'esprit que l'on ne peut l'abolir. Le yogi préfère alors résoudre le problème de l'identification en le renversant. Au lieu de s'identifier avec les choses, une personne qui pratique le Yoga commence à s'identifier de plus en plus avec le témoin intérieur silencieux et cela avant tout par la méditation. Le processus consiste à suivre le fil de la toile jusqu'au moment où l'on trouve l'araignée qui l'a tissée. Mon fil est peut-être très différent du vôtre, car j'ai tissé une toile de réalité intérieure en fonction d'expériences qui me sont personnelles. Il se peut que je croie en tel maître, telle école, telle méthode ou tel livre. Ou bien peut-être n'ai-je jamais entendu parler du Yoga en tant que tel. Mais les questions fondamentales ne varient pas. Ai-je un fil à suivre ? Me ramènera-t-il jusqu'à son origine avant de casser ?

Une fois le but atteint, le Yoga est censé libérer le chercheur des limites de la vie ordinaire. L'état de séparation entre le corps et l'esprit est guéri et la personne peut entrer dans un état de fonctionnement plus élevé, tant physiquement que mentalement. J'ai déjà signalé que certains swamis sont capables d'interrompre à volonté leur respiration et leurs battements cardiaques. Cependant, de véritables yogis ne s'abaisseront pas à considérer de tels faits comme des éléments essentiels de leur évolution. Ils sont trop résolus à établir, une fois pour toutes, la vérité sur l'esprit, la matière et l'âme. En ce sens, ce sont des scientifiques dans ce domaine qui leur est propre, des observateurs ardents, totalement enracinés dans leur expérience intérieure.

Mon grand-père religieux était absolument fasciné par les yogis, qu'il vénérait à la façon traditionnelle, comme des saints. Je garde un vif souvenir de l'un de ses récits. Il était revenu d'un pèlerinage dans l'Himalaya, excité à s'en couper le souffle. « J'ai vu la plus fantastique des merveilles ! » s'exclama-t-il à l'adresse de ma mère. Puis il remarqua que j'avais dressé l'oreille, dans un coin — je devais avoir huit ans à peu près — et son visage s'assombrit. « Cela pourrait lui faire peur, continua-t-il avec inquiétude.

— Non, je n'aurai pas peur, protestai-je, pas tout à fait convaincu.

— Non, non», objecta-t-il en secouant la tête. Ce n'est que bien plus tard que je sus. Il s'était rendu dans une grotte lointaine de la vallée du Gange, où un yogi passait l'essentiel de ses jours en méditation. Celui-ci avait accueilli joyeusement mon grand-père et ses compagnons. Tandis qu'ils parlaient, mon grand-père n'avait pu s'empêcher d'observer les nombreuses cicatrices qui recouvraient les jambes et les bras nus du yogi.

«Qu'est-ce que c'est?» demanda-t-il à l'un de ses amis, à voix basse. Celui-ci haussa les épaules puis, tout à coup, ils comprirent que c'étaient des traces de morsures de serpents. Cette zone de basse montagne était infestée de cobras. Les deux visiteurs regardèrent nerveusement autour d'eux et virent sur-le-champ un gros cobra qui se déplaçait paresseusement dans l'herbe.

«Baba, s'exclama mon grand-père, vous vivez avec des serpents autour de vous!

— Des serpents? Je n'en ai jamais vu un seul ici.

— Mais vous êtes couvert de morsures!» protesta mon grand-père.

Le yogi le fixa d'une douceur pénétrante. «Vous voyez peut-être des serpents ici, mais je ne vois que Dieu et, croyez-moi monsieur, Il ne mord pas.»

A huit ans, cette histoire m'émerveilla et je la crus, mais elle ne signifiait rien. Pour moi, le concept du Yoga ne prit un sens qu'à l'âge adulte, lorsque je pus le mettre en relation avec le concept de Maya. Le Yoga est le processus qui rend Maya moins impressionnante, de sorte que l'on est finalement libre de choisir une réalité plus vaste que celle présentée mécaniquement par les sens. Les sens désignent un cobra, mais le saint ne voit que Dieu et la réalité se décale. Ce qui aurait tué un autre homme ne pouvait l'atteindre, parce qu'il était déjà mort; mort à la vieille réalité dominée par les sens.

C'est ici que l'on vient à bout d'un aspect subtil de l'identification. Nous ne pouvons généralement nous empêcher de nous identifier au monde. Lorsque l'image d'une rose tombe sur la rétine, elle crée automatiquement une impression sur le cortex visuel. Il n'y a aucun choix conscient car le système nerveux a instantanément pris possession de l'image. La conscience de la personne est empreinte par une rose jusqu'au moment où l'attention erre vers un autre objet. Il s'agit bien là d'une sorte d'union, ou de Yoga, mais falsifiée par tout le poids accordé à l'objet. En voyant la rose, je m'oublie.

La plupart des gens n'ont pas idée que le regard porté sur les choses puisse être une sorte d'asservissement. Une rose est une rose, le feu est le feu, l'eau est l'eau — tous ces faits naturels s'agencent eux-mêmes en une unité apparemment préordonnée, grâce au processus automatique de l'identification. Mais, pour le yogi, l'asservissement des sens est un handicap grave, car il nous engage envers des choses « du dehors » et envers nos souvenirs (qui sont totalement remplis de choses du passé). Si je me brise une jambe et qu'une intense douleur se fait sentir, rien ne semble pouvoir modifier mes réactions alors qu'elles ne sont qu'une répétition de mes anciennes réactions, apprises des années auparavant. Cette vieille leçon peut-elle être désapprise ?

Tout un chacun peut se détourner d'une légère migraine en parlant à un ami ou en s'absorbant dans la lecture d'un livre. La raison pour laquelle ces moyens de distraction de l'attention fonctionnent est que nous avons davantage de choix d'identification que nous ne le pensons. Même si les sens adhèrent au monde comme une colle, nous n'en restons pas moins libres de les détacher pour les braquer vers de nouveaux pôles d'attraction. Il n'y a aucune raison pour que cet élément de choix soit contrecarré par la douleur.

Les martyrs chrétiens des Ier et IIe siècles que les Romains jetaient en pâture aux lions accueillaient souvent avec grâce leur sort, y voyant une occasion de prouver leur foi. Elaine Pagels, dans *Les Evangiles secrets*, cite des lettres dans lesquelles des chrétiens condamnés suppliaient leurs amis de ne pas intercéder afin de leur épargner la mort. Poussés par leur zèle à imiter la vie du Christ, ces martyrs rivalisaient de sérénité dans l'arène, entonnant des hymnes et tournant vers le ciel des visages empreints d'un bonheur angélique au milieu des animaux qui les attaquaient — des récits dignes de confiance de spectateurs romains stupéfaits en attestent. C'est de cette façon, autant que par bien d'autres, que le christianisme a conquis le monde païen, en emplissant d'effroi l'esprit païen, en prouvant au-delà de toute contestation que c'est la volonté de l'homme qui dicte sa loi à la matière et non l'inverse.

Les théories modernes sur la douleur s'attachent au complexe cheminement nerveux du signal de la douleur et aux divers déclencheurs chimiques qui accompagnent cette sensation. Ceci étant, croire au Christ n'est pas un événement chimique; c'est un choix de l'esprit. C'est pour cela que le vocabulaire des yogis, lorsqu'il traite de termes aussi abstraits que l'identification, est en fait plus proche de la vie que les termes scientifiques concrets. Pour atteindre l'interrupteur qui déclenche et éteint la douleur, il faut franchir la ligne séparant les molécules visibles des croyances invisibles. C'est dans ce champ abstrait que nous pouvons décider si oui ou non quelque chose fait mal. Nous attachons notre sens du « moi » à certains événements et nous l'en détachons de certains autres.

Un cas médical remarquable, décrit par Stephen Locke et Douglas Colligan dans *The Healer Within*, met en scène un travailleur d'une fonderie dont les jambes se sont trouvées immergées dans une cuve d'aluminium en fusion. Emporté inconscient à l'hôpital, il fut hypnotisé à l'instant de son réveil par un psychiatre attaché au service des brûlés, qui induisit dans l'esprit du brûlé l'idée qu'il était tombé dans de l'eau froide, et non dans un métal en fusion à 370°C. Cette suggestion prit racine et fonctionna si bien que non seulement la douleur fut annulée mais que le patient se remit rapidement, avec des traces de cicatrisation minimales. Voilà à quoi peut aboutir un détachement strictement mental.

Celui qui a résolu le problème de l'identification sent peut-être la douleur en tant que signal venu du cerveau, mais ne la convertit pas en *sa* douleur et cette différence, minuscule mais primordiale, coupera le fil de la souffrance. Cette personne ne fait plus l'erreur de penser que la perception se déverse en elle pour créer sa conscience ; c'est plutôt la conscience qui s'extériorise pour créer sa perception. En faisant revenir notre esprit aux profondeurs de la conscience, là où nous sommes libres de faire notre propre expérience, le Yoga ouvre la possibilité de déraciner, à sa source, toute souffrance.

L'esprit peut-il se libérer ?

Analyser les illusions de l'esprit est un idéal qui peut paraître souhaitable, mais en pratique, que signifie-t-il ? Nombre de gens tentent de troquer la « pensée positive » contre les pensées déstabilisantes qu'elles souhaitent éliminer. En surface, cette tactique peut mener à certains signes d'amélioration. On peut forcer l'esprit à ne s'identifier qu'à des choses agréables ou valorisantes. Mais avec le temps les pensées de peur affleurent à nouveau (Freud appelait cela « le retour du refoulé ») et jusque-là les efforts déployés pour tenter de maintenir une maîtrise permanente de soi sont épuisants.

Il y a quelque temps, une femme venait régulièrement me consulter. Elle était fascinée par la pensée positive. Son cancer du sein avait été traité avec succès deux années auparavant, mais elle demeurait extrêmement inquiète à l'idée d'une rechute. Son angoisse sautait aux yeux de tout son entourage, mais c'était bien la dernière des choses qu'elle souhaitait affronter. A un simple « Vous avez peur, n'est-ce pas ? », son sourire figé et son optimisme de façade m'infligeaient le sentiment de n'avoir parlé que par pure cruauté. Sa présence seule me rendait de plus en plus nerveux. Elle ressemblait à un câble tendu, prêt à se rompre.

En fin de compte, après lui avoir fait remarquer sans ménagement qu'elle affichait une humeur artificielle, je lui demandai de but en blanc de cesser d'être aussi rigidement positive. « Vous voulez dire que ce serait bon pour moi d'avoir des pensées négatives si je le voulais ? demanda-t-elle avec une touchante incrédulité.

— Oui, lorsqu'elles sont naturelles et inévitables. »

Elle éclata de rire et s'exclama : « Grands dieux ! J'avais besoin de la permission de quelqu'un ! J'ai lu tant de choses sur les dommages que l'on peut infliger à son corps avec les pensées négatives que j'ai passé toute l'année qui a suivi mon opération dans la terreur du plus léger signe de cela. Puis il m'est venu à l'esprit que la crainte *est* une pensée négative. Vous ne pouvez pas imaginer à quel point cela m'a troublée. »

Une telle perspicacité était impressionnante. Bien des gens, dans leurs louables efforts pour mettre l'accent sur le positif, n'échappent cependant pas à leurs problèmes et ne parviennent qu'à les accroître. Ils veulent mettre fin à la souffrance mais choisissent à tort une tactique consistant à nier leurs véritables sentiments, sous prétexte que ceux-ci sont « trop négatifs » pour être exprimés. J'ai approfondi la question avec cette patiente. « Prêter attention à ses propres peurs et douleurs est une grande source de culpabilité pour la plupart des gens, soulignai-je, parce que cela ressemble à un apitoiement sur soi-même, trait de caractère que nous estimons mauvais. Nous nous refusons notre propre pitié alors que nous l'accordons volontiers à d'autres ; cela est aussi mauvais. Tous nous avons des douleurs cachées en nous et tenter de les étouffer n'est pas une qualité. Cela est tout simplement impossible.

« Il se peut que vous considériez qu'entretenir une bonne attitude est très important. Mais une attitude, en soi, n'est pas très fiable. Après tout, qui, de vous ou de votre attitude, remonte le moral de l'autre ? Tout ce qui est à l'intérieur de vous est vous, même si vous établissez une scission entre le vous courageux et le vous peureux, le premier essayant d'étouffer ou de vaincre le second. Si l'une des parties s'adresse à l'autre en lui déclarant "Courage, ne renonce pas, ne désespère pas", est-ce que ce n'est pas simplement une sorte de jeu ? »

Elle admit que c'était probablement exact, mais que ce n'était pas très rassurant. « J'ai toujours craint que si je ne poursuivais pas ce jeu, comme vous dites, mes pensées négatives ne m'engloutissent.

— Est-ce que le fait de vous opposer à vos pensées négatives diminue leur pouvoir ? Est-ce que cela ne repousse pas simplement le jour où elles sortiront, d'une manière ou d'une autre ? Pensez-y. Vous consacrez probablement beaucoup de temps à ne pas penser négativement. Cela doit exiger de vous une vigilance, des efforts constants. Pourtant, dès que la pression cesse, ces sentiments déniés ne rebondissent-ils pas avec une force redoublée ? Dans votre situation, je ne pourrais pas poser ma tête sur un oreiller sans que des armées de pensées négatives ne m'assaillent. »

Elle reconnut qu'arriver à dormir était devenu une torture. « Les pensées négatives viennent toutes seules, même face à la plus vigoureuse opposition, dis-je. C'est une chose que nous devons tous accepter. Nous perdrons toujours à ce jeu consistant à résister aux pensées que nous n'acceptons pas. La vraie question est : "Est-ce que je peux renoncer à la totalité de ce jeu ?" Et rares sont les gens qui songent à cette alternative. »

Après avoir réfléchi un instant, elle eut ce commentaire : « Peu importe ce que vous dites, je ne crois pas qu'il soit si simple d'arrêter de jouer. »

Elle a raison évidemment. Notre conditionnement visant à nous faire toujours aller dans la même direction est très puissant. Les anciens sages indiens, les rishis, avaient observé cela et conclu que l'esprit ne peut se libérer lui-même au travers d'une activité mentale quelle qu'elle soit, combat, vigilance ou répression. Penser échapper à ces pensées revient à tenter de s'extraire de sables mouvants en tirant sur ses propres cheveux. Car, au fond, si positive que soit une pensée, elle est toujours du domaine de la pensée. Le Yoga ouvre une autre voie et son secret est le suivant : il y a dans l'esprit plus que la pensée. En fait, la pensée est encore un masque de Maya, moins massif que les choses que nous voyons et touchons, mais tout aussi peu digne de confiance.

Dans l'antique texte indien des *Shiva Sutras*, cent douze chemins sont offerts pour échapper à Maya par le seul moyen possible : la transcender pour faire l'expérience de la réalité plus profonde du témoin silencieux. Voici quelques-unes de ces techniques, directement apportées par le dieu Shiva, maître traditionnel des yogis :

> Lorsque tu es vivement conscient au travers de l'un des sens, *reste dans la conscience.*
>
> Sur un lit ou sur un siège, laisse-toi devenir *sans poids*, au-delà de l'esprit.
>
> *Vois comme pour la première fois* une personne fort belle ou un objet ordinaire.
>
> Au bord d'un puits profond, regarde ses profondeurs sans détourner les yeux jusqu'à — *l'émerveillement.*
>
> En regardant simplement au sein du bleu du ciel, au-delà des nuages, *l'éternité.*

Bien qu'elles mettent l'accent sur le fait de *voir* le monde d'une manière différente, toutes ces techniques sont en réalité fondées sur un déplacement de la conscience car, ainsi que nous en avons débattu, celle-ci est la source de l'acte consistant à voir. Voir une personne fort belle « comme pour la première fois » peut, avec de la chance, vous arriver, si vous l'apercevez par hasard, mais ce n'est jamais une expérience permanente dans l'état de conscience quotidien. Il ne m'est pas possible de voir une certaine petite femme indienne timide et dévote sans voir ma mère, pas plus qu'elle ne peut me voir sans voir son fils. Nous avons l'habitude l'un de l'autre, nous sommes accoutumés à regarder au travers de tant de couches de nous-mêmes.

Si c'est mon père qui la regarde, il voit une autre personne et, en fait, plusieurs personnes différentes les unes des autres : la jeune fille aux yeux baissés qui fut d'abord une étrangère, puis l'objet d'une cour timide, puis la future épouse, puis la mère et, depuis lors, la conseillère intime et la compagne dont les paroles et les pensées se sont entrelacées dans les siennes, presque comme un second lui-même. Chacune de ces couches d'images apporte sa propre couleur lorsqu'il la voit. La force modelante qui les a presque rendus « un » n'est pas moins puissante pour avoir œuvré si lentement et sans se laisser voir. Une réalité partagée coule en eux, au-dessus d'eux, entre eux.

Leur intimité donne à mon père et à ma mère une relation privilégiée, mais qui se paie. Jusqu'à ce que les masques tombent, il ne verra jamais ma mère *sinon* comme son épouse. Sa beauté demeurera à une certaine distance. Lorsque la relation est heureuse, ce prix vaut amplement d'être payé. En l'absence d'une véritable intimité, il devient trop élevé. Un père peut dire à son fils : « Je ne te critique que parce que je t'aime » et, à ses propres yeux, il peut avoir raison. Mais il reste au fils à démêler, de son mieux, l'amour et la critique. C'est pour cela que tant de gens, après avoir grandi, restent méfiants envers le fait même d'être aimés.

Depuis l'enfance, nous avons appris à nous débrouiller dans cette situation complexe où les sentiments et les perceptions les plus élémentaires sont mêlés les uns aux autres, la plupart du temps. La vie serait plus simple si nous pouvions voir directement à l'intérieur des idéaux cristallins, de l'état d'émerveillement et de la beauté, que le yogi affirme être au cœur de la vie, c'est-à-dire de nos propres cœurs. Mais l'enseignement de Shiva ne pénètre que bien mal la coquille de notre scepticisme moderne. Un sceptique abrite souvent un idéaliste qui a trop souvent subi la douleur de la désillusion. Si les idéalistes sont nés pour être désenchantés, pourquoi ne le seraient-ils pas dès le début ? Freud, à maintes reprises, a souligné l'importance du « principe de réalité » en tant que repère de la santé psychologique. Le principe de réalité est la reconnaissance que vous n'êtes pas le créateur du monde. Votre ego s'arrête à certaines limites, au-delà desquelles vous n'avez plus d'influence.

C'est ainsi qu'un bébé est comparé à ce qui est primitif parce qu'il ressent qu'il *est* au centre du monde, cédant au fantasme que tout est lui. L'enfant grandit et il est censé se dépouiller de cette illusion infantile d'absence de limites. « Moi » et « non-moi » se figent dans leurs espaces distincts et, avec un peu de chance, le « moi » ne tarde pas à apprendre comment coopérer avec le « non-moi ». Les parents sont généralement assez impatients de promouvoir cette attitude coopérative, même alors que leur enfant est à l'évidence trop jeune pour l'adopter. De crainte de le voir agir de manière égoïste, ils négligent ses difficultés. Il leur est difficile de voir qu'il s'agit de leur propre angoisse qui se reflète là — eux aussi ont peur de pleinement s'accepter. Leurs propres parents ont jeté l'opprobre sur cet égocentrisme et ils se font maintenant les relais de ce jugement de valeur en considérant la plupart des formes de satisfaction comme « égoïstes ».

L'égoïsme primitif du nouveau-né ne présage rien de son comportement futur, cela va sans dire, mais il convient de l'infléchir naturellement en des comportements plus altruistes. Si le processus de l'éducation sacrifie le sens même d'être d'un enfant, alors quelque chose a été perdu, qui est trop précieux pour qu'on le perde. Etre, cela comporte le subtil sentiment d'être unique et c'est de cette sensation que jaillit le sentiment d'union avec le monde, d'immersion dans la beauté et l'amour. Cela aussi est la réalité, mais à un degré plus élevé.

Nombreux sont les récits d'expériences de jeunes enfants qui « collent » étonnamment bien avec les objectifs suprêmes de la spiritualité. Témoins ces mots écrits par une femme à partir d'un souvenir très net de son enfance : « A l'âge de quatre ans, je me couchais dans l'herbe et je faisais des images avec les nuages. A un certain stade, ils cessèrent de bouger. Tout, autour de moi, était très calme, je me sentis comme fusionnée au ciel. J'étais tout et tout était moi. Je ne sais pas combien de temps cela dura et je n'ai plus jamais ressenti cela depuis. Mais c'est possible. »

Son expérience reflète étroitement la méditation des *Shiva Sutras* qui dit : « Regarde au plus profond du bleu du ciel, par-delà les nuages » pour sentir l'*éternité*. Bien des enfants se souviennent des moments qui précédaient immédiatement leur plongée dans le sommeil, lorsqu'ils avaient la sensation d'être légers ou de flotter, comme pour faire écho à cette instruction donnée à celui qui s'initie à la méditation, où il est question d'être *sans poids*, allongé sur un lit. Cet exercice spirituel, qui semble être si difficile pour l'adulte — « voir comme pour la première fois une personne fort belle » — n'exige aucun effort de la part d'un nourrisson de quatre mois. Il accueille la vue de sa mère, la plus belle personne de l'Univers, avec adoration et délices, jour après jour. Tant qu'elle est dans la chambre, ses yeux demeurent fixés sur elle, incapables de voir quoi que ce soit d'autre. Etre, pour un nouveau-né, c'est être au centre d'un monde magique.

Certains enfants se souviennent de la magie qui régnait à des stades beaucoup plus tardifs de leur développement. A cinq ou six ans, le poète William Wordsworth voyait les montagnes, les lacs et les pâturages, autour de lui, « vêtus de lumière céleste » et il lui fallait serrer un arbre dans ses bras pour se remémorer que ces choses matérielles n'étaient pas des visions. Sans cela, nous dit-il, il se serait trouvé projeté dans un monde idéal de pure lumière et de sensations divines. Ainsi, voir au travers de Maya pourrait bien être beaucoup plus naturel que nous ne le supposons. Qui sait combien d'entre nous ont joué dans des champs de lumière et en ont perdu le souvenir? Ce qui est sûr, c'est que notre idéal actuel d'une éducation psychologiquement saine est enraciné dans le réel et non dans le virtuel. On apprend à l'enfant, sans relâche, de leçon en leçon, que l'écorce rugueuse de l'arbre est plus réelle que les sensations divines; dès qu'il est suffisamment grand pour aller sur une aire de jeux, il découvre que les trottoirs écorchent les genoux et que les poings font mal lorsqu'ils vous frappent au visage.

Dans la méditation, le yogi efface ce sens brut de la réalité et se tourne à nouveau vers la lumière, l'idéal, le divin. Il vise à la perfection, à la vie, vingt-quatre heures par jour, à partir de son propre noyau créateur, sans camouflage ni évasion, libre de toute forme d'illusion. Le yogi qui réussit ne prend pas simplement contact avec le noyau omniscient, il *devient* ce noyau. Pour aussi beau que cela puisse paraître, l'esprit adulte, instinctivement, se tient à distance. Nos expériences de douleur et de désillusion sont convaincantes à l'extrême, alors que les prémisses du Yoga paraissent bien lointaines. « Aujourd'hui, n'importe quoi peut être accepté comme vrai, aime à dire l'un de mes amis, pour autant que ce ne soit pas la Vérité. » Lui n'a que trop bien compris le principe de réalité.

L'étincelle de l'intuition

Heureusement, la réalité supérieure dispose d'un moyen de faire irruption par surprise. Quelquefois, le noyau omniscient du moi met en déroute les étroits préjugés de l'esprit. Nous appelons cela des étincelles d'intuition; elles nous apportent une sensation assez exacte, bien que passagère, de ce à quoi doit ressembler l'illumination. Ainsi que l'expliquent les Védas, l'esprit illuminé est comme le Soleil ; tous les autres esprits, par comparaison, ne sont que des chandelles. Mais une bougie n'est pas sans valeur : une fois qu'elle est allumée, la nuit ne peut plus être absolue. Avec l'étincelle de l'intuition, c'est un coin du moi qui se révèle pour ce qu'il est. En silence, l'on s'exclame « Ah !!! » et une parcelle de vérité sort de son empaquetage.

L'intuition n'est pas toujours profonde ni durable — les psychiatres consacrent d'énormes quantités de temps à consolider les nouvelles intuitions et à s'assurer que le patient n'égare pas les anciennes, ne régresse pas. De plus, le corps ne suit pas toujours les initiatives de l'esprit en vue d'une meilleure santé. Mais, quand même, l'instant de l'intuition parvient souvent à faire bouger tout le moi, et telle est bien la clef de son pouvoir.

Un travailleur social d'une quarantaine d'années raconte cette histoire : « Je traversais le hall d'entrée pour me rendre à mon travail, tout en bavardant avec un ami. Je lui disais qu'à mon avis il s'impliquait trop personnellement dans les cas qu'il suivait et que, peut-être, il allait leur attacher toute une culpabilité inutile. Soudain, il s'est tourné vers moi et a dit brutalement : "Tu m'imposes tes propres émotions et je n'aime pas cela." Puis sa voix s'est adoucie un peu et il a ajouté, plus raisonnablement : "Tu devrais travailler là-dessus. J'ai remarqué que tu as l'habitude d'imposer aux autres tes propres sentiments d'hostilité."

« Je ne savais que répondre. Je me suis dit qu'il allait s'excuser de m'avoir agressé. Au lieu de cela, il est parti, tout simplement. Arrivé à mon bureau, j'ai pris place dans mon fauteuil mais j'étais tellement en colère que je ne pouvais travailler.

« J'ai bouilli pendant quelques minutes comme un enfant sur le point de piquer une crise de rage. Je me sentais insulté et je m'apitoyais sur moi-même. Pourquoi un ami me trahissait-il ainsi ? Pour me défaire de ma colère, j'ai commencé à lui parler à voix haute, comme s'il s'était trouvé là. “On dirait que tu ne te soucies pas beaucoup de *tes* sentiments hostiles quand tu me les imposes ! Tu m'as vraiment blessé et je dois te dire que ton accusation est totalement et complètement privée de fondement.” Ce stratagème m'a permis de me sentir mieux quelques secondes, mais une partie rationnelle de moi savait que je n'étais pas simplement victime d'une remarque inutilement cruelle. »

A cet instant, un processus étonnant de libération émotionnelle s'est mis en route. « D'un coup, j'ai commencé à me diviser en couches. C'était la plus extraordinaire des choses. Les images qui se sont mises à crépiter dans mon esprit étaient si nombreuses que ce serait très long d'en faire une description complète. J'ai vu la pitié que j'avais éprouvée pour moi-même comme une défense contre une colère immense, tout à fait hors de proportion avec ce qu'avait dit mon ami — je voulais le tuer ! Puis j'ai vu mon père tel qu'il était des années auparavant. Il me demandait des tâches d'entretien dans la maison, ce que, petit garçon, je détestais. La même rancœur sans bornes était à l'œuvre, évidemment.

« Cette phase ne dura pas plus d'une fraction de seconde. Les images continuaient de siffler dans ma tête ; c'était comme si je me regardais en prenant le point de vue d'un galet qui tomberait dans un puits. »

En quelques éclairs il vit que sa colère vis-à-vis de son père était reliée au sentiment qu'il ne parviendrait jamais à conquérir l'amour de celui-ci. Puis il vit qu'il n'avait pas été capable de supporter non plus les critiques de ses frères ni de ses amis masculins. Il les revit en images, qui agitaient un tourbillon d'émotions et de souvenirs.

« A ce moment, une demi-minute seulement s'était écoulée et le galet tombait toujours à pic, de plus en plus vite. Au lieu de me sentir pris de vertige et désorienté, je gardais finalement un esprit assez clair. J'évaluais chaque angle nouveau et le voyais dans sa vérité. Etrangement, à chaque fois que mes sensations commençaient de m'échapper, une voix calme, détachée, insistante, répétait inlassablement dans ma tête : "Eh bien, est-ce vrai ? J'impose mes sentiments aux autres ?" Il n'allait pas être possible de me débarrasser de cette voix avec des demi-vérités, quelle que fût son origine. »

Au cours de tout le processus, cet homme avait perdu la conscience des choses qui l'entouraient. Il se concentrait avec une intense résolution, plus que la plupart d'entre nous ne le pourraient, sur la dynamique de mise au jour des sentiments enfouis. Quelques secondes plus tard, la sensation d'être une pierre tombant dans un puits avait cessé.

« Le fait est que je ne me suis pas senti toucher le fond. J'étais passé au travers de toutes ces couches, m'attendant à finir Dieu savait où. Au lieu de cela je suis, tout simplement, revenu à moi pour observer que j'étais assis à mon bureau. J'ai respiré profondément — apparemment, j'avais retenu mon souffle tout ce temps — et me suis remis au travail, me sentant plus calme bien qu'encore meurtri. L'intuition n'est venue qu'une heure plus tard. J'étais assis, pour le repas, avec des collègues, des gens que je connaissais par cœur et qui, franchement, avaient cessé de m'intéresser depuis des années. Ils me semblaient soudain attirants, fascinants même.

« Ils me regardaient chaleureusement, ils riaient lorsque je disais quelque chose de drôle et je riais avec eux. C'était tout à fait bizarre ; puis j'ai compris, en un éclair, ce qui s'était produit : je ne leur imposais plus mes sentiments. Il ne m'était jamais venu à l'esprit que ces gens n'avaient rien de neuf à offrir parce que je ne leur en laissais pas la moindre occasion. A l'instant même où je changeais, ils s'ouvraient, comme des fleurs timides. La modification de ma conscience avait produit en eux quelque chose de nouveau. Les voir s'ouvrir ainsi était très profond et, en même temps, cela venait comme un grand soulagement. »

L'histoire de Christian

Psychiatrie et Yoga ne font qu'un en ce qui concerne l'étincelle de l'intuition — la révélation du « connaisseur » est l'objectif des deux disciplines. Cependant, la psychiatrie se contente d'une étincelle : l'intuition est fondamentalement un outil et non un état permanent. Les patients viennent à la thérapie pour des raisons diverses — alléger un malheur, mettre de l'ordre dans une culpabilité ou une angoisse injustifiées, rectifier un comportement autodestructeur, etc., mais ils n'y viennent pas pour s'éveiller hors du rêve de Maya. Et s'il y avait un tant soit peu de cela, ce serait considéré comme un fantasme confus et invalidant, aux antipodes du produit fini, intelligent et rationnel, d'une thérapie réussie.

Le psychiatre est un guérisseur imparfait parce que lui aussi est blessé. Sa réalité n'incorpore pas de centre magique ; en fait, nombre de thérapeutes font de leur mieux pour éliminer toute trace de magie dans l'esprit de leurs patients. Seuls les individus les plus exceptionnels parviennent à s'élever au-dessus du principe de réalité ; eux seuls peuvent commencer à voir à quel point l'état de pure intuition peut, effectivement, être simple.

Je pense ici à un patient dont l'expérience de transcendance de ses limites physiques a paru lui permettre d'établir une distinction entre la vie et la mort. « Tout au long de l'année dernière, j'ai eu conscience qu'une bataille faisait rage à l'intérieur de mon corps mais, dans mon cœur, j'étais comme le plus heureux et le plus insouciant des enfants. J'avais trouvé la partie de moi-même qui ne peut être touchée par le cancer. Je suis tellement plus que cette maladie, tellement au-delà d'elle. J'ai parfois l'impression de la maîtriser à la perfection, d'autres fois je me contente de l'ignorer. Dans l'un et l'autre cas, elle ne parvient pas à gâter mon sentiment d'être en vie et entier, bien que je sois entouré par le chaos et la destruction. »

Un cancer dans sa phase terminale avait été diagnostiqué sur Christian lorsqu'il écrivit ces mots dans un courrier qu'il m'a montré après sa guérison. Agé d'une trentaine d'années, il enseignait la méditation dans le nord de l'Etat de New York. Deux ans plus tôt, il était allé voir son médecin de famille pour un fort mal de gorge et avait découvert qu'il avait contracté une forme de cancer lymphatique à propagation rapide, un lymphome. Il était probablement malade depuis six mois mais n'avait ressenti aucun symptôme et le cancer avait donc généré des métastases dans tout le corps. Deux jours plus tard, Christian se présentait dans un important centre hospitalo-universitaire de Boston, où on l'adressa à l'un des meilleurs spécialistes des cancers lymphatiques.

« Notre seul choix, lui expliqua le cancérologue, est de tenter de tuer cette chose par tous les moyens à notre disposition. Ce sera très rude, je vous en avertis, mais c'est indispensable. »

Lorsque Christian lui demanda à quel point ce serait dur, le cancérologue eut un sourire assez lugubre et dit : « On commence par vous faire passer un camion sur le corps, puis on revient en arrière pour être bien sûr de ne pas vous avoir manqué. » En lui-même, il se demandait si Christian vivrait assez longtemps pour mener à son terme la première phase du traitement. Mais, dès le départ, il fut un malade fortement atypique. Le premier traitement se passa exceptionnellement bien. La fièvre avec laquelle il était entré à l'hôpital s'évapora et le gonflement qui faisait ressembler son visage à un ballon se résorba. Son acceptation psychologique des épreuves qui l'attendaient commença à croître.

C'est à ce moment-là que Christian écrivit la lettre dont j'ai cité un passage. On peut y lire aussi qu'il pratiquait la méditation chaque jour, comme il l'avait toujours fait, depuis dix-sept ans. Il avait développé une aptitude remarquable à cesser de s'identifier à sa maladie. Bien que centrée sur son esprit, cette attitude de non-attachement avait aussi un profond impact sur son corps.

Deux mois après le début du traitement, sa température commença à monter de façon inquiétante ; on transporta Christian en trombe jusqu'à l'hôpital, où il fut établi que son système immunitaire était sévèrement atteint. La numération de ses globules blancs s'était réduite à presque rien — à 200, alors qu'une personne en bonne santé oscille entre 4 000 et 11 000. La chimiothérapie est bien connue pour provoquer de telles crises, qui mettent les patients en grand danger, à la merci de toute infection passagère, si légère soit-elle. Découragé, le cancérologue tint Christian alité, se demandant combien de semaines il leur faudrait attendre de meilleurs résultats. Une seconde analyse de sang fut réalisée trois jours plus tard. Cette fois, la numération de Christian avait rebondi jusqu'à 4 000, soit des rives de la mort jusqu'aux abords de la normalité. Le médecin qui s'occupait de ce cas n'avait que très rarement, ou même jamais, observé ou entendu parler d'un tel événement.

Contre toute probabilité, Christian récupérait rapidement et le cancer recula. On le laissa quitter l'hôpital quatre mois plus tard, puisqu'il avait décidé de ne pas subir de greffe de moelle osseuse, malgré l'insistance de son médecin.

Dans l'esprit de Christian, il n'y avait aucun doute que le fait d'être capable de prendre ses distances vis-à-vis de la maladie était vital. « Les hauts et les bas émotionnels sont interminables, ce supplice m'a fait passer par toutes les émotions imaginables, mais quelque chose en moi n'est pas impliqué. Je continue de rire et de pleurer, d'être heureux et de m'affliger, mais en même temps je reste à l'écart. J'ai découvert comment libérer ma vie de l'hystérie et, lorsqu'elle est partie, j'ai été guéri. » Voilà près de trois ans que Christian a quitté l'hôpital. Il mène une vie absolument normale et n'est pas malade.

Voir des patients s'emparer du fil qui les mène à la liberté est extrêmement réconfortant. Mais Luc ? Actuellement, il reste à mi-chemin, libéré de sa peur mais ne croyant pas vraiment s'être évadé.

Finalement, Luc a subi l'opération qui était censée enlever la tumeur de son pancréas, tout en laissant intacte la plus grande partie de l'organe. Mais ses chirurgiens découvrirent que la tumeur était beaucoup plus grosse qu'ils ne le soupçonnaient. Luc fut jugé inopérable aussi bien pour une ablation partielle que totale et l'incision pratiquée fut immédiatement refermée.

Lorsqu'il se réveilla de l'anesthésie, il stupéfia son cancérologue par le bonheur avec lequel il accueillit ces nouvelles. « Au début, je ne voulais pas de la chirurgie, me dit-il dans sa chambre d'hôpital et, par une voie détournée j'ai eu ce que je voulais. »

Nous sommes tous deux restés songeurs. Je ne saisissais pas à ce moment-là qu'un événement essentiel venait de se produire — le sentiment de malédiction qui pesait sur lui était brisé. Il repartit pour l'Europe, vers un avenir impossible à prédire. Six mois plus tard, j'eus le bonheur de le revoir dans mon cabinet, en apparente bonne santé et n'ayant visiblement pas perdu de poids. Son appétit était normal et il n'avait pas de problèmes digestifs. Mais Luc ne semblait pas aussi heureux de cette situation que moi-même. « Ai-je l'air d'aller bien ? demanda-t-il nerveusement.

— Vous paraissez en superforme !

— C'est ce que tout le monde me dit, mais à l'intérieur je ne sais pas comment je me sens. » Apparemment, les incertitudes de Luc entretenaient en lui une part d'ombre : il ne se rendait pas compte qu'il avait déjà déplacé des montagnes.

Je me souviens de la manière dont nous nous sommes séparés ce jour-là. Nous avions parlé longtemps. Je me suis arrêté et j'ai jeté un regard dehors. C'était l'une de ces rares journées printanières d'avril où le ciel de la Nouvelle-Angleterre est d'un bleu parfaitement cristallin. Les crocus avaient fleuri, joyaux jaunes et violets étincelant sur la pelouse, tandis que les arbres éclataient glorieusement en jeunes feuilles d'un vert doré.

Je vis que Luc aussi regardait à l'extérieur, mais avec ennui. Je sus immédiatement l'absolue solitude que sa maladie lui avait apportée. « Regardez. Pourquoi ne sortez-vous pas un instant ? C'est vraiment une belle journée ! » Il acquiesça tristement, toujours seul dans son impénétrable espace gris.

Il fallait que j'y pénètre, ne fût-ce qu'un moment. « Pensez aux belles journées que vous aimiez, dis-je, surpris moi-même de l'émotion que je mettais dans ma voix. Où sont-elles maintenant ? Elles sont forcément ici, au-dedans de vous. L'air que vous respiriez devenait une partie de votre sang. Le ciel que vous regardiez se gravait sur les neurones de votre cerveau. Vous sentiez les rayons du soleil et leur douceur s'imprégnait dans votre peau.

« Tout cela est ici aujourd'hui, et non pas seulement dans vos souvenirs, et forme maintenant une part de vous-même. Alors, Luc, ne vous languissez pas des belles journées du passé — *vous êtes elles*. Derrière cette vitre, une autre journée désire se transformer en vous. Vous n'êtes pas en dehors de la vie. Comme n'importe lequel d'entre nous, vous êtes une partie du mélange qui la compose, la créant autant qu'elle vous crée. Cette journée ne peut exister sans que vous entreteniez sa vie. Lui donnerez-vous une chance ? »

Lorsque j'eus terminé, Luc ne prononça que fort peu de mots, mais il m'embrassa chaleureusement lorsque nous nous séparâmes. Nous étions parvenus à une compréhension mutuelle. Debout dans l'embrasure de ma porte, je le vis de dos, une dernière fois. C'était l'instant où il passait à l'extérieur et, à la manière avide dont il regardait tout autour de lui, j'ai ressenti son bonheur d'être accueilli par la chaleureuse lumière du printemps.

7

De l'importance de se sentir unique

Raymond était probablement mort à l'instant où il commença à tomber. Douze mille volts l'avaient violemment éjecté du toit où il aidait un voisin à installer une nouvelle antenne de télévision. Ce qui aurait dû n'être qu'un fil de mise à la terre inoffensif était en fait un câble d'alimentation à haute tension. Au moment où il l'avait ramassé, Raymond n'était nullement protégé contre cette tempête électrique qui, presque certainement, avait arrêté son cœur à l'instant même.

Son voisin, horrifié, contourna la maison et trouva le corps de Raymond au sol, réduit à un amas de chair. Son bras droit avait été déchiqueté au point de pénétration du courant ; le genou droit de son bleu de travail, carbonisé, indiquait l'endroit où ce même courant s'était évacué. Cependant, en touchant précautionneusement la poitrine de Raymond, il sentit un battement de cœur. Nous ne saurons jamais vraiment pourquoi.

Peut-être, du fait de la verticalité de la chute et de la vitesse acquise, le choc au sol avait-il relancé le cœur. Lorsqu'on ne dispose pas de défibrillateur pour ramener un cœur à la vie en lui infligeant des secousses, assener d'énormes coups de poing sur la poitrine est une procédure classique de réanimation d'urgence; toutefois, même pratiquée par un médecin, cette méthode rudimentaire est aventureuse. On risque autant d'endommager le cœur que de le sauver et, ce faisant, de casser une côte ou percer un poumon. Tomber d'un toit revient à accroître encore considérablement ces risques. Mais quelle autre explication fournir? Ces circonstances étranges alimenteraient bien des conversations parmi les médecins de l'équipe d'intervention, un peu plus tard. Mais, pour sa part, lorsqu'on lui en parla, Raymond commença d'appeler cet instant «le don»; bien d'autres prodiges encore allaient suivre.

Les services médicaux sont rudimentaires dans les régions montagneuses de l'est de l'Etat de Washington où Raymond dirige son élevage de chevaux. Ayant à peine repris conscience, il lui fallut ensuite supporter une longue heure de transport en ambulance, sans médicament antidouleur. Un hélicoptère l'emporta jusqu'au plus proche centre de grands brûlés, à Seattle, où une lourde intervention chirurgicale fut entreprise En seize heures, les chirurgiens lui amputèrent le bras droit à la hauteur du coude et conservèrent précautionneusement les tissus récupérables sur les deux autres blessures principales dues à l'accident au genou droit et au poignet gauche.

Sa sœur relate ces événements dans une lettre écrite six mois plus tard:

«Raymond a été remarquablement lucide et calme à partir de son admission à l'hôpital. Il ne s'est pas laissé aller à la dépression au cours de sa longue période de soins et, malgré des brûlures extrêmement douloureuses, il insistait pour ne prendre qu'un minimum de médicaments. En six semaines, il a fallu cinq interventions pour parvenir à enlever la totalité des tissus morts ou endommagés, avant de commencer un considérable travail de restauration dermique. Un délicat prélèvement de peau était nécessaire pour recouvrir un tendon dénudé, sur son poignet gauche. Le genou droit était tellement détruit qu'il n'était plus qu'un paquet d'artères, d'os et de nerfs sans rien autour. »

La guérison est un processus fortement personnalisé et, dans des cas complexes tels que celui de Raymond, il est presque aberrant de parler de récupération « normale ». Pour la plupart, nous sommes incapables d'imaginer ce que nous ferions si nos nerfs et nos os étaient ainsi exposés à l'air libre. Nous ressentirions certainement un inconfort immense et les sensations physiques de douleur déclencheraient un ensemble complexe de réactions psychologiques pour fabriquer ce que nous appellerions la souffrance. La plupart des gens croient que douleur et souffrance sont plus ou moins identiques. Pour Raymond, c'était faux. Il ressentait une douleur immense, mais à aucun moment il n'en fit une souffrance. Il explique :

« J'avais le sentiment que la décision de m'arracher à une mort certaine avait été prise à la fraction de seconde où j'étais en train de tomber — il n'était pas obligatoire qu'elle le fût, mais il en avait été ainsi. C'était un don. J'ai souvent repensé à ce moment et j'ai découvert que ce souvenir induisait en moi un état de conscience différent. La seule comparaison possible est la méditation : j'étais en un lieu que la douleur ne pouvait atteindre. J'éprouvais un sentiment de flottaison et de grande quiétude.

« Lorsque l'infirmière faisait le pansement de mon genou, c'était physiquement très pénible. Mais, parfois, je la voyais faire son travail et le signal de la douleur apparaissait, mais au lieu de me "mordre" l'esprit, cela éveillait en moi un sentiment intense — lequel ? — ce n'était pas exactement du plaisir, mais une sensation difficile à nommer, profondément douce et intime. C'était de la douleur devenant un fourmillement de joie. Chaque fois que cela se produisait, ce n'était qu'émerveillement et bonheur. »

Une fois glissé dans cet état privilégié de conscience, Raymond pouvait se disjoindre de sa douleur pendant des heures. Il faut observer qu'il avait pratiqué la méditation depuis l'âge de dix-huit ans, pratiquement pendant toute sa vie d'adulte : il était coutumier des états de conscience stables. Il montra bientôt qu'il ne se contentait pas, loin de là, d'échapper à la douleur. Sa sœur écrit : « La première fois que j'ai vu ce que la chirurgie avait laissé des chairs de Raymond autour de son genou droit, j'ai été horrifiée de voir quelle quantité de muscle ils avaient été obligés d'enlever. Malgré les greffes, on ne voyait que le tendon et, lorsque nous sommes revenus à Seattle, plusieurs spécialistes ont conseillé de prélever du tissu musculaire à l'arrière de la jambe, pour une nouvelle greffe.

« Cela impliquait une intervention chirurgicale majeure et le médecin de Raymond décida d'y surseoir. Laisser le tendon exposé augmentait les risques d'infection, mais il voulait attendre un mois encore, observer un délai. Dans cet intervalle, Raymond s'est guéri lui-même, extraordinairement. Nous refaisions les pansements de son genou deux fois par jour et nous l'entourions d'une attention bienveillante. (Par la suite, Raymond expliquera que, couché sur le dos, il ressentait littéralement cet amour dont s'imbibait son corps.) Il méditait et se déplaçait beaucoup, surveillait les nouveaux poulains et profitait au maximum de la vie.

« Lorsque ses médecins le virent, quatre semaines plus tard, ils furent abasourdis. Un muscle neuf avait commencé à se former spontanément autour du tendon, apparaissant dans chaque crevasse ; une nouvelle peau avançait rapidement pour le couvrir. »

La régénération musculaire est un processus fort incertain et aucune garantie ne peut être donnée quant à son apparition dans le cas de dégâts de cette importance. Personne, certainement, n'aurait prédit la rapide granulation du tissu neuf qui apparaissait dans le genou détruit de Raymond. Sans se cacher, l'un des médecins s'émerveilla : « Je ne sais pas pourquoi, mais vous êtes pour vous-même un grand guérisseur, Raymond ! » Il n'était plus nécessaire d'opérer.

On a beaucoup écrit sur les raisons de cicatrisations meilleures et plus rapides chez certaines personnes que chez d'autres. Raymond possédait nombre des plus enviables qualités. Il avait eu le courage de sortir de son lit d'hôpital et de marcher sur sa jambe dans les quelques jours qui avaient suivi son accident. Lorsqu'il avait fallu amputer son bras, il avait immédiatement appris à lacer ses chaussures d'une main. Il avait accepté l'amour que lui offraient sa famille et ses amis, sans hésitation ni réticence. Ces qualités de cœur et d'esprit sont rares.

Tous les médecins ont rencontré de tels « grands guérisseurs » parmi leurs patients, mais ceux-ci sont trop exceptionnels, leurs situations sont trop particulières, pour qu'on les étudie en tant que catégorie. Voilà pourquoi nous ne connaissons pas vraiment leur secret. Je crois que ce qui rend ces gens extraordinaires ne résulte en rien de ce qu'ils font : c'est quelque chose qu'ils *sont*.

Nous sommes tous cela. C'est-à-dire que nous avons tous la certitude d'exister. Un fin dialecticien pourra vous faire douter de pratiquement tout ce en quoi vous avez jamais cru, mais pas de cela. « Je suis » se love au cœur de toute personne, comme un roc de certitude dont elle n'a aucune raison de douter.

A moins que vous ne soyez pris dans un dilemme aussi pénible que celui de Hamlet, être ou ne pas être *n'est pas* la question. L'existence est aussi inévitable que le fait d'être né. Il est étrange que certaines personnes profitent mieux que d'autres de cet état. Elles ne font, ne sentent, ne pensent pas davantage. D'une manière ou d'une autre, comme de la lumière passant à travers une lentille cristalline, la vie passe au travers d'eux, plus claire, plus brillante et plus alerte qu'au travers de gens qui vivent dans la monotonie.

Ce fait n'a pas échappé à la psychiatrie, bien que celle-ci l'observe par son extrémité opposée. Parmi les gens qui entreprennent une thérapie, rares sont ceux qui affichent une grande clarté d'esprit. Ils y viennent avec une demande pressante et en situation de dépendance extrême, ou bien parce que leur angoisse est telle qu'ils ne peuvent qu'à grand-peine faire face aux problèmes ordinaires de l'existence. Ils sont quelquefois tellement déprimés que tout dans leur vie, si vibrante et bouleversante soit-elle, ne leur évoque au mieux qu'une tache de grisaille. Dans tous ces cas, quelque chose s'est détraqué, non seulement dans leur pensée et leurs sensations, mais dans leur être. Ils ont perdu le don de vivre.

Se sentir unique

D'où vient ce don ? Dans le cas de Raymond, il semble s'être exprimé, avant tout, comme une certitude aux racines très profondes : « J'étais sûr, dès le départ, que j'allais guérir. Je ne peux pas expliquer pourquoi — c'était comme un secret que je partageais avec Dieu. J'appelle cela un don, faute d'un mot plus adapté. Une chance de me refaire m'était accordée. Je ne savais pas comment je m'y prendrais, mais simplement que cela devait arriver et que rien ne pouvait s'y opposer. »

Aujourd'hui, tout le monde ou presque a lu des

récits de ces passages au seuil de la mort dont des milliers de personnes font l'expérience chaque année. D'un récit à l'autre, les détails changent, mais toutes parlent de la soudaine irruption d'une sensation d'absolue sécurité. Les personnes qui reviennent à la vie après que leur cœur a cessé de battre disent souvent être « allées dans la lumière » ou avoir volé au-dessus de leur corps, se regardant d'au-dessus et se sentant totalement protégées. Fréquemment, ce sentiment subsiste tandis qu'elles réendossent avec réticence le fardeau de leur corps. Elles ne parviennent alors que difficilement à se soucier des choses dont chacun est censé s'inquiéter et, tout particulièrement, de la mort. Peut-être est-ce ainsi que nous devrions tous nous sentir, même sans avoir touché la mort de près.

Exister, ce n'est peut-être pas un choix, mais la manière dont vous ressentez la question l'est, assurément. Il y a des gens qui grandissent en nourrissant le sentiment secret d'être, d'une manière ou d'une autre, « uniques ». Ils se sentent protégés par la providence, bien qu'ils ne révèlent à personne cette certitude, tellement téméraire. Le Dr Irvin Yalom a relaté l'histoire d'une femme de cette sorte qui croyait en cette faveur divine depuis des années et qui perdit finalement cette certitude d'une manière assez brutale : elle fut profondément secouée lorsqu'un jour elle se fit arracher son sac, sur le parking d'un restaurant.

Le Dr Yalom écrit : « Le vol avait mis en lumière qu'elle n'avait rien de particulier, et son "Je n'ai jamais pensé que cela pourrait m'arriver" reflétait la perte de sa croyance en son unicité. » Il ne fait pas ici allusion à un quelconque talent particulier ni à des dons que cette femme aurait possédés. Les gens estiment profondément rationnel d'attacher de l'importance à ce genre d'état d'élection. Mais nous avons aussi un sens irrationnel de ce sentiment, affirme le Dr Yalom, et « c'est ainsi, entre autres méthodes, que nous pouvons nier la mort ». Cependant, loin d'y voir un phénomène important, les psychiatres ont tendance à regarder cette façon de se ressentir unique comme peu souhaitable et, lorsque cette femme est venue à lui pour se faire soigner, l'objectif principal du médecin avait été de l'amener à accepter le fait qu'elle fût ordinaire. Autrement dit, il entreprit de la dépouiller de son sentiment d'être protégée de la mort.

Nous voici confrontés au rôle ambigu que joue le besoin d'autoprotection du psychisme. Se sentir à l'abri de la mort est une chose dont nous ne pouvons pas facilement nous passer ; par ailleurs, si la peur de la mort est repoussée de force jusque dans les profondeurs de notre inconscient, il se peut qu'elle répande une terreur souterraine, dangereusement invisible. Le Dr Yalom poursuit : « [...] la part de notre esprit qui est chargée d'adoucir la terreur de la mort crée la croyance irrationnelle que nous sommes inviolables et invulnérables, que les aspects déplaisants de la vie comme la vieillesse et la mort sont le lot des autres, que nous existons en dehors des lois de la biologie et de la destinée. »

J'admets qu'il vaut la peine de dissiper les illusions et qu'il est plus important encore de débarrasser l'esprit des peurs cachées mais, au-delà de l'objectif de la santé mentale, il y a celui de la liberté. Où pourrait commencer la liberté, sinon à ce « sentiment d'être unique, d'être béni, l'exception éternellement protégée », que la psychiatrie souhaite faire disparaître ? Le Dr Yalom appelle tous ces sentiments des auto-illusions. Pourtant, penser que ce sont des illusions pourrait bien être une illusion plus grande encore — c'est du moins ce qu'affirment les yogis.

Ce qui constitue le point de départ du Yoga est justement ce sentiment d'être unique, élu, protégé. Sans lui, il ne resterait plus, raisonnablement, qu'à nous concilier le monde compact, perceptible s'étendant devant nos yeux, accompagné de son fardeau de douleur, de vieillissement et de mort, ou, mieux encore, à mener ce combat ironique contre un ennemi à qui le destin a assuré la victoire dès la première minute qu'évoque Montaigne quand il note que « Le premier jour de notre naissance nous achemine à mourir. »

Bien des gens, tous peut-être, aimeraient saisir l'occasion de se sentir à nouveau uniques, si celle-ci se présentait ; leur conditionnement élimine cependant catégoriquement cette éventualité. Lawrence LeShan est un psychologue de grande réputation ; il y a plus de trente ans, il a lancé la théorie surprenante que le cancer aurait une composante personnelle. Il prétendait que devenir cancéreux est l'aboutissement de mécanismes névrotiques remontant à l'enfance. LeShan fut aussi l'un des premiers à utiliser la psychothérapie comme un moyen de faire resurgir les instincts enfouis des patients et, plus particulièrement, l'instinct de guérison.

LeShan découvrit qu'il devait commencer par mettre les méthodes thérapeutiques conventionnelles sens dessus dessous. Si une patiente atteinte d'un cancer du sein se rend chez un thérapeute ordinaire, celui-ci s'attachera d'abord à ses symptômes. Pour ce qui est de la douleur psychologique, il tentera d'en identifier la source exacte et de la réduire. LeShan, de son côté, tente de faire du cancer un tremplin, non pas dans le but de réduire les symptômes mais de projeter la patiente vers de nouvelles hauteurs. Il se concentre sur l'aspect unique et individuel de la patiente ; atteinte d'un cancer du sein elle s'entendra dire qu'elle a « une chanson spéciale à chanter dans la vie », une source de joie qui n'appartient qu'à elle.

Le premier jour de la thérapie, lorsque LeShan regarde sa patiente et annonce son objectif, il reçoit très souvent en retour un déferlement d'hostilité et de rejet. Voici quelques-unes de ces réponses qui lui sont habituellement faites, telles qu'il les rapporte dans son ouvrage où il envisage le cancer comme un tournant, *Vous pouvez lutter pour votre vie : les facteurs psychiques dans l'origine du cancer* :

> « Si je trouvais ma propre musique, elle serait tellement discordante que je ne l'aimerais pas et personne d'autre ne pourrait la supporter non plus. Ma façon d'être "naturelle" est laide et répugnante. Voilà longtemps que j'ai appris que je ne devais pas l'exprimer si je voulais avoir des relations *quelconques* avec les autres ou si je voulais être capable de vivre avec moi-même. »

> « Si je trouvais ma propre chanson et que j'essayais de la chanter, je découvrirais qu'il n'y a nul endroit dans le monde pour quelqu'un comme moi. »

> « Ma propre chanson contiendrait de telles contradictions que cela serait impossible. »

Dans l'acuité de leur désespoir, ces patientes ressentent la main tendue du thérapeute comme une menace énorme. Elles rejettent ses visées « impossibles » et s'accrochent désespérément aux valeurs « altruistes » qu'on leur a enseignées lorsqu'elles étaient petites filles. Ces valeurs sont celles de la modestie, de la politesse, de la bonne humeur qu'il ne faut jamais perdre, des souhaits des autres devant lesquels il faut s'incliner et ainsi de suite. Dans notre société, tout enfant bien élevé a appris cela. Pourtant, dans la bouche des patientes de LeShan, ces valeurs résonnent de façon sinistre, comme si l'âme de la personne en était étouffée.

La plupart d'entre nous acceptons ces mêmes

valeurs et, dans une certaine mesure, nous estimons aussi que le monde ne souhaite pas écouter notre musique — celle que composent les expressions les plus personnelles de nos sentiments et de nos désirs — pour la simple raison qu'elle est la nôtre. Cette attitude révèle un profond manque d'acceptation de soi. Mais puisque nous sommes suffisamment en bonne santé pour nous tenir à l'écart des salles de thérapie ou de cancérologie, nous n'avons pas l'occasion d'avoir à protéger notre vulnérabilité aussi ouvertement que ces femmes.

En fait, toutes les fois que les gens trouvent leur propre mélodie, leur sens, profondément enraciné de doute envers eux-mêmes, commence à s'en trouver libéré, laissant un espace de créativité à remplir. Et la mélodie se révèle belle ; ils découvrent qu'ils peuvent la chanter sans en être sanctionnés et, qui plus est, gagner leur vie en étant eux-mêmes. « En plus, observe LeShan, sur le plan social, la découverte de leur propre chanson s'est révélée positive et a été la bienvenue. *Je n'ai jamais constaté d'exception à cela.* » Au-dessous de la peur d'être unique, chacun de nous entretient un désir insatiable d'être à part et de se sentir unique et différent.

En fin de compte, LeShan ne fait que demander à ses patientes d'être elles-mêmes. Pourquoi cette perspective est-elle tout d'abord tellement terrifiante ? Tout au fond de nous-mêmes et en dépit de toutes nos dénégations, nous avons tous été blessés de voir nos désirs d'enfants foulés aux pieds, mais nous l'avons accepté « pour notre bien ». L'enfant a besoin et exige d'être respecté comme un individu unique mais, petit et désespérément attaché à l'approbation de ses parents, il sacrifiera ses propres sentiments pour gagner la récompense de leur amour. Nos parents nous ont, tous ou presque, nourris de leurs propres concepts sur l'« être bien élevé », et nous nous y sommes conformés même si cela ulcérait notre ego enfantin, toujours égoïste. Comme le souligne la célèbre psychanalyste suisse Alice Miller, on nous a tous appris à être « bien élevés », avant que nous ne *souhaitions* l'être.

Cette nuance peut paraître bien fine mais, plus tard dans la vie, elle forme toute la différence entre liberté et esclavage. En tant qu'adulte, je suis peut-être fortement habitué à « bien » me comporter. A chaque fois que je donne aux autres, je me sens supérieur, mais désolé aussi pour ceux qui ne sont pas capables d'en faire autant. Cependant, le véritable test consiste à établir comment je me ressens au moment où j'offre quelque chose. Suis-je heureux ou simplement conscient de mon devoir ? Est-ce que j'attends en retour de la gratitude, des égards ou du respect ? Ou bien est-ce que je laisse l'autre personne libre de ses sentiments, quels qu'ils soient, ou même de ne rien ressentir ? Donner peut être la marque d'une liberté authentique, de la volonté de se contenter de moins pour qu'une autre personne ait plus. Mais un individu qui a appris à porter le masque de la générosité vit dans un esclavage total. Par rapport à quoi ? Au souvenir de ce qu'il a dû faire pour que ses parents soient satisfaits.

A partir de notre désir de plaire à notre mère, nous avons appris à lire comme de parfaits élèves les nuances les plus ténues d'acceptation ou de rejet chez autrui. Et ce modèle extérieur, dans lequel nous nous sommes si finement moulés, a commencé à devenir une seconde nature, une sorte de faux nous-mêmes. Une faille s'est creusée entre nos émotions vraies et nos émotions fausses, entre ce que nous aurions dû ressentir et ce que nous ressentions effectivement. Le processus est subtil mais perfide. S'il se poursuit suffisamment longtemps, être, tout simplement, laisser parler sa joie ou sa tristesse, donner ou bien conserver pour soi selon l'instant sont oubliés.

Car le faux soi ne ressent plus d'émotions véritables : il calcule.

Une vie véritablement vécue unit le cœur et l'esprit. Lorsque viennent les sentiments, l'esprit les accepte et s'en délecte. Il n'est pas difficile de savoir si quelqu'un mène ce type de vie : cette personne vous dira, sans détour, que la meilleure période de son existence est celle qu'elle est présentement en train de vivre. Voilà un signe non équivoque que son esprit ne galope pas au-devant de son cœur dans le futur, ni ne reste à la traîne dans la nostalgie. Le poète chinois Wu Men conseille :

> Dix mille fleurs au printemps
> La lune en automne
> Une brise légère en été
> La neige en hiver
> Si ton esprit n'est pas brouillé par l'inutile
> Voici la meilleure saison de ta vie.

Si l'équilibre entre cœur et esprit est dérangé et, tout particulièrement, si le subtil niveau de la sensation a été détruit, alors commence un processus que nous appelons rationalisation. Pourquoi ne suis-je pas heureux en ce moment même ?

> « Je suis trop occupé pour le moment. Je serai heureux lorsque je réussirai. »
> « C'est une mauvaise journée ; je serai heureux demain. »
> « Je ne peux pas être heureux avec toi, tu ne corresponds pas à mes attentes. »
> « Les autres ont tant besoin de moi que je dois être responsable. »
> « La vie est moins dangereuse si l'on est bon et normal. »
> « Je serai heureux lorsque j'aurai ce que je veux. »

La victoire de la tête sur le cœur se lit dans chacune de ces phrases. Etre heureux, devenu une perspective proche ou lointaine, une idée plutôt qu'un sentiment, n'est plus de l'ordre de l'immédiat. Dans la méditation, le yogi s'efforce de dégager le sentier des émotions, des sensations et des affects, débarrassant l'esprit des «choses inutiles» afin de pouvoir faire effectivement l'expérience du fond authentique de satisfaction intérieure; tous les textes antiques le signalent comme un droit inaliénable que nous acquérons à la naissance. Toutes les fois qu'une personne réussit à mettre à l'unisson sa tête et son cœur, il y a Yoga. Pour elle, la récompense de cette union est immense: chaque instant devient le meilleur de sa vie.

Un yogi équilibre les qualités de l'intellect et des sentiments; je le considère souvent comme le zélé et actif porte-parole du cœur. Entouré de gens qui (même en Inde) aspirent à faire sans se réaliser, il recherche, d'abord, la réalisation. Il ne permet pas à l'esprit de lui dérober les accomplissements subtils de la joie, amenés aussi librement que les feuilles que le vent pousse et qu'il est tout aussi aisé de balayer.

Le mystère d'Hélène

Je m'étais assis sur le bord du brancard, regardant Hélène avec stupéfaction. Il était minuit et nous venions de la faire venir précipitamment de notre clinique vers l'hôpital, alors qu'elle était saisie de vomissements incontrôlables et d'un grave saignement abdominal. La crise avait éclaté sans vraiment prévenir.

Lorsque Hélène était devenue ma patiente, deux semaines plus tôt, elle se plaignait d'une ménorragie, c'est-à-dire de saignements menstruels surabondants.

Cet état, qui lui infligeait des douleurs intenses au cours de ses règles et durait jusqu'à quinze jours par mois, était installé depuis plus de dix ans. Elle avait un autre problème qui, combiné au premier, la rendait mystérieuse à mes yeux. Bien que n'ayant jamais eu d'enfant, Hélène avait d'abondantes sécrétions lactées, ce que l'on appelle la galactorrhée.

D'un point de vue médical, ces deux symptômes se contredisent. Une hormone hypophysaire spécifique, la prolactine, pouvait avoir provoqué ses sécrétions de lait, mais la prolactine a une autre conséquence majeure, l'interruption des règles. Pour compliquer encore les choses, les tests subis par Hélène n'avaient rien révélé d'anormal quant à ses taux hormonaux. J'avais déjà envisagé diverses explications lorsqu'elle fut victime de cette crise nocturne.

Le jeune médecin indien de service à notre clinique cette nuit-là semblait paniqué au téléphone, tandis qu'il me rapportait qu'Hélène avait vomi vingt fois en moins de trois heures. Il avait observé un ptosis de sa paupière gauche et un léger tic facial, ce qui lui avait fait craindre quelque incident cérébral. Il supposa qu'une petite tumeur, probablement située au niveau de l'hypophyse, menaçait de provoquer une hémorragie ; il n'avait donc pas d'autre choix que d'appeler une ambulance, au plus vite.

Hélène ne souffrait plus maintenant, étendue sur son brancard, sous l'effet d'un sédatif. Ses symptômes avaient régressé aussi bizarrement qu'ils étaient apparus et le scanner n'avait montré, à mon grand soulagement, aucun signe de tumeur cérébrale. C'était incroyable, mais rien dans ses examens n'indiquait autre chose qu'une parfaite santé. Il n'y avait aucune piste.

Hélène dormait et je me mis à observer son visage usé, marqué. L'idée me vint que jamais je ne l'avais vue aussi détendue. Lors de sa première visite à mon cabinet, elle s'était présentée comme une femme d'affaires sûre d'elle, couronnée de succès. Elle était propriétaire de sa société de relations publiques et avait vingt employés sous ses ordres (tous des hommes, avait-elle pris la peine de me signaler). Je n'allais pas, cette nuit-là, trouver ce qui se cachait sous ce personnage assuré. J'inscrivis un rendez-vous au cabinet sur son dossier et, entre-temps, appelai son médecin de famille à Houston, pour voir s'il pourrait me donner quelques clefs. Il ne fut pas très encourageant.

« Hélène ? Elle n'a rien qui cloche, ou rien que j'aie pu trouver. Elle a eu une soixantaine d'attaques de ce genre ces dix dernières années — Hélène avait négligé de me révéler cela à Boston — je lui ai dit récemment que je ne pouvais rien faire de plus. »

Je lui demandai alors son diagnostic, au mieux de ce qu'il pouvait dire. « Hystérie, me renvoya-t-il brusquement. Aucun doute pour moi. Vous n'arriverez jamais à la tirer de là, mais bon courage quand même. » Et il mit fin à notre conversation avec un soulagement évident.

Le lendemain matin, je questionnai Hélène sur ses crises précédentes. Elle eut l'air gênée, puis reconnut que cela s'était produit de façon sporadique depuis quinze ans, à partir de son mariage. Avait-elle un mariage heureux ? Elle rougit et détourna son regard. « J'ai été élevée dans un catholicisme rigoureux et je pense devoir préserver ce mariage. Heureux ? Mon mari me traite très bien et je le respecte car il est bon. » Puis j'appris qu'en raison d'un problème physique ancien, celui-ci n'avait jamais pu avoir de relation intime avec elle. Elle décrivait leur relation actuelle comme affectueuse et étroite, mais platonique.

« Savez-vous ce que votre médecin de Houston pense à votre sujet ? » demandai-je.

Elle répondit avec colère. « Il me croit hystérique, bien entendu. Je suis certaine qu'il vous a dit ça.

— Savez-vous ce que signifie le mot hystérie ? » Elle admit n'en avoir qu'une vague idée. « Je ne suis pas psychiatre, lui expliquai-je, mais en termes ordinaires, un hystérique est une personne victime d'auto-illusion. Il présente tous les signes d'une maladie physique et est totalement convaincu d'être malade, mais personne ne parvient à trouver de cause "réelle" à ces symptômes. D'autre part, se tromper soi-même peut en quelque sorte être considéré comme une cause suffisante. »

Certes, le mot « hystérique » l'avait profondément offensée, mais j'avais remarqué qu'Hélène semblait intéressée par mes explications et le tour pris par notre conversation. « Les gens trouvent de nombreuses raisons pour s'illusionner, continuai-je. Vous venez de me signaler que votre mariage manque d'une certaine sorte d'accomplissement naturel, comme le fait d'avoir des relations sexuelles avec votre mari et de devenir mère. Votre médecin en a conclu que vos symptômes sont nés, avant tout, de cette frustration. J'ignore jusqu'à quel point vous pouvez parler franchement avec votre mari, mais je suis certain que vous avez déjà tiré toutes ces conclusions par vous-même. »

Elle ne disait rien et je considérai son silence comme un acquiescement. Elle fut cependant extrêmement étonnée de la suite. « Vous n'êtes pas hystérique. Je crois que votre médecin se trompe. Le fait est que vous êtes bien consciente de ce qui manque à votre vie et il n'en irait pas ainsi d'une personne qui se dupe profondément. Je me sentirais mieux si nous laissions tomber le jargon psychologique et si nous examinions votre problème plus directement.

— Que voulez-vous dire ? demanda-t-elle, nerveusement.

— Commençons par l'essentiel. Comment vous sentez-vous en ce moment ?

— Juste maintenant ?

— Oui. Quel est le mot qui pourrait vous décrire, à cet instant précis ?

— Vide, dit-elle sans hésitation. Mais je vis avec cela depuis très, très longtemps.

— Pourquoi ? »

Elle me regarda durement. « Croyez-vous que j'aie le choix ? C'est exactement comme ça que je me sens.

— Est-ce que vous êtes heureuse de vous sentir ainsi ?

— Vous ne me croirez peut-être pas, mais je crois que je suis aussi heureuse que n'importe qui, finalement.

— Vraiment ? Vous venez de dire que vous vous sentez vide la plupart du temps. Beaucoup de gens se sentent ainsi, ou ont peur de se sentir ainsi, mais bien d'autres sont différents.

— Comment vous sentez-vous, vous ? demanda-t-elle.

— Vous ne pouvez pas le dire ?

— Non ! Comment pourrais-je ?

— Je le laisse transparaître.

— Vraiment ?

— Bien sûr. Mon ton de voix, mon regard et bien d'autres moyens subtils me permettent d'exprimer mes sentiments, tout comme vous et n'importe qui d'autre. Nous entretenons une conversation au niveau des sentiments, bien que ceux-ci se situent au-dessous du niveau verbal. En ce moment, je m'intéresse à vous. Je suis désolé que nous ne parvenions pas à expliquer ce qui vous arrive et en même temps je dois reconnaître que je suis passionné par cette exploration de vos émotions. C'est un instant d'intimité. »

Hélène ne fit pas de commentaires. Je la relançai :

« Vous ne ressentez pas ces sentiments ? N'avez-vous pas les mêmes, pour l'essentiel ? » Elle approuva de la tête, avec réticence.

« La vie des sentiments s'écoule comme une rivière souterraine, lui dis-je, même lorsque l'esprit la nie. Vous n'êtes pas vide, mais vous avez l'*idée* de l'être. C'est ce schisme qui provoque tant de confusion. Nous savons que vous disposez de toute une palette de sensations, à la fois puissantes et subtiles, parce que votre corps les exprime en tant que symptômes. Mais ces sensations ne sont pas clairement inscrites dans votre esprit. Il y a peut-être trop de frustration pour que vous puissiez vous en occuper, ou bien, au contraire, trop de bonheur. Avez-vous jamais pensé à cela ? »

Elle semblait totalement incrédule. « Trop de bonheur ! C'est une blague ?

— Les sentiments qu'on nous interdit d'avoir lorsque nous sommes enfants disparaissent à l'âge adulte. L'enfant, à l'intérieur de vous, pourrait hurler de rire ou flamber d'extase, tout aussi bien, mais si l'on vous a appris que hurler ou se comporter de façon extravagante est interdit, vous ne ferez pas l'expérience directe de ces sensations, vous trouverez un sentiment de substitution plus acceptable, comme être fière de votre travail.

— Mais je *suis* fière de mon travail.

— C'est très bien et très bon que vous le soyez, mais en ouvrant si large cette porte-là, il se peut que vous en fermiez d'autres, tout aussi valables mais qu'il vous est plus difficile d'expérimenter. »

Une expression de défiance s'empara de son visage. Nous étions au bord d'un précipice psychique, mais je n'avais nullement l'intention de l'y pousser. Il fallait soigner la vie intime d'Hélène à un rythme qui lui soit confortable. Ce que je voulais qu'elle voie pour l'instant, c'était quelque chose de beaucoup plus général. Comme bien des gens, elle avait fait, un jour un choix fatal. Elle avait décidé de maîtriser son malheur au lieu de l'exprimer et de lui permettre de partir. Les humains semblent les seuls à disposer d'une telle option. Lorsqu'un chat traque un moineau dans l'herbe, bondit et le manque, son corps tout entier réagit à la frustration. L'animal se met à faire des allers-retours, il agite nerveusement la queue, se lèche, puis s'endort. Ces divers réflexes parviennent à « effacer l'ardoise » dans le système nerveux du chat et, la prochaine fois qu'il chassera un oiseau, l'ombre de l'échec précédent sera inexistante.

Bien qu'équipé de réflexes automatiques semblables, le système nerveux humain est beaucoup plus sophistiqué et nous apporte des réactions nettement plus complexes face à la frustration. Si les chats pensaient comme le font les humains, ils pourraient recourir à la dénégation (« Je ne faisais que m'entraîner »), au reproche (« Quelqu'un a dû le prévenir »), à l'autocritique (« Je savais que j'aurais dû affûter mes griffes ce matin ») ou à la culpabilité (« Pourquoi ne puis-je rester à l'écart de ces moineaux ? »). Nous savons que la vie humaine est inconcevable sans ces réactions. Elles font partie de notre nature, quelque souffrance que nous en ressentions. Chez une personne psychologiquement saine, la culpabilité, la honte, l'autocritique et le reproche sont des symptômes de malaise. Lorsque l'impression de malaise est rectifiée — si nous faisons face à notre culpabilité, avouons notre honte ou allons nous expliquer avec la personne que nous tenons pour responsable — le sentiment d'aise revient.

Une maladie (de *male habitus*, « qui se trouve en mauvais état ») est une forme localisée de malaise et il n'est pas surprenant de constater que pour bien des gens, un malaise bien plus large lui est sous-jacent. J'essaie de révéler à mes patients ce mal-être généralisé, juste assez pour qu'ils ne soient pas entièrement prisonniers des étroites frontières de leurs symptômes. Chez Hélène, la maladie englobait des détails de sa vie intime ; je suis certain qu'un psychiatre de talent aurait pu sonder ses sentiments de culpabilité et de honte. (Et pour commencer, pourquoi est-elle restée fidèle à un homme qui lui avait caché son impuissance sexuelle avant leur mariage ? Avait-elle ravalé sa colère parce qu'elle se sentait trop coupable d'exiger la satisfaction sexuelle qui lui revenait légitimement ?)

Il serait imprudent et cruel d'explorer les défenses d'un patient à seule fin de les exposer à la vue. Ces limites existent pour une bonne raison : la personne s'efforce de sauver des lambeaux de bonheur en s'isolant elle-même de ses zones de détresse. C'est ce que je veux dire lorsque j'explique que nous choisissons de maîtriser notre malheur plutôt que de le laisser aller. Si, comme le chat, nous pouvions « effacer l'ardoise » de notre mémoire, nous pourrions éviter de nous accommoder de la culpabilité, de la honte et de la déception et en finir avec l'autocritique. Mais la nature nous a ainsi faits et nous faisons de nos douleurs une part de nous-mêmes, exactement comme avec la nourriture. Que faire d'autre, sinon nous efforcer de mettre au point les meilleures défenses possibles ? Faute de mieux, un médecin compatissant tâchera probablement de les renforcer, limitant son traitement au problème local tout en ignorant avec compassion son aspect plus général. Sauf au cas où il comprend comment faire preuve d'une compassion plus profonde.

Je ne me berce pas d'illusions : mes mots ne sauraient suffire à transformer son malaise profond chez quelqu'un. Nous sommes tous des univers en marche. Notre espace intérieur s'étend sur des distances colossales, aux horizons sans limites, en toutes directions. Il y a en nous des trous noirs de souvenirs perdus et des trous blancs de bonheurs effervescents. Un centre de gravité mystérieux conserve tous nos processus mentaux dans un délicat équilibre. Pour modifier cet immense système, complexe et en évolution constante, il faut savoir comment les renverser. La seule personne capable de faire cela est le dieu qui préside à ce cosmos intérieur et, lorsque je me permets d'entrer par effraction dans l'esprit d'un patient, c'est pour lui implanter l'idée qu'il est ce dieu. Qu'en pensant, en ressentant et en agissant, il modifie l'univers qui est lui. Accéder à un tel regard intérieur, même un bref instant, peut permettre de changer une vie.

Je pense ici à une Canadienne que je n'ai jamais rencontrée mais qui m'a écrit une lettre fascinante. A l'âge de vingt-quatre ans, elle s'est mariée avec un homme qu'elle aimait depuis six ans. Le couple n'avait que très peu d'argent et ils attendirent donc quatre années encore avant de projeter d'avoir un enfant. Mais elle ne tombait pas enceinte et il fut finalement découvert que son mari était totalement stérile, du fait d'un dérangement testiculaire.

Amèrement déçue, elle n'en demeura pas moins tendre et attentive envers son mari, dont l'état psychologique se fragilisa beaucoup. Quelques mois plus tard, elle se réveilla dans son lit, en pleine nuit, découvrant une boule dure au toucher au niveau de son abdomen. Au matin, la grosseur avait tellement enflé que son ventre était distendu. Elle se précipita chez un médecin qui l'informa qu'elle était enceinte de cinq mois au moins. Elle lui expliqua en détail pourquoi cela était impossible. Pour quelque inconcevable raison, le médecin lui indiqua alors que le problème pourrait venir d'une infection de la vessie et la renvoya chez elle en lui prescrivant deux semaines d'antibiotiques.

Constatant que le gonflement refusait de disparaître, elle alla consulter un second médecin qui, après un examen clinique soigneux, lui confirma qu'elle était enceinte. Il ne restait plus à cette femme qu'à croire qu'un miracle s'était produit. Elle commença à porter des robes amples et à passer du temps dans les magasins pour futures mamans. Mais le gonflement s'amollit et elle eut des saignements vaginaux. De retour à la clinique, on l'accueillit froidement. Son médecin imaginait qu'elle avait eu une relation extraconjugale et qu'elle tentait maintenant de provoquer une fausse couche. Divers tests furent réalisés et l'on finit par résoudre le mystère : elle souffrait d'une énorme tumeur des ovaires. Admise sur-le-champ à l'hôpital, l'un des ovaires fut enlevé tandis que l'autre était soigné.

Sa lettre s'achève ainsi : « Mon chirurgien a insisté sur le fait qu'une telle grosseur avait dû mettre cinq ans au moins pour atteindre cette taille. Je suis la seule à croire qu'elle a pu apparaître en une nuit. Bien que cruellement déçue d'être privée d'enfant pour le restant de mes jours, j'ai gagné quelque chose. Je comprends que rien, ou tout, n'a de réalité que si je lui en donne. S'il est en mon pouvoir d'être malade, je peux donc aussi être en bonne santé. Plus de dix ans se sont écoulés, mais je ne me suis plus jamais autorisée à attraper ne serait-ce qu'un rhume. »

Cette histoire m'émeut beaucoup, non seulement parce qu'elle est poignante mais parce qu'un voile s'est déchiré. Toutes les fois où la réalité se montre elle-même, même au cœur d'une crise, il y a la trace de la joie et, si nous pouvions voir plus loin, elle n'aurait pas de limites. J'avais cela à l'esprit alors que je parlais à Hélène. « Regardez cet arbre dehors, dis-je en lui montrant un énorme hêtre pourpre, derrière la fenêtre. Dites-moi ce que vous voyez.

— Je vois un grand arbre avec des feuilles rouges et une écorce noueuse, commença-t-elle.

— Il est très beau, n'est-ce pas ?

— Oui, admit-elle.

— Maintenant, pouvez-vous regarder davantage et voir plus encore ? » Il y eut une pause, puis elle reprit son observation. « Ressentez-vous sa splendeur ? Voyez-vous la lumière vivante qui s'élance par chacune des feuilles ? Ce vieil arbre ne semble-t-il pas posséder l'air qui l'entoure comme un monarque ? »

Hélène se mit à rire. « Bien sûr, je peux m'arranger pour voir tout cela !

— Mais vous avez remarqué qu'il a fallu travailler un peu pour y parvenir. Le premier arbre que vous avez vu n'était pas aussi somptueux. Si cet arbre vous était apparu dans toute sa splendeur, vous ne l'auriez plus quitté des yeux depuis l'instant de votre entrée ici. Il est pourtant difficile d'ignorer la splendeur. Maintenant, dites-moi : que voyez-vous lorsque vous regardez Hélène ? »

Sa tête fit un mouvement brusque.

« Etes-vous splendide ? » Elle eut l'air gênée et je lui dis, plus doucement : « Pour voir votre splendeur, il faudra peut-être travailler un peu ; pour l'instant, ce n'est pas votre réaction première, comme pour le hêtre. Mais la splendeur pourrait tout aussi bien y être vraiment. »

Pour la première fois, son visage s'adoucit et elle semblait authentiquement émue. « Ressentir la splendeur de la vie, c'est la ressentir en vous-même et autour de vous, dis-je. Vous pouvez regarder de beaux arbres et écouter de la belle musique mais ces substituts, quel que soit leur agrément, restent des substituts. Le fait que vous êtes capable de les apprécier signifie que votre propre beauté intérieure veut jaillir. Elle est à la recherche de sa propre expression.

« Qu'est-ce que la splendeur de cet arbre, sinon la

vôtre, vue dans le miroir de la nature? Si vous vouliez, vous pourriez retourner le miroir et vous voir directement. La splendeur qui est à l'intérieur de vous n'est pas un spectacle affligeant. C'est l'opposé de l'affliction. Allons-nous essayer de l'extraire?» Hélène, quoique timidement, donna son accord avec un plaisir évident.

Polir le miroir intérieur

Je voulais qu'Hélène découvre le vrai processus de la méditation à travers cette métaphore du miroir tourné vers l'intérieur. Sur le plan médical, la méditation s'est révélée particulièrement utile dans des cas de ce type, lorsque les états physiques et mentaux du patient sont gravement déconnectés. Je lui conseillai d'aller vers l'enseignement de la Méditation Transcendantale, technique que je pratique et recommande depuis une décennie.

A mes yeux, l'avantage premier de la Méditation Transcendantale est d'être naturelle — elle permet à l'esprit de découvrir sans forcer ses propres couches les plus subtiles, telles qu'on les observe pendant certains moments de tranquille quiétude dans la vie ordinaire. Pour parvenir à soulever le voile des sentiments les plus fins de l'esprit, une technique de méditation se doit de n'imposer qu'un minimum d'effort; dans le cas contraire, on contraint l'esprit dans un moule préconçu. (A l'opposé d'une méditation naturelle, il y a celle où une concentration intense est mise en œuvre.)

Le poète anglais William Wordsworth nous a donné la plus classique des descriptions d'un état naturel de méditation. Adulte, Wordsworth ne voyait plus les lumières célestes qui avaient rendu son enfance si splendide, mais son esprit leur restait très fidèle — il avait tourné son miroir vers l'intérieur. Dans un passage contemplatif tiré de son grand poème *Tintern Abbey**, sa description se fait merveilleusement précise :

> ... ces instants d'ineffables transports
> Où s'allège pour nous le fardeau du mystère
> Et l'inintelligible énigme de la terre,
> Où dans l'être, guidé par l'amour, doucement,
> Le souffle corporel cesse, le mouvement
> Du sang se suspend presque, où la chair
> sommeillante
> Semble mourir, où l'homme est une âme vivante.
> Notre œil alors, dans ce grand calme intérieur,
> Heureux par l'harmonie et fort par le bonheur,
> Pénètre jusqu'au cœur mystérieux des choses.

Un détail particulièrement touchant de ces vers vient toujours me donner un sentiment de réconfort : l'utilisation des mots « nous » et « notre ». Wordsworth affirme clairement que nous partageons tous son expérience intérieure. Peut-être n'avons-nous pas son talent pour l'exprimer avec tant de beauté, mais peu importe. Nous existons tous sur la base d'un être commun, immergé, « heureux par l'harmonie et fort par le bonheur ».

En dépit de la beauté de ces expériences, personne, il y a une trentaine d'années encore, n'avait compris qu'elles sont vitales au développement humain. En Orient aussi bien qu'en Occident, on pensait généralement que les yogis et les swamis étaient des ermites qui refusaient de prendre part aux futilités du monde. Ce qu'il y avait chez eux de plus magique — le fait qu'ils renonçaient au monde dans le but de se l'approprier à nouveau — était totalement incompris.

* Traduction Emile Legouis, éd. Les Belles Lettres, 1928 *(N.d.T.)*.

Il a fallu des centaines d'études et de recherches sur la physiologie de la méditation pour revenir sur cette erreur. Ces études ont été entreprises au début des années soixante, dans des universités américaines et européennes, sur les suggestions de Maharishi Mahesh Yogi, fondateur de la Méditation Transcendantale.

Venant de l'Himalaya où la méditation est tellement tangible et vivante qu'elle a pénétré jusqu'aux rochers et aux arbres, Maharishi allait rencontrer un mur de scepticisme en Occident. Là, même les gens les plus instruits tenaient la méditation pour un mélange vague et fortement suspect de mysticisme, d'illusion psychologique et de foi religieuse. Maharishi présentait tout au contraire la méditation comme un phénomène objectif, renouvelable, susceptible d'être validé techniquement par la science. C'était en fait une expérience universelle, même s'il se trouvait qu'elle avait été cultivée en Orient et fortement négligée en Occident.

Pendant les décennies soixante et soixante-dix, des médecins et des physiologistes ont effectué des recherches sur des milliers d'étudiants qui pratiquaient la méditation. Après avoir mesuré les rythmes cardiaques, les pressions artérielles, les rythmes respiratoires, la consommation d'oxygène, les séquences des ondes cérébrales de ces derniers et tous les autres signes physiques qui se modifient au cours d'une méditation, les chercheurs occidentaux sont rapidement tombés d'accord sur le fait qu'il existait bien là quelque chose de réel, selon leurs propres critères, un phénomène nouveau qui n'était pas simplement une variante du sommeil ordinaire ou de la transe hypnotique.

Les mesures effectuées sur les sujets pratiquant la Méditation Transcendantale, au moment de leur entrée en méditation profonde, indiquent qu'ils recréent l'état que Wordsworth avait si méticuleusement décrit. Il y a une suspension progressive de la respiration et une diminution du rythme cardiaque (« le souffle corporel cesse », « le mouvement du sang se suspend presque »), le corps approche des rythmes métaboliques plus bas que l'on trouve dans le sommeil, mais l'esprit reste alerte et même grandi en discernement (« notre œil alors, dans ce grand calme intérieur, heureux par l'harmonie »). Et l'esprit se sent assuré, en paix et protégé (« fort par le bonheur »).

Personne ne médite exactement de la même manière, car chaque esprit a ses chemins secrets. Mais je suis convaincu que, sous réserve de l'enseignement d'une technique naturelle et correcte, tout un chacun peut faire l'expérience de sa propre splendeur intérieure. Le système nerveux humain est capable, de façon innée, de voir directement « jusqu'au cœur mystérieux des choses », comme nous le dit Wordsworth, pour autant que le cerveau ne soit pas obscurci par la maladie ou par des substances toxiques. Avec le temps, la méditation rend le système nerveux extrêmement sensible et il peut alors enregistrer sans préjugés les sensations les plus subtiles : c'est le monde même qui change.

Ce changement pourrait bien se révéler avoir une portée beaucoup plus considérable encore que personne ne le soupçonne. Pour nous, êtres modernes, les prophètes des antiques écritures védiques semblent presque venir d'un autre monde car celles-ci tiennent pour acquis que la vie humaine est, fondamentalement, parfaite. Un verset particulièrement représentatif des Véda dit de l'humanité que nous existons dans la béatitude, ou la joie pure : « Ces êtres sont nés de béatitude, dans la béatitude ils existent, à la béatitude ils iront pour s'y fondre à nouveau. »

Tous les Indiens ont quelque conscience de leur héritage traditionnel et Maharishi a bien sûr entendu parler dès son jeune âge d'*ananda*, la béatitude. Mais il ne pouvait se résoudre à l'idée d'une pure joie, au vu de ce qui l'entourait : « Le gouffre entre ce que la vie était censée être et ce que j'en voyais était tel ! J'étais, naturellement et profondément, mû par deux réalités : la vie vécue à un niveau de misère si absolue et celle décrite au plus haut niveau d'exaltation. Il n'y avait pas de lien entre les deux.

« Mais il n'y avait pas de raison à ce gouffre puisqu'il est si simple, pour l'individu, d'être au niveau de l'universalité et de l'immortalité. Si simple. Je ressentais cela naturellement et au plus profond de moi — il fallait faire quelque chose pour que les gens ne souffrent plus, car il n'y a aucune raison de souffrir. »

Le véritable yogi est à l'écart de l'expérience commune par le fait qu'il voit la souffrance comme un état totalement faux. Nous sommes des créatures de la béatitude, mais cette réalité est totalement dépendante de l'expérience que l'on en a. Toute béatitude s'évanouit lorsque l'esprit assume la souffrance ; toute souffrance s'évanouit lorsque l'esprit se vêt de la béatitude. La raison pour qu'il en soit ainsi est que notre miroir intérieur, au contraire de celui en verre, *devient* véritablement l'image qu'il reflète.

Le yogi propose à chacun de nous de localiser le niveau de pure joie qui est derrière le miroir. Cela ne peut être exprimé en mots parce que le langage est encore une image dans le miroir de l'esprit. Une fois faite l'expérience de la béatitude, elle peut alors se livrer en mots, comme chez Wordsworth. Cependant, l'essentiel est que cette béatitude n'est pas notre objectif mais notre point de départ. Hors de sa présence, personne ne dispose du point ferme d'où monter vers des états spirituels plus élevés.

Il est difficile, dans notre situation actuelle, de deviner la nature profonde du monde. C'est une patiente atteinte d'un cancer du sein qui m'a rappelé cela, une méditante de longue date, qui m'a récemment fait parvenir des nouvelles de ses progrès. Son rapport commence ainsi :

> De janvier à août, je n'ai absolument pas souffert. Je continue de m'élever au-dessus des vieilles habitudes qui me rappellent que je suis cancéreuse. Pendant toute cette période, j'ai eu le bonheur d'une énergie et d'un dynamisme croissants. Finalement, j'ai eu le sentiment d'avoir le temps de profiter de moi-même, de faire ce que je désirais, de manger ce que je voulais, de mener une vie normale.

A l'apogée de cette période heureuse, la plus libre qu'elle eût connue depuis sept années, cette femme nota le retour d'une douleur dans la poitrine et d'une sensation de pression sur ses poumons. Son cancérologue, qui craignait fort une rechute, reprit la chimiothérapie. Mais l'inconfort continuait d'augmenter, au point qu'il lui devint difficile de marcher ou même de s'asseoir dans son lit. Puis un événement survint :

> Malgré l'inconfort, nous avons décidé avec mon mari d'aller camper une nuit dans les bois — nous vivons en Alaska maintenant. C'était une nuit étoilée, absolument limpide. Vers minuit, une aurore boréale a envahi le ciel. Nous nous sommes réveillés au matin et avons médité comme à l'accoutumée, assis, jambes croisées, sur la mousse recouvrant le sol de la forêt.
>
> Lorsque j'ai ouvert les yeux, les arbres qui m'entouraient avaient abandonné leurs uniformes habituels brun et vert, au profit de pointes d'une lumière dorée et étincelante, puis sont

> redevenus comme à l'ordinaire, progressivement. Impressionnée et intimidée, j'ai vu cette transformation se répéter : la forêt pulsait l'énergie, s'allumait et s'éteignait. Tout, tout autour de moi, vivait intensément et je me sentais liée à cela, plus intimement que jamais.

Tout son corps était baigné par la vie et la douceur qui émanaient du spectacle qu'elle regardait : « Ce n'était pas une expérience de joie mais de paix sublime. » Sans signe précurseur, elle était tombée dans un état particulier dans lequel la réalité brute que nous acceptons tous s'était transformée en un fleuve de pure lumière et de sensations divines :

> J'ai dit que je ressentais de la paix plutôt que de la joie. La joie est venue plus tard, intensément, lorsque, caressés par la douceur de l'air, écoutant les oiseaux et observant les cabrioles des écureuils, nous avons rebroussé chemin dans la forêt. Les marques de la vie sauvage étaient partout — nous avons vu des traces d'ours et des perdrix des neiges en grand nombre. Tout à coup, un gros renard roux a croisé notre chemin sans montrer le moindre signe d'inquiétude.

De retour chez elle, elle s'aperçut que ces deux heures de marche l'avaient beaucoup fatiguée, mais en même temps elle avait le sentiment d'une grande satisfaction. Il n'y avait plus ni douleur thoracique ni pression sur ses poumons ; pour la première fois depuis un mois, elle respirait tout à fait librement. La nuit suivante, elle s'assit dans son lit pour parler avec son mari et elle prononça, sans y réfléchir, une phrase nouvelle. « J'avais un cancer du sein. » Avant, elle disait toujours, automatiquement, « J'*ai* un cancer du sein. » Elle fut surprise de ce changement, mais grandement soulagée :

> Après avoir dit cela, j'ai vu avec quelle spontanéité ces mots étaient sortis. Ils semblaient si bien correspondre à la vérité ! Je les avais prononcés avec force et netteté sans hésitation. Simultanément, une nouvelle sensation a commencé à jaillir en moi, un profond sentiment de gratitude pour tous les dons que j'avais reçus, d'une manière si simple.

J'ai peu à ajouter, sinon un avertissement : pour être vrai, le sens d'accomplissement, qui fait surface lorsque le miroir intérieur a été poli, doit être spontané. Le mirage terne du monde « du dehors, là-bas » ne se transforme pas tout d'un coup en splendeur ; la personnalité ne s'envole pas instantanément vers la sainteté ; le corps ne perd pas toutes ses imperfections. (Cette personne n'a pas été guérie miraculeusement ; elle poursuit son traitement anticancéreux classique et accepte avec tranquillité son avenir, quel qu'il soit.)

Le processus complet de renouveau se produit dans la conscience de l'individu à un niveau plus profond que celui de la pensée. Il ne sert à rien d'essayer d'être nouveau, meilleur, plus intériorisé, ou que sais-je encore. C'est plutôt le système nerveux qui entreprend la métamorphose très au fond de lui-même, utilisant ses propres pouvoirs de restauration. Ainsi que le déclarent les Upanishads, le yogi « meurt et renaît » avec chaque méditation, ce qui est une autre manière de dire qu'il nettoie le miroir et le brandit pour réfléchir une lumière différente.

La lumière va certainement pénétrer, même dans des situations où la nuit semble tout avoir envahi. L'un de mes amis, qui enseigne la Méditation Transcendantale, a beaucoup travaillé dans les prisons et, du fait qu'il parle couramment l'espagnol, a contribué à lancer des programmes de méditation pour les prisonniers, en Amérique centrale. Au cours d'un de ses voyages, il a eu l'occasion de pénétrer dans la cour d'un vieux palais gouvernemental datant de l'époque des conquistadores. Ce n'était plus alors qu'une ruine tombant en poussière, mais qui avait été bâtie comme une forteresse médiévale avec ses murs épais, en enceintes successives.

« Ce lieu était terriblement morne et oppressant, même par comparaison avec d'autres endroits de ce genre, se souvient-il. Je suis arrivé à l'intérieur de la troisième enceinte, puis de la quatrième et, lorsque les gardes m'ont fait franchir la dernière grille, savez-vous ce que j'ai vu ?

« Très haut, près du toit, il y avait une unique petite ouverture à barreaux. Le bras d'un homme en sortait. Sa main était ouverte et tendue vers le ciel, de toutes les forces dont il était capable. Ce bras n'a pas bougé pendant tout le temps qu'il m'a fallu pour traverser la cour. Mieux que n'aurait pu le faire aucun mot, il me disait toute l'horreur de se trouver là. »

A l'intérieur, il découvrit des conditions de vie épouvantables. Les cellules étaient d'énormes salles communes, chacune contenant une centaine d'hommes dont les hamacs s'empilaient, en couches, jusqu'au plafond. Le plancher de la pièce étriquée qui avait été réservée pour les cours que donnait mon ami laissait voir des ouvertures béantes. On y apercevait des prisonniers grouillant dans les cellules de l'étage inférieur.

« Ces hommes étaient venus en groupes nombreux, apparemment avides d'apprendre à méditer. L'énormité du contraste entre leur situation présente et la quiétude intérieure que nous leur apportions leur procurait des expériences fortes. J'ai réuni les trente premiers qui avaient suivi cet enseignement et leur ai demandé d'exprimer ce qu'ils en retiraient. Il y eut un mouvement général, mais personne ne se décidait vraiment à parler. Enfin, Juan Gonzales a levé la main et un ricanement rauque s'est élevé.

« Voyez-vous, Juan Gonzales avait le statut le plus misérable de toute la prison. C'était un vieux paysan qui avait l'air d'un arriéré mental. Il traînait des pieds en marchant la tête basse et ne parlait que rarement. Ses activités se limitaient à l'entretien de la chapelle de la prison, une minuscule pièce nue et vide, à l'exception de quelques bancs de bois et d'une croix grossièrement équarrie, accrochée au mur. Toutes les décorations et les accessoires de l'autel avaient été enlevés depuis longtemps, ou bien volés.

"Ne faites pas attention à eux, dis-je à Juan Gonzales. Levez-vous et dites-moi ce que vous sentez dans votre méditation." Il se leva lentement et monta sur sa chaise — je n'oublierai jamais cela — puis il étendit ses bras, le plus largement possible, inclina sa tête en arrière et dit : *"Mas amor, señor, mas amor."* »

« Savez-vous ce que cela signifie ? me demanda mon ami.

— Je sais, dis-je, voyant Juan Gonzales comme en songe et m'émerveillant de notre parenté, bien qu'il fût tellement loin. Cela signifie : "Plus d'amour, monsieur, plus d'amour." »

8

Le véritable Soi

Le jour où, après s'être levé, mon vieil ami Liam eut une crise cardiaque, il ne prit pas la peine de m'en parler. Je ne l'ai su qu'une semaine plus tard, lorsqu'un autre confrère me demanda incidemment : « Comment va notre Liam, avec son pontage ?

— Quoi ? » Sidéré, j'en bégayais.

Mon interlocuteur perdit son ton désinvolte. « Vous ne saviez pas ? On lui a fait un triple pontage la semaine dernière. Mais ne vous inquiétez pas, il paraît que ce n'était qu'un infarctus léger. » Seule une petite partie du muscle cardiaque avait donc été définitivement endommagée. « Si vous voulez mon avis, il a eu de la chance de s'en tirer comme ça. Il aurait pu continuer avec ses trois vaisseaux bloqués et mourir à tout moment. »

J'étais soulagé de savoir que Liam ne courait plus de risques, mais blessé, en même temps, qu'il m'eût tenu à l'écart. Notre amitié remontait à plus de quinze ans. Nous étions alors tous deux immigrés récents — lui venant d'Irlande et moi d'Inde — brûlant de faire carrière dans le corps médical de Boston. Nous partagions les épuisantes corvées que l'on fait subir aux jeunes internes, nous voyant davantage à l'hôpital des Anciens Combattants que nous ne voyions nos propres familles, chez nous.

Liam, déjà à cette époque, était hors du commun. Pendant que nous étions tous écroulés au salon des internes, à quatre heures du matin, trop épuisés pour soulever notre cinquième tasse de café, il réussissait à raconter ses découvertes médicales du jour avec un enthousiasme encore intact. Son brillant esprit ne prenait apparemment jamais de repos et ses connaissances médicales étaient infinies. Il ne pensait à rien d'autre qu'à la médecine et il était sans pitié pour ses collègues plus ordinaires, moins enthousiastes. Il intimidait tous les internes plus âgés que lui et plus d'un chef de service s'efforçait de ne pas le croiser.

L'envers de cette dureté intellectuelle sans faille était la douceur de Liam envers les patients. Si un interne un peu endormi prenait trente secondes de trop pour exprimer un diagnostic correct, Liam lui sautait à la gorge, mais un alcoolique invétéré pouvait radoter pendant une demi-heure sans qu'il relâchât son attention. Liam était récompensé de son aptitude à véritablement écouter ses patients par leur adoration. Cependant, je conserve le souvenir d'un détail de mauvais augure : il était déjà un gros fumeur et s'apprêtait à passer de deux à trois paquets par jour.

Lorsque j'ai commencé à écrire des livres, il avait déjà frayé son chemin dans la médecine conventionnelle, et dirigeait un prospère cabinet de cancérologie à Atlanta. Chaque fois qu'il m'appelait, il évitait soigneusement de faire allusion à mon engagement dans les médecines alternatives. Un soir pourtant, il m'annonça que ses quatre confrères, tous cancérologues confirmés, avaient fait circuler entre eux l'un de mes livres. Leur réaction avait été violente. « Ils sont scandalisés, Deepak, dit-il. Ils ne croient pas à ces guérisons spontanées. Ils pensent que tes patients feront des rechutes tôt ou tard et ils disent que tu sapes les bonnes pratiques médicales. Tu les as fait exploser ! »

Après que Liam m'eut rapporté leurs réactions par le menu, je raccrochai, déprimé. Ce n'était pas le scepticisme hostile de quatre étrangers qui m'ennuyait — je soupçonnais Liam d'exprimer indirectement ses propres sentiments, à travers eux.

Et deux mois plus tard, voilà qu'il était frappé par une crise cardiaque précoce, à l'âge de trente-huit ans. Je l'ai appelé chez lui. « Désolé d'avoir fait tant de mystères, Deepak. Ce n'était pas une bien grande affaire » commença Liam, d'un air faible et triste. Il hésitait à me faire part du moindre détail concernant sa crise. Oui, la zone touchée était strictement localisée à l'arrière du ventricule gauche. Oui, le pontage s'était très bien passé ; oui, il récupérait sans à-coups et il n'y avait pas de complications.

Au cours de cet échange plutôt froid, Liam lâcha soudain : « Je sais exactement pourquoi c'est arrivé, tu sais. Ce n'est pas la cigarette, pas vraiment. Depuis deux ans, je suis déçu par la cancérologie. Je n'ai plus envie de faire mon travail et la perspective de continuer à voir des cancéreux me remplit de dégoût. Mais que faire d'autre ? Je me sens prisonnier. »

J'étais très surpris, mais il poursuivit sans reprendre son souffle. « Le cancer terrorise les gens, Deepak. Certains de mes patients sont pétrifiés par la peur. Ils répètent : "Je ne veux pas de chimiothérapie." Toi et moi, nous savons que la chimio est très souvent efficace. Lorsqu'elle ne l'est pas je n'ai pas envie de poursuivre, mais si je ne continue pas, je ne suis pas payé. Un médecin ne peut pas gagner sa vie à simplement parler avec ses patients, pas de nos jours. On est bien obligé de lancer des traitements remboursables. Ma conscience en souffre, mais je donne de toute manière la préférence à la chimio avant tout.

« Réfléchis : la seule chose que je sache faire, c'est la chimio. Si je ne le fais pas, les familles des patients commencent à hurler et les avocats s'en mêlent. Cela se complique très vite. Tu es avalé par un système que tu n'as pas inventé. Et personne ne croit vraiment à rien, à aucun instant. »

Je commençais à percevoir un Liam très différent de celui que j'avais connu — culpabilisant davantage, plus vulnérable, mais potentiellement beaucoup plus conscient de lui. Sur le moment, pourtant, cette conscience naissante émergeait d'une manière fort confuse. « Je suis pris dans un dilemme terrible, dit-il, commençant à se calmer après ce “déballage”. Je ne veux pas repartir travailler. Pour ma part, j'estime que c'est le travail qui m'a infligé cette crise cardiaque. Mais mon cardiologue dit que les vaisseaux sont ouverts. J'ai passé une épreuve d'effort et je suis capable de marcher sur cinq kilomètres sans douleur thoracique. Je suis donc guéri — le fait que je hais mon travail et que je ne supporte pas d'y retourner ne compte pas. »

L'urgence était de calmer la panique que je continuais d'entendre dans la voix de Liam. « Bon, tu n'es pas vraiment piégé, commençai-je. Si tu le veux, tu peux prendre un nouveau départ demain.

— Deepak, tout le monde soigne le cancer de cette façon.

— Tu ne serais pas le premier cancérologue à changer de voie. »

Je rappelai à Liam qu'il sous-estimait largement ses immenses talents de clinicien. « J'ai en tête une demi-douzaine d'anciens internes qui donneraient tout pour t'avoir comme associé, dis-je, évoquant un ami commun qui avait abandonné la ville pour un cabinet rural dans le Maine. Il serait enchanté que tu le rejoignes. Tu rendrais service à cette petite ville là-bas et te libérer de la pression que tu subis ne pourrait qu'aider ton cœur.

— Tu as raison, tu as raison », répétait-il en réponse à mes encouragements. Il me remercia chaleureusement, me promettant de suivre cette piste, puis nous raccrochâmes.

Cet incident me rongea l'esprit tout le reste de la journée et les jours suivants. Quelle opinion avais-je de Liam maintenant ? Ma réaction était complexe. Le corps d'une personne qui se sent psychologiquement piégée parle souvent plus fort que les mots. Liam, pour l'essentiel, demandait pardon d'avoir été sans cœur au point d'avoir « mis la chimio avant tout » devant des patients effrayés et réticents. Peut-être la crise cardiaque avait-elle servi à prouver qu'il avait encore un cœur. J'étais navré pour lui qu'il en fût vraiment venu à cela. Pour ma part, je me reprochais de n'avoir pas été plus perspicace lorsqu'il m'avait appelé, quelque temps plus tôt, pour se décharger sur moi des récriminations de ses confrères. Avait-il essayé, inconsciemment, d'appeler à l'aide ? Rétrospectivement, cela me semblait certain.

Qu'allait-il arriver maintenant ? Les gens qui se trouvent bloqués à la croisée des chemins par une maladie menaçant leur vie sont aussi confrontés à de nombreux choix profonds et pénibles, choix psychologiques qu'ils doivent faire sans aucune garantie de succès. Il est beaucoup plus simple d'accepter un pontage. De raccommoder son cœur, payer la note et espérer que la douleur restera à l'écart. La tactique est classique, mais périlleuse. Médecin lui-même, Liam savait que sa récente greffe, toute fraîche, n'était pas une guérison. C'était avant tout une mesure provisoire et, dans les cinq années environ, il lui faudrait probablement recommencer, avec l'éventualité d'une troisième intervention cinq ans plus tard encore. Ces « pontages émotionnels » auraient-ils encore pitié de lui alors ?

Liam n'appela plus pendant un mois et j'appris — une fois encore indirectement — qu'il avait repris son activité professionnelle. J'eus aussi un appel de cet ami commun qui vivait dans le Maine.

« A propos, as-tu entendu parler de Liam récemment ? demandai-je au milieu de notre conversation.

— Liam ? Non. Ne me dis pas qu'il pense à venir ici.

— Je ne sais pas, dis-je, plus déçu que je n'aurais dû l'être. Pourquoi y penserait-il ? »

Le chant de la vérité

Nul ne sait pourquoi certaines personnes effectuent de soudaines percées dans la conscience qu'elles ont d'elles-mêmes mais, lorsque cela se produit, l'effet est souvent éphémère. Le moment de libération peut être un vrai tremblement de terre, mais il passe rapidement, ne laissant aucune transformation profonde ni durable dans son sillage. Il n'y a pas de bien grand mystère à cela. Les forces qui maintiennent notre monde ordinaire reviennent avec un acharnement renouvelé. L'inertie, la peur, le poids des vieilles habitudes — tout nous intime l'ordre de demeurer où nous sommes. Qui sait ce que l'inconnu pourrait apporter ?

Un moi entièrement nouveau pourrait-il seulement survivre dans ce monde brutal ? Enfants, nous avons appris à ne pas être trop sensibles, trop ouverts, trop vulnérables. Nous avons vu les avantages évidents qu'il y a à être aussi coriace que possible, à obtenir des autres ce que l'on en désire. C'est ainsi qu'un conflit très dérangeant — celui qui oppose amour et pouvoir — a jailli et s'est lové tout au fond de nous.

Liam s'y était heurté de plein fouet. Au lieu du pouvoir qu'il exerçait sur ses patients en prenant pour eux des décisions quant à leur vie ou à leur mort, voilà que leur douleur commençait à exercer son pouvoir sur lui, le plaçant dans une position très délicate : une part de lui désirait avec virulence maintenir cette puissance sur autrui tandis qu'une autre part, tout aussi ardemment, souhaitait ressentir pour eux de la compassion. La compassion est une forme d'amour ; elle prend les autres tels qu'ils sont, sans jugement ni sentiment de supériorité. De ce fait, l'ego éprouve bien des difficultés à s'harmoniser avec ce sentiment. Mais la compassion est en outre vraie par nature et, de ce fait, fort attirante.

Par « vraie », je veux dire que la compassion est installée au cœur même de la nature humaine, au-dessous des couches superficielles de l'égoïsme. Aujourd'hui, la psychologie considère l'égoïsme comme l'un des mobiles essentiels du caractère humain, mais aux yeux du yogi il s'agit là d'une erreur profonde. Pour lui, la compassion et son sentiment de base, l'amour, sont inhérents à l'espèce humaine. A chacune de leurs apparitions, même l'espace d'un éclair, c'est notre vrai moi qui jaillit, comme le Soleil lorsqu'il perce la couverture nuageuse. Pour le yogi, amour et non-amour ne luttent pas pour l'hégémonie. L'amour est éternel, le non-amour est provisoire, c'est une contorsion psychique dont le petit moi, limité et craintif, devient la proie.

Je ne suis pas certain que l'on puisse prouver ceci, mais chacun peut assurément constater que l'amour est accueilli avec joie et soulagement lorsqu'il est donné avec sincérité. Cette joie est la réaction naturelle du moi lorsqu'il voit son reflet authentique. On ne peut en dire autant du non-amour : atteindre une puissance énorme est rarement un événement heureux.

Dans *Amour et volonté,* Rollo May évoque un jeune patient qui fut victime du comportement dépourvu d'amour que le pouvoir distille généralement. Ce garçon dont le père était trésorier d'une importante société européenne avait commencé une psychothérapie avec May au cours de ses premières années à l'université. Lorsque la thérapie fut sur le point de commencer, le père appela pour discuter de la « maximalisation de l'efficacité du traitement de (son) fils », exactement comme s'il s'était agi de mener à bien une réunion d'un conseil d'administration. L'intérêt qu'il portait à son fils était de l'ordre du contrôle, quoique lui eût appelé cela de l'amour paternel. Lorsque ce garçon tombait malade, son père prenait immédiatement l'avion pour contrôler la situation ; en même temps, il entrait en fureur lorsque son fils tenait son amie par la main, sur la pelouse de leur maison de vacances.

May souligne que le père était fantastique tant qu'il était question de *s'occuper* des gens mais qu'il n'avait jamais appris à en *prendre soin ;* il pouvait leur donner son argent mais pas son cœur; il pouvait leur donner des ordres mais jamais les écouter : « La forte "volonté", dont le père pensait qu'elle résolvait tous *ses* problèmes, servait en fait, simultanément, à bloquer sa sensibilité, à le couper de son aptitude à écouter autrui et même, ou peut-être tout particulièrement, son propre fils. »

Son pouvoir sur les autres, cet homme l'exerçait avec désinvolture, comme sans y penser. Au dîner, un soir, il raconta fièrement les négociations visant à acheter une petite affaire que détenait l'un des amis de son fils. Voyant que celles-ci piétinaient, il avait annulé la tractation avec colère, n'affichant aucun remords d'avoir précipité quelqu'un dans la faillite d'un simple claquement des doigts. Il ne faut pas s'étonner des grandes difficultés que son fils rencontra pour achever ses études, ni des années d'anxiété qu'il traversa avant de pouvoir réaliser quoi que ce fût de son propre chef.

L'une des raisons pour lesquelles le yogi peut supporter la fausseté de notre monde avec tant de patience est qu'il croit au triomphe ultime de la vérité. Malgré les étalages incessants d'égoïsme de toutes les sociétés, il réussit à déceler la possibilité de l'émergence de l'amour en chacun. A l'instar de la gravité pour le physicien, l'amour est l'énergie primordiale dans l'univers du yogi, aucune force inférieure ne peut l'abolir ni l'arrêter, du moins dans le déroulement ultime du temps.

Mais il n'est pas utile de laisser s'écouler les millénaires à attendre le triomphe de la vérité. Le yogi est la preuve vivante que le déroulement intérieur peut être accéléré; la pure joie d'amour peut être accomplie en une vie. Ainsi, notre seul choix consiste à savoir combien de temps nous allons repousser l'instant où nous nous transformerons nous-même. Le moi prisonnier, dirigé par l'ego, a beaucoup à offrir: confort, sécurité, permanence, pouvoir. Mais la vérité chante sa propre chanson et, pour quelque raison étrange, nous sommes nés pour l'entendre.

Je me souviens d'un vers tendre et tentateur de Djalãl al-Din Rumi, le grand poète soufi: «Quitte le cercle du temps pour celui de l'amour.» Tel est le changement qui doit se produire. En vérité, tout ce que nous savons sur nous-mêmes en tant qu'individu est bâti par le temps; c'est pourquoi le temps est aussi notre ennemi psychologique et renforce les frontières qui tiennent l'amour au-dehors. Il faut aller au-delà du temps pour faire l'expérience de la véritable valeur de soi, et c'est cela qu'accomplit la fêlure intérieure.

Le fait qu'une fêlure de ce genre rende la personne vulnérable et sans défense, ainsi que le ressentait si fortement Liam, n'est pas un mauvais signe. Ces émotions sont en fait souhaitables, car elles annoncent la possibilité d'une nouvelle vie. Mais elles ne sont pas sans danger. Etre nouveau, c'est se sentir terriblement nu, aussi nu et fragile qu'un oisillon. Un maître spirituel qui donnait un jour une leçon sur le voyage au-delà de l'enfermement dans le temps, sur la recherche incessante du non-temps, fut interrompu par l'un de ses auditeurs, soucieux : « Mais si je vais au-delà du temps, ne vais-je pas manquer mon train du matin ? » La première réaction devant l'inconnu est fréquemment de cet ordre : le pressentiment inquiet que l'on va tirer le tapis sous le socle de notre monde familier où les trains partent et arrivent à l'heure.

Le poète lord Alfred Tennyson affirmait cependant que pour lui, le sentiment d'être totalement libéré des frontières n'était « pas un état confus mais la plus claire des clartés, la plus certaine des certitudes, totalement au-delà des mots — où la mort était une impossibilité dérisoire ». Cette certitude était un hommage rendu à la clarté de ses expériences. En accord avec tant d'autres qui ont transcendé l'état d'éveil, Tennyson concluait que ces rares circonstances dans lesquelles l'individualité « semblait se dissoudre et se fondre dans un état d'être sans limites » lui ont montré « le seul véritable soi ».

Si Tennyson a raison, alors chacun de nous vit en dehors de son vrai soi. Nous ne sommes ni clairs ni sûrs ; nous sommes piégés dans le temps et la douleur qu'il apporte ; nous mourons de peur devant la mort. L'on peut émettre l'hypothèse que l'intensité du « seul véritable moi » est réservée aux saints et aux poètes. Mais l'expérience ordinaire, du type de celles que nous avons tous, est beaucoup plus profonde que nous ne voulons bien l'admettre.

Tout d'abord, nous consacrons une grande partie du jour à l'acte suprêmement créateur de la construction de notre moi. Si ce moi présente des défauts, ne concluons pas que nous sommes des bâtisseurs incompétents ; le problème est plutôt que nos erreurs passées sont « intégrées en nous ». Depuis l'âge adulte, le processus de fabrication du moi a été remis entre nos mains, mais ses racines plongent au plus lointain de notre enfance, lorsque nous n'avions d'autre choix que d'absorber la version parentale du moi. A notre insu nous commencions à être modelés.

Une enfance idéale nous aurait nourris, bercés selon Alice Miller « de la présence d'une personne totalement consciente de nous, nous prenant au sérieux, nous admirant et nous comprenant ». La conscience est ici la première des conditions préalables. Elle est beaucoup plus importante que les mots et les actes qu'un parent destine à un enfant. Les mots « Maman t'aime » ou « Tu es gentil » n'ont que bien peu de sens si l'on enlève le regard et le ton de voix qui les accompagnent. Un regard plein d'amour transforme ces mots en nourriture ; un regard trouble, hésitant ou coléreux peut faire de ces mêmes mots un poison.

Bien entendu, la vie se déroule selon une ligne moins idéale, de génération en génération. Alice Miller nous parle d'un Grec, propriétaire de restaurant, la trentaine, qui un jour lui expliqua avec beaucoup de fierté qu'il ne buvait jamais d'alcool et qu'il devait en remercier son père. A l'âge de quinze ans, il était rentré chez lui un soir, complètement ivre. Son père l'avait battu si durement qu'il n'avait pu faire un mouvement pendant une semaine. A compter de ce jour il n'avait plus supporté ne serait-ce qu'une goutte d'alcool. Cet homme était sur le point de se marier et Alice Miller lui demanda s'il battrait ses propres enfants. « Evidemment, répondit-il, il faut battre les enfants pour bien les élever : c'est le meilleur moyen pour qu'ils vous respectent. Par exemple, je ne fumerais jamais devant mon père et c'est le signe de mon respect pour lui. »

Cet homme était inconscient de ce qu'il proposait là : il lui paraissait souhaitable de briser la personnalité d'un enfant. Sans l'ombre d'un scrupule, il considérait que son fils devrait absolument vivre dans la crainte de châtiments sévères. Pour lui, le mot « respect » avait avant tout le sens de « terreur ». Ce genre de non-vérité se transmet lorsqu'une génération échoue dans la résolution du problème du moi artificiel et qu'elle n'a alors d'autre alternative que de transmettre le problème, irrésolu. Les âmes brisées ne voient aucun mal à briser l'âme de leurs enfants.

Le parent idéal devrait être un prolongement intelligent du psychisme de l'enfant. Le père et la mère jouant le rôle du miroir pour les sentiments de l'enfant, celui-ci verrait sa propre image lui revenir et, s'y conformant, il se trouverait modelé à la fois par son propre psychisme et par le leur. Un cri de colère, par exemple, rencontrerait un regard compréhensif disant : « Je sais pourquoi tu es en colère » et, dans cette compassion muette, la colère irait son chemin puis se dissoudrait. Ce sont nos sentiments réprimés, ceux-là mêmes que les yeux de nos parents dénoncèrent comme « mauvais », qui provoquent en nous tant de conflits secrets par la suite. Privés de cette interaction sensible et aimante, qui doit commencer dès la naissance, nous marchons, blessés, tout le reste de notre vie, incapables de nous accepter, sans jamais vraiment savoir pourquoi.

Faute d'une éducation idéale, il est néanmoins possible de pallier l'absence de parents totalement conscients de leur psychisme en le devenant soi-même. Les vieux textes indiens disent souvent que lorsque nous pratiquons le Yoga nous devenons notre propre parent. L'image de « mourir à vos père et mère », si fréquemment évoquée dans les Upanishads, ne signifie pas qu'il convient de s'enfuir ou de leur tourner le dos. Il s'agit plutôt de se charger soi-même de ce rôle et de développer à l'intérieur de son cœur cette conscience capable de prendre et de donner qui façonne une personne à partir du matériau brut de l'existence.

L'art de ne pas faire

Le soleil matinal lance ses traits étincelants de lumière sur le tapis d'Orient de ma chambre, mais je ne les vois pas. Je médite, assis dans un fauteuil, yeux clos. Les pensées courent dans ma tête ; j'entends les chamailleries des moineaux par-delà ma fenêtre et le cliquetis de l'horloge électrique dans la pièce ; je me gratte l'oreille, je me cale dans mon fauteuil, selon mes caprices. Telle n'est pas l'image que la plupart des Occidentaux se font de la méditation. Ils ont plutôt celle de l'assise austère et rigide des moines en robes orange assis en rangées successives dans une attention intense et guindée. La pièce est sombre, silencieuse, insupportablement froide. L'œil vigilant d'un vieux maître est rivé sur les novices ; il est prêt à les frapper de son bâton en bambou s'ils inclinent la tête ou laissent se voûter leurs épaules.

Cette aura de renoncement tend à intimider la plupart des gens. Les Occidentaux sont aussi réticents à endurer une telle rigueur pour eux-mêmes qu'ils sont respectueux de la force d'âme intérieure ainsi affichée. Mais l'image extérieure est trompeuse ; l'expérience intérieure de la méditation peut être atteinte sans avoir la moindre discipline à s'imposer. Les fioritures comme s'asseoir dans telle position, respirer de telle façon ou s'habiller de telle ou telle manière, sont véritablement sans intérêt.

Il est plus simple de décrire mon expérience intérieure par ce que je ne fais pas lorsque je m'assieds pour méditer : je ne concentre pas mon esprit et n'envisage pas une idée particulière. Je ne suis dans une humeur ni religieuse ni introspective. Je ne contrôle, ni ne rythme, ni ne compte mes respirations. Aucun effort n'est fait dans le but de provoquer l'arrivée ou le départ de certaines pensées. Je ne tente d'induire ou d'éviter aucun état particulier. Je ne prête à mon corps aucune attention spécifique et ne tente pas d'en relaxer une quelconque partie. Si je commence à m'endormir, je ne résiste pas au sommeil.

Mais alors, qu'est-ce que je fais ? La meilleure des réponses est précisément que je *ne suis pas* en train de faire quelque chose ; je suis engagé dans le processus consistant à faire en sorte que mon activité mentale normale fasse silence, mais sans le lui imposer. Je suis en train d'aller au-delà du bruit intérieur des pensées et des sensations, dans le but de révéler à quoi ressemble vraiment le témoin silencieux à l'intérieur de moi. C'est ainsi que l'esprit s'ouvre naturellement à lui-même et se guérit.

« Ne pas faire » ressemble fort à ne rien faire du tout, mais il y a une différence subtile. Le mental pensant et ressentant est constamment en mouvement. La pensée « Ralentis, ralentis, tais-toi » est encore un mouvement qui n'arrêtera pas le mental. Aucune pensée ne peut l'interrompre. On peut essayer de tout simplement s'asseoir et attendre que le mental s'arrête de son plein gré. Il existe des méditations de ce genre dans l'immense tradition des pratiques indiennes et zen, mais la plupart des novices qui essaient cette méthode la trouvent épuisante et peu productive. Un esprit abandonné à lui-même tend à courir en tous sens comme un singe ivre, ainsi que le disent les écritures indiennes. Observer son propre mental défiler sans logique peut perturber immensément. De plus, il n'y a aucune raison pour que celui-ci accède au silence en état de veille.

Il est possible de tenter de rassembler l'esprit sur un point : c'est ce que l'on appelle la concentration. Cette forme de discipline est fréquemment comparée à la tentative de faire se tenir droite la flamme d'une bougie que l'on a mise au vent. La concentration n'est pas la pensée active, mais elle tombe encore dans la catégorie des mouvements, du fait que l'esprit doit être ramené à son point de mire à chaque fois qu'il se met à errer. La tension mise en jeu est énorme et les résultats peuvent être fort modestes au regard de l'effort exigé.

Plus vous vous y plongez, plus « ne pas faire » semble difficile. Comment la moindre forme d'activité mentale pourrait-elle jamais calmer l'esprit ? Les anciens rishis ont maîtrisé cet art si astreignant après avoir observé que le monde mental disposait de plusieurs couches. Ce faisant, ils tombaient d'accord, sans réserve, avec Freud. Ils n'étaient cependant pas intéressés par la *signification* de chacune des couches (qu'elle soit le réceptacle de peurs enfantines, de colères refoulées ou de désirs sexuels immergés). Ils observaient, simplement, que les couches profondes de l'esprit s'agitent moins que celles de la surface.

Cette constatation intuitive leur avait permis de comprendre que la méditation ne peut être qu'un processus vertical — un plongeon dans les profondeurs du monde mental — et non un combat de surface. D'une façon ou d'une autre, il fallait que l'attention du méditant pénétrât l'activité superficielle et chaotique de l'esprit, traversât toutes les couches de la pensée subtile, pour enfin parvenir au silence. Au lieu d'assujettir un singe ivre, la métaphore est améliorée et se fait beaucoup plus raffinée :

méditer, c'est ramper au beau milieu d'un troupeau d'éléphants endormis, sans les réveiller.

Pour plonger au travers de toutes les couches du monde mental, il faut disposer d'un véhicule susceptible de vous transporter au-delà du processus de la pensée. En Méditation Transcendantale, ce véhicule s'appelle un *mantra*. C'est un son mental spécifique dérivé du sanskrit mais dénué de signification verbale. Un mantra est sélectionné en fonction de sa seule aptitude à amener graduellement l'attention d'une personne à des niveaux de plus en plus calmes du monde mental.

Le monde mental de chaque personne ayant d'innombrables couches, le choix d'un mantra et les instructions précises relatives à son utilisation sont extrêmement délicats. Lorsqu'il a été choisi, enseigné et utilisé correctement, un mantra demande aussi peu d'efforts que l'activité mentale. Il commence comme une pensée normale mais décline en niveaux sonores de plus en plus ténus sans pour autant se perdre, jusqu'à disparaître entièrement, laissant l'esprit dans un complet silence.

De nombreuses formes de méditation utilisent un son ou une image visuelle comme véhicule. De ce fait, les techniques semblent se valoir toutes. Nombre de questions essentielles sont cependant à prendre en considération pour l'évaluation d'une forme de méditation. Avant tout : mon esprit a-t-il effectivement trouvé le silence que je recherchais ? Au cours et à la suite de ma méditation, me suis-je senti à l'aise ? Mon vieux moi a-t-il commencé à changer en conséquence de la méditation ? Y a-t-il plus de vérité dans mon moi ?

Chacun doit, pour lui-même, décider de ces questions essentielles. Patrick, l'un de mes amis, médite depuis dix ans. Il a commencé la Méditation Transcendantale pour s'arracher à une chute désastreuse, tant personnelle que financière. « Vers la fin des années soixante-dix, je commençais à peine à émerger de la période la plus mouvementée de ma vie. Depuis des années, j'avais fortement investi dans le marché immobilier, accumulant rapidement des immeubles de location sur une base très spéculative. Au début, c'était une aventure passionnante que de voir toutes ces dizaines de millions, du moins sur le papier.

« On ne sait jamais à quel moment exact les choses commencent à tourner irrémédiablement. Les hauts et les bas du marché ne semblaient pas être pires qu'avant mais, pour une raison ou pour une autre, je n'avais plus de prise. Mes biens immobiliers ont commencé à s'effriter et, quoi que je fisse, l'effondrement s'accélérait. Je m'étais mis à boire beaucoup et ma femme s'est complètement affolée quand j'ai cessé de m'intéresser à elle et aux enfants. Je ne le faisais pas exprès ; j'avais été avalé dans un cauchemar financier et je ne m'intéressais qu'au moyen de me sauver moi-même. »

Tout en s'enfonçant de plus en plus loin dans sa spirale de problèmes, Patrick apprit, sur un caprice, à méditer. Dès le départ, les effets furent spectaculaires. « La première fois que j'ai médité, cela a été une révélation, au moins pour le bien-être que j'ai ressenti en permettant à mes colossales batailles intérieures de s'en aller. Les instants de transcendance effective — c'est-à-dire d'accès au niveau silencieux du mental — étaient très brefs au début. J'ai demandé plusieurs fois : "Est-ce tout ?" Il n'y avait pas de transcendance bien nette dans mes méditations, excepté les allées et venues de périodes silencieuses. Cependant, je ne pouvais nier, lorsque j'ouvrais les yeux, que je me sentais changé. »

Une partie du faux moi peut être véritablement libérée par une seule méditation et transformer l'individu. Nous n'y prenons pas garde, mais nous forçons beaucoup pour entretenir nos vieilles sensations et les conditionnements d'une vie entière. L'ego isolé se défend en restant constamment en alerte. Telle situation est-elle une menace ? Telle personne va-t-elle faire ce que je veux ? Le besoin permanent d'autoprotection psychologique peut être trop subtil pour qu'il soit simple de l'observer, mais il occupe une part énorme de la vie inconsciente des gens.

Nous le voyons, la méditation ne se préoccupe pas de la signification. L'ancien conditionnement se libère sans que l'on en parle, sans qu'on le sente, sans que l'on ait une expérience consciente très claire de l'instant libérateur. Au lieu de cela, on montre à l'esprit comment passer de l'activité au silence et ce processus réalise le résultat désiré. Les tensions résident dans l'intervalle séparant un mental actif d'un mental silencieux ; toucher cette brèche par la conscience suffit à la libération. Du fait que l'activité mentale est nécessaire au maintien des mouvements du faux moi, mettre fin à l'activité détend l'emprise de celui-ci. Ce n'est pas la personne qui tente de se détacher de ses peurs ; ce sont elles qui se détachent de la personne.

« La méditation m'a fait ressentir que je rassemblais à nouveau les morceaux, mais je n'étais pas sorti de l'auberge pour autant », se rappelle Patrick. « Les dégâts occasionnés à ma vie personnelle allaient très loin. Un jour, je suis rentré chez moi et ma femme a refusé de m'ouvrir. Personne ne répondait au téléphone. Blessé, furieux, dans un état lamentable, je suis allé marcher, dans le jardin public, où je me suis assis pour méditer. Apparemment, cela ne me faisait aucun bien. Le temps s'est écoulé sans que je cesse d'être agité et angoissé.

« Mais lorsque j'ai ouvert les yeux il s'est produit une chose remarquable. Mon esprit, tout à coup, était tranquille. J'ai essayé de penser et une pensée est venue, mais s'est immédiatement installée elle aussi dans le silence, comme une goutte qui se serait diluée dans une mare sans rides. J'ai commencé à observer que la lumière, autour de moi, paraissait plus brillante que d'habitude et les voix des enfants, que j'entendais jouer tout près, me frappèrent comme les sons les plus joyeux que j'eusse jamais entendus.

« Il m'est difficile de me remémorer toute la liberté que je ressentis en cet instant. C'était comme si toutes ces couches mortes tombaient, pour laisser à nu une partie vivante et sensible de moi. J'ai marché un peu et tout avait pris cette même qualité vibratoire. Mes intenses sentiments d'isolement et de honte étaient maintenant totalement évanouis. J'étais entièrement différent de cette personne souffrante qui s'était assise sur un banc public, une demi-heure plus tôt. »

Je pense que Patrick *avait* atteint l'instant de cette percée que provoque la méditation : le soi s'étend au-delà des confins de l'ego, progressivement tout d'abord, mais avec une intensité grandissante, jusqu'à être en parfaite union avec tout. « Je ne suis qu'un avec le monde » déclare une Upanishad ancienne. La transformation du petit soi isolé en quelque chose d'universel peut ne durer que l'espace d'un instant, mais elle est le vrai Soi. Vivre sa propre vérité de manière constante n'est ensuite qu'une affaire de temps.

A l'apogée de son expérience, qui dura une demi-heure, Patrick fut accosté par un mendiant. « Jusqu'à cet instant, j'étais resté totalement perdu en moi-même. J'ai vu cette épave humaine qui marchait vers moi — j'ai honte d'utiliser ce mot. Car il ne m'apparaissait pas ainsi à ce moment-là ; il était au-delà de ce genre de jugement de valeur. Il était aussi vivant et vibrant que tout le reste.

« Lorsqu'il n'a plus été qu'à un mètre de moi, je l'ai regardé droit dans les yeux. Pour quelle raison avaient-ils changé ? Ils étaient brillants et doux. Je lui ai demandé ce qu'il voulait et il a hésité, gêné. Puis il a dit : "Je ne veux rien. J'espère simplement que vous êtes heureux." Venant de lui, cela semblait drôle et j'ai pu voir qu'il était lui-même surpris d'avoir parlé ainsi. C'était comme s'il avait été emporté au sein de ma propre aventure. D'une voix fantastiquement joyeuse je lui ai dit : "Oui, je suis heureux, très, très heureux." En fait, j'aurais aimé prendre dans mes bras ce type délabré et crasseux.

« Il s'en allait maintenant. Je me suis tourné et j'ai commencé à partir en sens inverse, mais lorsque nous nous sommes trouvés à cinq mètres l'un de l'autre j'ai jeté un coup d'œil par-dessus mon épaule. Il m'observait, abasourdi. Lorsque son regard croisa le mien, il s'est retourné et est parti pour de bon. Je me demande ce qu'il a vu dans mes yeux à cet instant. Probablement de l'ahurissement, mais pas seulement j'espère. Car, quelques secondes plus tôt, je l'aimais, profondément. »

L'amour inconditionnel

Cette étrange rencontre entre Patrick et l'« épave humaine » nous amène à la question de l'amour inconditionnel, aujourd'hui devenu un slogan de la psychologie pour grandes surfaces. Mon opinion en ce qui concerne l'amour inconditionnel est qu'il va absolument à l'encontre de la substance de l'amour normal, fondé sur la relation. L'amour entre conjoints n'est pas le même que celui entre une mère et son enfant. La différence s'appuie sur le type de relation qu'entretiennent les deux personnes. En l'absence de relation, il est difficile de voir comment s'écoule l'amour.

Mais, dans le cas présent, Patrick n'avait eu aucune

relation, de quelque nature que ce fût, avec le mendiant. Ils étaient totalement étrangers l'un à l'autre et avaient toutes les raisons imaginables de se sentir suspicieux et hostiles l'un envers l'autre. Quoi que l'on puisse souhaiter dans l'idéal, pratiquement personne n'est susceptible de ressentir de l'amour pour un homme en ruine, déguenillé et qui sent mauvais ; celui-ci est généralement un objet de dégoût que nous nous appliquons à éviter de manière à ne pas nous exposer à des sentiments de peur ou de mépris.

Mais c'est au moment où toute relation cesse que l'occasion de l'amour inconditionnel se fait jour en effet. Lorsque vous n'avez aucune relation avec une personne, vous êtes automatiquement ramené à vous-même. Les sensations qui émergent ne s'appuient nullement sur ce que vous souhaitez ou espérez de l'autre — elles se contentent de venir. Si une voiture heurte la mienne dans la rue, je ressens de la colère, l'émotion jaillit spontanément. Peut-être vais-je le regretter à l'instant suivant, mais à cette fraction de seconde, mon moi n'a pas d'autre choix. Mon niveau de conscience ne m'a pas offert de meilleure réaction. Dans le cas de Patrick, son niveau de conscience avait bondi loin au-delà de ses limites normales ; cette extension a dicté la réaction qui s'est spontanément échappée de lui. J'imagine que sa méditation sur le banc public ne fut pas l'unique cause de ce changement soudain. On parle en Inde d'un « Yoga du désespoir », qui correspond à une percée dans une conscience supérieure résultant d'une situation si terrible que le psychisme ne trouve aucune autre issue.

Quel que soit le mécanisme exact, Patrick s'est trouvé dans un état qui transcendait la perception normale. Comme un aviateur qui traverse une épaisse couche nuageuse pour trouver le bleu du ciel et le Soleil rayonnant au-dessus, il a découvert que, où que son regard se portât, il voyait à la lumière de l'amour. Il ne pouvait s'en empêcher, tout comme je n'ai pu empêcher ma colère lorsqu'une voiture a tamponné la mienne.

Les rishis parlent en fait de l'amour inconditionnel comme d'une qualité transcendantale qui s'infuse dans l'esprit au cours de la méditation. Lorsque celui-ci va au-delà de la conscience de veille normale, le processus de transcendance amène la personne au contact de l'amour inconditionnel dans son état silencieux, non manifesté. « Non manifesté » signifie que cet amour n'a aucun objectif ; il vibre, simplement, témoin silencieux, comme un signal radio attendant qu'un récepteur le capte. A l'issue de la méditation, le retour à l'état de veille ramène un peu de cette qualité transcendantale jusqu'à la conscience ordinaire. Une vibration nouvelle a été ajoutée qui altérera l'ancienne conscience d'une façon impalpable peut-être.

Cette explication est une distorsion de l'acception usuelle de l'expression « amour inconditionnel ». Par définition, vous ne pouvez aimer quelqu'un inconditionnellement que si votre amour reste intact quoi que fasse l'autre personne. Ce « quoi que » implique un effort de volonté surhumain. On ne peut s'empêcher d'imaginer un saint de plâtre répondant par la douceur et la lumière à l'insolence, la colère, la jalousie, le mépris ou à toute autre sorte de comportement dépourvu d'amour. Car malgré toute son apparence de compassion, une telle situation sent quelque peu la démission et même le masochisme.

La version des rishis sur l'amour inconditionnel ne demande aucun effort. Une personne qui ressent de l'amour « quoi qu'il se passe » est simplement en train de suivre sa nature. En vérité, c'est bien la seule chose que l'on puisse demander à tout un chacun. Agir selon son propre niveau de conscience est inévitable. Pour sourire à l'étranger qui me heurte dans la rue, encore faut-il que j'aie envie de sourire; dans le cas contraire, mon comportement est calculé. Comme nous l'avons vu précédemment, le calcul est la première des stratégies du faux moi. Il doit prévoir à quel moment sourire car il a trop peur de montrer les émotions effectivement ressenties. Le tact et la diplomatie auxquels la plupart d'entre nous applaudissent peuvent être également vus comme un art subtil du mensonge.

Nous rayonnons tous notre conscience dans le monde et le reflet de celle-ci nous revient. Si elle renferme de la violence ou de l'épouvante, ce sont ces qualités que nous rencontrons «au-dehors». Par contre, si elle renferme l'amour inconditionnel, le monde, même dans les yeux d'une épave humaine, reflétera cet amour. La valeur curative de ce genre de conscience est immense: c'est ce que je voudrais illustrer avec un émouvant récit de R.D. Laing.

A l'âge de quatorze ans, un jeune Ecossais du nom de Philipp rentrait un jour chez lui après la classe. Il découvrit sa mère, au lit, dans une mare de sang. Tuberculeuse de longue date, elle était morte d'une hémorragie pulmonaire brutale. Au lieu de consoler le jeune garçon et de l'aider à surmonter le choc et sa peine, le père de Philipp l'admonesta, lui répétant sans cesse qu'il avait tué sa mère en lui imposant les épreuves de la grossesse, de sa naissance et de son éducation. Cela dura deux mois. Puis un jour, en revenant de l'école, Philipp retrouva chez lui son père, mort. Il s'était suicidé.

Six mois plus tard, Laing rencontra ce jeune garçon dans un hôpital psychiatrique de Glasgow, dans un état de détérioration tout à fait étrange. Laing se souvient bien: «Il puait horriblement. Il avait des incontinences d'urine et de selles, une tendance à tituber, une démarche curieuse. Il gesticulait d'étrange façon, sans rien dire, semblait totalement absorbé en lui-même, indifférent à son environnement et son entourage. [...] Il avait ajouté un bégaiement à un étalage silencieux de tics compliqués et involontaires. »

Bien qu'il fût au milieu de médecins et d'infirmières dont le travail consistait à prendre soin de lui, Philipp avait découragé toutes les compassions. Il était trop bizarre et trop dégoûtant pour que quiconque trouvât le courage de rester à ses côtés plus de quelques minutes et encore moins de lui venir en aide. Il s'était mis à bégayer et avait acquis une surprenante collection de tics : battements des paupières, regards fugaces, saccades des joues, de la langue, des mains et des doigts. Le pire était cette attitude je-m'en-foutiste, qui l'avait coupé des autres patients et avait tourné tout le personnel contre lui.

Les deux mois qu'il passa à l'hôpital ne transformèrent que bien peu son état. « Le diagnostic était péremptoire : schizophrénie catatonique aiguë (à tendance chronique), raconte Laing. Chaque fois qu'il parlait, il manifestait des hallucinations et des fantasmes très paranoïaques. »

Laing se sentit attiré par cette créature en loques. Philipp n'avait plus aucun parent, plus d'ami de la famille qui eût pu l'accueillir. Il était prévisible qu'il allait être mis au rebut de la société pour le restant de sa vie.

Laing prit alors Philipp chez lui et lui présenta son épouse et ses trois enfants, tous âgés de moins de quatre ans. Il avait pris cette extraordinaire décision parce que lorsqu'il parlait à Philipp, seul à seul dans son bureau, hors du cadre du service psychiatrique, il avait observé que le jeune garçon devenait plus calme. Philipp commençait à s'exprimer intelligiblement et, bien qu'il ne parlât que de choses « folles » — de son sentiment que le service était une gigantesque sphère au centre de laquelle il était une épingle, des êtres interstellaires qui lui rendaient visite, de cette voix d'un homme noir qui lui baragouinait dans les oreilles la nuit — il ne semblait pas totalement perdu. Ses tics et ses mouvements saccadés se calmaient aussi dans le cabinet de Laing. Il contrôlait ses fonctions corporelles pendant une heure au moins et le plus révélateur était qu'une ombre de gratitude passait sur ses traits figés lorsque Laing lui offrait son aide.

Laing pressentit que les médecins et les infirmières le *maintenaient* peut-être dans la folie du fait de la façon dont ils le regardaient. « Philipp provoquait chez *tous* les gens qui l'approchaient des sentiments mitigés de répulsion dus à sa vue et son odeur, et de pitié, parce qu'il était si repoussant et si évidemment malheureux. Ainsi, tout le monde cherchait à se montrer gentil et aimable avec lui, mais l'évitait le plus possible — non qu'il fût insupportable, mais pour une autre raison. [...] En termes cliniques, psychiatriques, la droiture et la franchise envers lui, une attitude bienveillante [...] semblaient provoquer d'étonnantes rémissions des symptômes. »

Philipp demeurait fou parce que les tentatives de l'aimer et de prendre soin de lui étaient teintées d'hypocrisie et qu'il le savait. Dès que Laing eut prit la décision inouïe de ramener chez lui un schizophrène catatonique, celui-ci s'améliora à une allure étonnante. Son incontinence cessa au moment même où il entra dans la maison. En deux semaines, il cessa de tituber, bien qu'il continuât de trembler. Il commença à parler en bredouillant, mais de manière cohérente. Trois mois plus tard, il allait assez bien pour être admis dans une famille d'accueil. La menace d'une vie entière recluse dans un hôpital psychiatrique avait été éliminée.

Laing n'a entrepris aucune psychothérapie aussi longtemps que Philipp a vécu sous son toit. Le jeune garçon était traité en toute sincérité, sans hypocrisie émotionnelle, c'est-à-dire que les réactions face à lui étaient fonction de ce qui allait bien et de ce qui allait mal. Quinze ans plus tard, il revint dans ce foyer pour raconter ses progrès. Et Laing observe, avec neutralité : « Il était marié, avait deux enfants, un travail régulier, et suivait des cours du soir en psychologie. »

Il est difficile de nier que la santé mentale de Philipp dépendait, pour une part énorme, des projections mentales venues de l'extérieur. Superficiellement « aimé » et « entouré » comme il l'était à l'hôpital psychiatrique, il se trouvait enfermé dans un faux moi, car ces sentiments eux-mêmes étaient faux. Au-delà était tapi le véritable message : l'« amour » n'était qu'un moyen pour le maîtriser — c'était un stratagème de pouvoir.

Heureusement, ce garçon trouva en Laing quelqu'un qui le regardait à la lumière de l'amour. C'est pour moi la partie la plus émouvante de cette histoire. Laing ne parle pas d'amour. Il place ses motivations à un niveau simplement humain. « Je le plaignais sincèrement, j'étais très désireux de l'aider. » Cependant, Laing avait établi un rapport qui reflétait loyalement la conscience que chacun avait de l'autre. L'intensité de la vie, si claire, si saine et si aimante qui irradiait de lui avait ému le jeune garçon. Il semble que ce qui s'est passé entre eux soit la plus naturelle des choses ; c'est ce qui devrait se produire entre nous tous. Un moi authentique parle à un autre avec le langage du cœur et la guérison émerge de ce lien.

Aimer sans risque

Si les rishis ont raison, la fin du faux moi prononce celle de la peur et du besoin désespéré de pouvoir dont les gens craintifs ne peuvent se défaire. Le pouvoir est une forme d'autoprotection et lorsque la peur s'en est allée, il n'est plus nécessaire d'être protégé. Le véritable moi *est* amour et être capable d'aimer tout le temps est ce que chacun peut souhaiter de mieux. Le conflit entre amour et pouvoir n'a alors plus de sens. Tagore explique remarquablement : « L'amour n'est pas simplement une impulsion ; il doit contenir la vérité, c'est-à-dire la loi. » Je suis profondément convaincu de cela car j'ai rencontré des gens qui ont soudain découvert qu'ils vivaient sous cette loi.

« Je roulais sur l'autoroute tout en cherchant la sortie vers le péage lorsque j'ai remarqué une sensation inhabituelle dans ma poitrine. Cela a commencé comme ce sentiment de douceur ou de fourmillement que je connaissais bien dans la méditation. C'est en général une sensation agréable mais passagère. Cette fois, cela s'intensifiait et, au lieu d'une chaleur physique, des vagues d'émotion, l'une après l'autre, commencèrent à déferler sur moi. »

Les yeux brillants, Christophe poursuivit : « C'était de l'amour, mais un amour beaucoup plus pur et concentré que je ne l'avais jamais ressenti. J'ai lu divers textes qui comparent l'ouverture du cœur à celle d'une fleur — on ne croit jamais que des choses pareilles puissent se produire dans la vie réelle, sur une autoroute à six voies. Mais c'était là : mon cœur s'épanouissait, telle une fleur, me noyant presque dans une exquise sensation d'amour. Je parvenais curieusement à maintenir mon attention sur la route, mais j'ai décidé de m'arrêter. Je suis entré dans un relais routier où je suis resté planté, là, devant l'étalage des hamburgers et des salades, vivant l'expérience la plus merveilleuse de ma vie. »

Je croise quelquefois Christophe, généralement au centre de Méditation Transcendantale de Boston. Il a occupé des fonctions de directeur de banque et d'animateur social; du genre réaliste, ce n'est pas le type d'homme que vous vous attendriez à voir ouvrir son cœur comme une fleur. Mais j'ai tort. Sa voix résonne aimablement, sans se forcer, et son comportement est très tolérant envers autrui; il est facile de croire qu'il a une profonde expérience du cœur.

Lorsqu'il a commencé à méditer il y a dix-sept ans, il entretenait autour de lui des relations conventionnelles, quoique profondes. « Je faisais mes débuts en tant qu'animateur social à cette époque, tâchant de faire se rencontrer des gens qui, normalement, n'auraient pas pris garde les uns aux autres. Je voyais tout autour de moi tant de haines sans fondements réels — des gens qui, tout simplement, n'avaient jamais franchi les barrières raciales ou sociales pour se rencontrer.

« J'ai participé à l'organisation d'une importante coopérative d'alimentation dans un quartier pauvre; tout le monde pouvait participer, sans considération de classe ni de revenus. Nous achetions de la nourriture et la revendions à prix coûtant, mais chaque membre devait investir un peu de temps, généralement une heure par semaine environ, pour aller se fournir chez les grossistes, balayer le plancher de la coopérative ou assumer quelque autre tâche. L'idée était que si les gens mettaient la main à la pâte, ils ne pourraient pas ne pas voir les résultats de leurs actes. Le magasin n'allait pas ouvrir s'ils n'achetaient pas la nourriture. Il ouvrirait en retard s'ils ne balayaient pas. Les prix allaient monter si quelqu'un trichait à la caisse.

« Jamais je n'ai été aussi rempli d'espoir que le jour de l'ouverture de la coopérative mais, un mois plus tard, j'étais pratiquement désespéré. Les gens semblaient se moquer de tout — ils bâclaient leur travail, ne balayaient pas, volaient de l'argent et ne semblaient nullement gênés des conséquences de leurs actes. Cette expérience m'a convaincu que les institutions ne sont pas en mesure d'apporter un changement fondamental dans la nature humaine. Mais il m'était insupportable de ne rien faire. »

En même temps qu'il perdait ses illusions envers les croisades sociales, Christophe s'engageait de plus en plus profondément dans la méditation. « J'avais un désir éperdu d'encourager la coopération et l'amour entre les gens, mais il était constamment impossible d'établir un contact suffisamment intime avec eux, du moins à long terme. Il y avait toujours des barrières et des difficultés d'ordre personnel ; la déception était inévitable, quels que fussent les idéaux.

« Ne voyant aucune issue à ce douloureux dilemme, je cessai de me bloquer dessus. Je décidai de travailler sur moi-même puisque, après tout, j'étais un élément essentiel dans chacune des relations que je souhaitais améliorer. Peu à peu, le changement s'est fait, en profondeur. Je me suis senti moins angoissé par les situations et plus chaleureux envers les gens qui, à mes yeux, étaient "mauvais" ou "négligents". Et ces gens ont commencé d'émerger hors de mes stéréotypes. Il m'a longtemps été difficile de croire que j'étais le centre de ce changement. Mais comment expliquer autrement l'amour qu'ils me donnaient, même lorsque je ne les connaissais pas ? »

A ce stade, Christophe avait déjà bien avancé vers la conscience différente qui émane de l'amour inconditionnel. En psychologie conventionnelle, on explique que la modification de ses propres attitudes est le meilleur moyen d'améliorer le comportement des autres. Christophe découvrit que lorsqu'il entrait dans une banque, tout un chacun se mettait bientôt à sourire. Lorsqu'il présidait des réunions de quartier où les heurts d'opinions étaient souvent très vifs, l'atmosphère semblait s'adoucir, comme des eaux agitées qui se calmeraient mystérieusement.

« Je ne parvenais pas à pactiser avec ce phénomène inexplicable, se souvient-il, jusqu'au moment où j'ai radicalement modifié ma compréhension de moi-même. Mes opinions sur le monde avaient toujours été centrées sur l'ego et l'effort de chaque personne prise individuellement. L'impact que je pouvais avoir sur le monde dépendait du fait de faire quelque chose ou, au moins, de penser. Or je ne faisais rien, sinon exister. Aussi devais-je conclure que cet impact provenait de ce que je *suis*. »

Je lui demandai de revenir à ce qu'il avait vécu sur l'autoroute, le jour où il avait senti des vagues d'amour l'envahir. « Il me semble que cette expérience a amené une certaine partie du processus jusqu'à un point culminant. Après avoir cru si longtemps que je ne pouvais ni attendre ni recevoir d'amour sans entretenir une relation avec une autre personne, le voilà qui émergeait soudain, tout au-dedans de moi. J'ai d'abord été choqué car cela attestait d'une certaine manière que les manquements des autres, leur égoïsme et leur haine, étaient d'une certaine façon centrés sur moi également. Mais ces constatations étaient indéniables : tout changeait autour de moi, avec mon changement.

« Le temps passant, j'ai cessé de me battre, intellectuellement, avec cette chose. J'en ai pris l'habitude. Je ne dépendais plus des autres quant à mon sentiment profond d'aimer ou d'être aimé. En me reliant à moi-même je commençais à me relier aux autres, mieux que jamais.

« L'expérience de l'ouverture de mon cœur m'a submergé sur le moment, mais n'a guère duré que trois quarts d'heure. Cependant, la grande chance est que ce pas en avant a duré. Cela fait deux ans maintenant que je suis toujours, à l'intérieur, cette personne aimante. Cela ne signifie pas que je transpire de gentillesse quoi que les gens me fassent. Je suis capable de me fâcher et de critiquer les autres lorsque je pense qu'ils ont tort, mais sans apport destructif. »

Je réfléchissais sur l'énormité de nos efforts pour tenter de nous protéger des blessures émotionnelles, ne comprenant pas l'intensité de la vie que, ce faisant, nous murons à l'extérieur de nous. Il est nécessaire de défendre le cœur lorsqu'il est trop faible et effrayé par l'amour mais, à un certain moment, tout avait changé pour Christophe. Il lui était devenu possible de laisser l'amour s'écouler quand et où celui-ci voulait. Il était capable d'accueillir les autres, sans défense, sans peur, dans l'espace élargi de son propre être. Une chose qu'il a dite m'est tout particulièrement restée : « Je faisais tant pour aimer et maintenant je ne peux plus empêcher l'amour, quoi que je fasse. » Il a souri et j'ai senti la tendre affection d'une personne qui n'a pas déchiré les murs de la douleur, mais vole au-dessus d'eux.

TROISIÈME PARTIE

LA VIE SANS CONDITIONS

9

« Pourquoi ne suis-je plus réel ? »

Rentrant chez moi en voiture le lendemain de ma première rencontre avec Catherine, je fus pris soudain par le besoin d'entendre à nouveau sa voix. Je retrouvai la cassette de notre entretien et la glissai dans le lecteur. Elle était là, à nouveau, cette voix soprano, douce et mélodieuse, d'une femme qui ne cessait de me rappeler, jusqu'à l'obsession, celle d'une enfant. Je ne cherche pas à dire qu'elle avait l'air enfantine. Elle parlait comme une adulte, des problèmes sérieux des adultes, mais au cœur de son discours je discernais la voix d'une petite fille précoce d'une huitaine d'années, stupéfaite par le monde des grands.

« Pourquoi me punit-on d'avoir menti alors que maman ment sur son âge ? Pourquoi dois-je finir mon assiette pendant que papa laisse ses choux de Bruxelles ? » Tous les enfants passent par là. En contestant les valeurs prêtes à l'emploi que leur lèguent les adultes, ils commencent à formuler leurs propres valeurs, ce qui constitue un pas nécessaire vers une identité vraie. Mais Catherine continuait de lancer ses défis, en tous sens.

Un jour, je suis allée dans une clinique où l'on traite les névroses obsessionnelles. Je ne me considérais pas comme un cas relevant de ce type de pathologie, mais cela me faisait quelque souci. Le docteur commença par me présenter un test. « Désolée, mais je ne veux pas remplir cela, lui dis-je.

— Et pourquoi non ?

— Parce que la première question me demande si je lis les choses plus d'une fois. Je ne lisais pas beaucoup à l'école et maintenant je relis quelquefois des livres pour m'assurer que je les ai bien tout à fait compris. Mais si je réponds oui à votre question, vous allez interpréter cela comme un trait de névrose obsessionnelle, comme pour les gens qui se lavent les mains sans arrêt. »

Il insista cependant pour que je fasse le test, et je protestai : « Je ne suis pas un résultat de test. Je suis un être humain. J'ai besoin que l'on s'occupe de ce qui se passe en *moi*.

— Voilà bien un signe d'obsession.

— Avez-vous jamais songé que vous dirigez une clinique où l'on traite les névroses obsessionnelles ? Et que vous êtes peut-être obsédé par vos diagnostics d'obsession ?

— Non, m'a-t-il répondu. Je n'y avais jamais pensé. »

J'éclatai de rire en écoutant la bande, tout comme lorsque Catherine m'avait raconté cette algarade. Elle avait, comme bien des enfants, un sixième sens qui lui permettait de comprendre qu'on la manipulait.

> Bon. Je suis allée voir un autre docteur, un psychologue bien connu. Il avait été assez difficile de le contacter, mais lorsque enfin j'y suis parvenue il m'a dit : « De toute manière, je pense que vous ne souhaitiez pas me rencontrer.
> — Qu'est-ce qui vous fait penser cela ?
> — Vous êtes tombée trois fois sur mon répondeur.
> — Vraiment ? Mais vous aussi êtes tombé trois fois sur *mon* répondeur ! »

Ainsi décrite, Catherine a l'air plutôt bagarreuse. Elle l'est en réalité beaucoup moins qu'il n'y paraît. Elle s'excite en parlant d'elle-même et adore exagérer son histoire. Mais derrière cette mise en scène, on peut sentir une personne aimable. Je n'ai aucune peine à la croire lorsqu'elle dit n'avoir jamais délibérément blessé quiconque. Ses traits sont doux et agréables, ses yeux vifs. Toujours célibataire à trente-cinq ans, elle dirige avec succès une petite entreprise de restauration, avec deux amies, dans les faubourgs de Boston.

Catherine affirme avoir vu dix médecins différents au cours des deux dernières années et qu'aucun ne l'a aidée. Tout d'abord, il est extrêmement difficile de mettre le doigt sur son problème fondamental. Elle dit qu'elle ne se sent plus réelle. Dans n'importe quelle situation de la vie quotidienne, qu'il s'agisse de parler au téléphone, de marcher dans la rue ou de manger dans un restaurant, elle doute constamment de son existence. « Il suffit que quelqu'un m'appelle par mon nom, pour que quelques-unes de ces réactions apparaissent : “Ai-je répondu ? Est-ce vraiment moi ?” Quelquefois, je parle puis je pense : “Comment se fait-il que je puisse parler ? Comment puis-je respirer ?” C'est comme si mon mental se disait : “Ça ne marche pas, ça ne marche pas", et je fonds en larmes. »

Physiquement, Catherine n'est plus à l'aise dans son propre corps. Les psychologues appellent « déréalisation » cette sensation. « C'est comme si quelqu'un d'autre était dans mon corps, faisant tout avec moi, ou pour moi. » Sa sensation de ne pas être réelle prend quelquefois une ampleur considérable, mais elle continue à fonctionner normalement. Son entourage a beaucoup de difficulté à croire que quelque chose ne va pas bien pour elle. « Lorsque j'ai le cafard, mon frère me dit : "Allons, j'ai les mêmes pensées que toi, mais mes réactions sont différentes. Je ne veux pas démolir ma vie à me demander *Pourquoi suis-je ici* ou *Qui suis-je ?*" »

Son frère a raison de souligner que Catherine est enfouie sous une immense confusion intellectuelle. Elle est constamment assaillie de questions qui lui paraissent folles. Peut-on être réel et irréel en même temps ? Est-ce que penser que l'on est irréel est la même chose qu'être irréel ? Lorsque sa tête commence à virevolter dans ces tourbillons de devinettes existentielles, elle est aussi déconcertée qu'Alice au pays des merveilles.

J'ai demandé à Catherine si elle se sentait réelle en me parlant. Oui et non, m'a-t-elle répondu. « Je suis assise ici et je discute avec vous, mais une part de moi dit que ce n'est pas vrai. C'est impossible. Comment puis-je me dire une telle chose à moi-même ? Mon esprit ne parvient pas à saisir cela. Je *sais* que je vous parle, mais une autre partie *sait* que ce n'est pas vrai. Je n'arrive pas à résoudre cela. »

Un yogi dirait qu'il y a forcément dans cette affaire quelque chose de l'ordre du « témoin » — c'est-à-dire que Catherine traverse une expérience et, en même temps, se regarde la traverser. Cela n'est pas forcément un moyen non réel de se relier aux choses. Bien au contraire, c'est peut-être le *plus* réel des moyens, dès lors que le témoin silencieux est reconnu comme étant au cœur même du moi. Dans l'Inde antique, l'acte consistant à être son propre témoin aurait été tranquillement accepté et accueilli comme une ouverture vers des expériences spirituelles d'un niveau supérieur.

Catherine n'a pas été totalement surprise lorsque je lui ai suggéré cela, mais n'a pas été soulagée non plus. « Des gens m'ont dit que ma conscience s'était trop élevée, qu'elle était devenue mon ennemie, mais je ne sais pas comment m'en débarrasser. » A ce stade, son unique vœu est de se débarrasser de ce niveau de conscience. De temps à autre, elle pressent des choses que j'aurais tendance à considérer comme des vérités profondes, mais les rejette car elle les voit comme « malsaines ». Voici l'un de ces cas.

« Par exemple, je parle à quelqu'un avec le sentiment d'être en "pilotage automatique". C'est comme si un mécanisme auxiliaire s'enclenchait. Je veux le débrancher. Je veux être capable d'entrer dans une pièce sans penser : "Oh, ça alors, je viens de me changer en matière." La couche supérieure de mon esprit est maintenant au-dessus du pilotage automatique, mais cela ne ressemble pas à un "don", ce n'est qu'une névrose. Cette conscience ou cette sensibilité supérieure, appelez ça comme vous voudrez, comment m'en débarrasser ? »

Je lui ai expliqué que d'autres qu'elle cheminent pendant des années vers la spiritualité pour parvenir à ce même état de non-attachement dans lequel elle est tombée. Pour une personne empreinte de spiritualité, le sentiment d'être en « pilotage automatique » implique que Dieu ou bien le Soi supérieur a pris le pas sur le petit soi isolé. Bien des saints chrétiens et orientaux ont raconté qu'ils vivaient dans ce genre d'état de béatitude. Ils le considèrent comme une sorte de seconde naissance les libérant des liens de la chair et des attaches du passé. Après cette renaissance, il n'y a plus rien à craindre des pièges de Maya et l'on peut aller de l'avant pour explorer ce qui se trouve au-delà.

Mais le monde quotidien semble n'avoir aucune relation avec le monde infini ; et se tenir au seuil d'un Soi supérieur, comme Catherine, peut engendrer des peurs intenses. Personne ne peut partager vos expériences. Il n'existe aucune norme objective permettant de les évaluer et leur validité scientifique demeure sujette à caution (le célèbre physicien anglais Sir Arthur Eddington a observé un jour que toute tentative de mesure scientifique d'une expérience subjective revenait à tenter de calculer la racine carrée d'un sonnet).

Sous un tel éclairage, les mots qui nous sont parvenus des antiques traditions religieuses ont une valeur d'autant plus grande, car ils peuvent servir de garde-fous pour le présent. En Inde, la *Bhagavad-Gita* est considérée comme la quintessence de la sagesse accumulée sur la nature de la réalité. On y trouve le dieu Krishna expliquant au guerrier Arjuna que toute personne abrite un « habitant dans le corps », entièrement différent de l'ego isolé et vulnérable.

> Les armes ne peuvent le fendre
> Le feu ne peut le brûler
> L'eau ne peut le mouiller
> Le vent ne peut le sécher...
> Il est éternel et se répand en tout
> Subtil, inébranlable et toujours le même.

Certes, cet habitant invulnérable évoque volontiers un concept mystique — que la plupart des fidèles d'une religion appellent l'âme. Krishna soutient qu'il s'agit de ce même moi qui donne à chacun son sens du « Je suis ». En sanskrit, il faut plusieurs mots pour décrire tout à fait le moi, en partant du plus ponctuel jusqu'au plus absolument universel. Chacun de nous dispose d'un esprit individuel qui passe par des expériences de vie uniques : ce que le sanskrit désigne par *jiva ;* l'étroite parenté avec l'âme est évidente.

Si nous supprimons toutes les limites personnelles, jiva s'étend jusqu'à *Atman,* le pur esprit sans expérience individuelle. Emerson, avec d'autres théoriciens de la transcendance, ont appelé cela la « sur-âme ». (Dans la suite de cet ouvrage, je m'en tiendrai à la convention toute simple de l'appeler le Soi, avec un « s » majuscule.) Lorsque jiva et Atman se fondent, amalgamant l'individu et le soi cosmique sans perdre aucune de leurs qualités respectives, nous parvenons à *Brahman,* la totalité. Un individu qui a atteint Brahman conserve son individualité mais se ressent universel, « sous l'aspect de l'éternité » comme disaient les Pères de l'Eglise. Brahman sert également à décrire la réalité comme un tout, embrassant aussi bien les champs d'existence objectifs que subjectifs, le manifesté et le non-manifesté. Au-delà du Brahman qui englobe tout, il n'y a rien.

Le jiva n'est plus alors qu'une simple vague sur l'océan ; Atman est l'eau que toute vague partage à parts égales ; Brahman est l'océan lui-même. Si vous demandez lequel des trois est vous, la réponse est « chacun des trois ». Dire que l'un des aspects du soi est différent des autres peut être utile dans la vie quotidienne, mais ce n'est pas la vérité ultime. Le soi que j'appelle « moi » semble respectueux de la frontière que constitue ma peau, mais simultanément je ressens naturellement ma parenté avec les autres sois. Lorsqu'un enfant souffre en Afghanistan, je ressens de la douleur. Ma sensation n'est peut-être pas aussi vive que lorsque je fais souffrir mon propre corps, mais cela signifie simplement qu'il n'y a, entre moi et cet enfant, aucune ramification nerveuse commune.

Les vieux sages savaient que chaque personne s'enracine dans une réalité concrète qui lui permet de se repérer dans l'espace et dans le temps. Ils affirmaient cependant que tous les sois sont tissés dans la même trame de vie. Catherine peut facilement trébucher dans l'état d'un soi très élargi. Mais elle n'en accepte rien. Elle m'a souvent sèchement déclaré n'avoir reçu aucune éducation religieuse et ne trouver aucune signification spirituelle dans ce qui lui arrivait. Il y a là, à l'évidence, une faille dans son savoir. Aucune tradition ne vient valider son expérience ; aucun aîné, aucun guide ne vient lui apporter un supplément d'instruction. On l'a laissée partir à la dérive.

Quand le dedans est vu du dehors

Vivre une expérience exceptionnelle n'est pas chose aisée et Catherine préférerait de loin revenir à ces vêtements de prêt-à-porter que sont les événements ordinaires avec lesquels nous nous enveloppons. « Je veux regarder la télévision le samedi soir, boire un verre de vin et ne penser à rien, gémit-elle. Je veux être fâchée si ma voiture se fait cabosser, au lieu de me sentir détachée. Je voudrais me sentir de nouveau partie prenante de la vie. Cela est-il encore possible ? »

On comprend bien ici dans quel désarroi évolue Catherine. L'absence d'interprétation convaincante quant à sa réalité présente la condamne à l'irréel. Mais elle n'est cependant pas aussi détachée qu'il y paraît. J'ai le sentiment qu'elle s'efforce sans cesse de prendre contact avec les autres, mais selon des voies cachées ; cela aurait pu m'échapper sans un incident révélateur. J'ai soudain eu le désir, au cours de notre première conversation, qu'elle sache à quel point son niveau d'intuition m'impressionnait et j'ai lancé : « Pour une personne aussi brillante que vous... »

Elle me coupa, d'un regard étrange. « Pourquoi dites-vous cela ?

— Quoi ?

— Que je suis brillante. Qu'est-ce qui vous fait dire cela, à partir de rien ?

— Eh bien, il est évident que la conscience que vous avez de vous est plus développée que chez 99 % des gens dont je m'occupe.

— Comment pouvez-vous dire cela après une seule rencontre ? » demanda-t-elle, soupçonneuse. Je répondis que je le pouvais, tout simplement ; elle en resta là. Une demi-heure plus tard, elle s'interrompit et demanda, plutôt timidement cette fois : « Vous pensez vraiment que je suis brillante ? » Je confirmai. Cette fois encore, nous n'insistâmes pas. Nous nous sommes revus quelques jours plus tard et les premiers mots qui vinrent à ses lèvres furent : « J'ai réfléchi aux raisons pour lesquelles vous dites que je suis brillante. »

Il m'était impossible de ne pas observer que mon compliment l'avait particulièrement touchée. C'était une marque non seulement de mon respect, mais de mon affection. En disant qu'elle était brillante, j'avais dit : « Je me sens proche de vous. » Je réécoute les bandes et je m'aperçois que Catherine s'est débrouillée elle aussi pour *me* dire, plusieurs fois ce jour-là, que j'étais brillant — sans y prendre garde apparemment — et, à chaque fois, avec une chaleur timide et gênée dans la voix.

Pourquoi ce petit jeu de cache-cache émotionnel était-il si important pour elle ? Il me semble que c'est parce qu'elle estime beaucoup plus facile de théoriser sur ses sensations d'irréalité que d'exprimer ouvertement le sentiment infiniment plus déchirant d'être perdue. Avant que leurs émotions ne se recouvrent de l'épais voile du déni, bien des enfants se sentent perdus, abandonnés. Catherine me rappelle ces enfants aux yeux écarquillés que l'on voit tourner autour des rendez-vous mondains — mariages, réceptions ou rassemblements à l'occasion d'une fête nationale — posant sur les adultes le même regard dubitatif que des spectateurs fascinés, dans un zoo.

Cette désinvolte duperie de la vie quotidienne dont s'émerveillent ces enfants est bien ordinaire, mais très troublante. Derrière les mots « Je l'aime » gisent des sentiments rentrés et des trahisons secrètes. Les gens qui font étalage de leur générosité se révèlent, dans le secret, les plus égoïstes. La jalousie se tapit sous un sourire. Les enfants ne savent pas vivre ainsi et Catherine n'a pas encore appris. De son point de vue, les autres vivent en sûreté dans une réalité commune alors qu'elle les regarde de l'extérieur. « Je vis dans une autre dimension », se lamente-t-elle. Cette tenace sensation d'isolement lui rend les choses effrayantes. Elle n'est pas en sûreté. Les autres humains vivent dans leur foyer tandis qu'elle est l'éternelle étrangère.

Bien des gens sensibles connaissent ce sentiment. La sagesse et la poésie, aussi bien que l'angoisse, peuvent jaillir de cette situation. Mais je comprends bien que la solitude de ces gens est généralement telle que la plus ordinaire des réactions est l'angoisse. Après tout, c'est principalement en nous reliant aux autres que nous réussissons, pour la plupart, à nous sentir réels.

Catherine affirme qu'elle se sentait absolument normale et « en phase » avec les autres il y a quatre ans ; elle est particulièrement sûre d'elle sur ce point. Elle avait trente et un ans et venait de décider de rompre avec un homme qu'elle avait régulièrement vu depuis plusieurs années. « Depuis le tout début de notre relation, j'ai su que Roger n'était pas "le bon", mais nous nous aimions et nous aimions vraiment être ensemble. » Elle finit par rompre avec cet homme parce qu'elle avait décidé de chercher quelqu'un avec lequel elle désirerait vraiment se marier. Cette raison lui suffisait et la rupture se fit, sans rancune.

Mais Catherine commença immédiatement à avoir des doutes sur ce qu'elle avait fait. Avec moi, elle glissa là-dessus. « Lorsque nous avons rompu, j'ai ressenti une perte brutale. Je me demandais si j'avais mal fait, si je ne devrais pas lui revenir, vous savez, tout ce bla-bla-bla. Puis ma vie a continué. » Dans le mois suivant la rupture, elle rencontra un autre homme, un client de son entreprise de restauration.

Elle était très amoureuse de lui et elle continue d'affirmer que leur relation, brève mais intense, l'a amenée plus près que jamais du mariage. Cependant, dès les premiers jours, elle se rendit compte que ses parents à lui, juifs orthodoxes, la refusaient vigoureusement car elle était de tradition catholique. « Au début, ça ne faisait rien parce que je me sentais sûre de moi et enthousiaste ; je ne leur permettais pas de se mêler de ma vie. Mais les réactions de rejet se sont accumulées et je les vivais comme quelque chose de pire que des tortures... »

Catherine s'interrompit. Je déduisis qu'il y avait eu une rupture orageuse et qu'elle s'était « effondrée » ou avait peu ou prou réagi sous la forme d'une dépression nerveuse. Il n'était pas évident qu'elle fût passée par une véritable psychose. En fait, elle s'est mise à nourrir une peur morbide d'avoir contracté le Sida. « Toutes les fois que je donnais mon sang, je tremblais comme une folle. On a eu besoin de mon sang trois fois cette année-là et j'étais terrorisée à l'idée d'être peut-être infectée. » Plusieurs fois, elle a appelé le numéro de renseignements d'urgence sur le Sida, chaque fois pour se faire rassurer sur le fait qu'elle n'avait aucune raison d'avoir peur (ce que confirmait chacun de ses dons de sang).

C'est pendant cette difficile période qu'elle commença à se sentir irréelle. Elle dit que cette sensation était tout à fait nouvelle et inattendue lorsqu'elle se produisit pour la première fois. Elle n'avait jamais eu, de sa vie, ce sentiment « d'être hors de son corps » ou « d'avoir sa conscience là-haut » (elle mettait alors les mains au-dessus de la tête). Je lui expliquai que bien des gens ont des sensations semblables sans en être dérangés, mais elle répondit sèchement : « Qu'est-ce que ça peut faire si je reste dans cet état lamentable ? »

J'ai tendance à croire Catherine lorsqu'elle affirme avoir commencé très brutalement à se sentir irréelle. D'un autre côté, je ne peux pas admettre son histoire d'une vie tellement parfaite avant qu'il ne se fût « passé quelque chose ». Sa nostalgie du passé est inébranlable ; c'est l'envers de son refus de s'ouvrir au présent. Elle affirme que son seul souhait est de revenir à ce qu'elle était quatre ans auparavant, avant son histoire d'amour ratée. Cette période s'est enracinée dans son esprit comme un idéal qui la ravit :

« A ce moment-là, je me sentais détendue, bien centrée. J'avais confiance en moi et j'avais un but. Je me sentais comblée : j'avais une relation, de l'argent, l'esprit en paix. Je me sentais bien dans ce que je faisais et je réussissais à ne pas en être fière. J'avais le sentiment de me développer agréablement. De faire partie de l'Univers, comme si je souhaitais véritablement me trouver là. Lorsque des gens me regardaient, j'étais capable de les faire se sentir bien. »

Catherine a scindé le temps entre « alors » et « maintenant », le bien et le mal, sans nuances. Ne nous étonnons pas de ce que sa situation l'a ligotée, telle qu'elle l'a créée, il n'y a pas de solution. Elle a, d'une part, ce besoin de perpétuer cette scission dans sa vie (afin de préserver le mythe du passé de perfection qu'elle laisse derrière elle), tandis que par ailleurs elle languit de se sentir à nouveau réelle, ce qui signifierait sauter à nouveau dans le flot des choses. Pour l'heure, elle ne semble pouvoir que se cramponner à ses vues sur un monde tout en blanc ou en noir.

Ne me dites pas que je ne suis pas folle

Catherine, certainement, est réelle ; elle a simplement eu la malchance de passer d'un niveau de réalité dans un autre, comme cet enfant qui comprend un jour que le fait d'avoir maîtrisé la locomotion à quatre pattes n'ouvre que sur l'incertaine perspective de l'apprentissage de la marche. Les bébés passent instinctivement par cette étape et leurs parents les guident dans les passages difficiles avec des encouragements attentionnés. Mais lorsque le psychisme d'un adulte commence à ressentir l'éventualité d'une perspective totalement nouvelle, la période de transition se charge d'obstacles.

Il n'existe pas de manuel permettant d'accéder à des expériences « normales » d'un Soi supérieur. L'image, dont nous disposons, de saints soudainement transpercés par un rayon de lumière divine, est beaucoup trop simple ; même les réalisations spirituelles les plus remarquables s'effectuent dans les limites de la vie mentale quotidienne, faite de doutes, de peurs, d'espoirs et de dénis. Les adultes ont besoin des mêmes encouragements affectueux que ceux que les parents donnent à un bambin qui hésite sur ses jambes. Malheureusement, notre société est totalement dénuée dans ce domaine et chacun de nous doit ramer seul vers les rivages étrangers qui nous invitent au-delà des eaux.

Mais, plus étrangement encore, les douleurs croissantes de la conscience de soi sont parfois prises pour le but à atteindre. Catherine faisait cette erreur et son doute d'elle-même renvoie à une culture qui se méfie profondément des expériences spirituelles. Je ne fais pas simplement allusion aux accusations de folie qui enveloppent quiconque s'évade des cheminements normaux de la pensée, de la vision ou du comportement : ce problème, malheureusement, existe dans toutes les cultures. Le plus inquiétant est que notre société redoute tant le Soi que nous l'assimilons à la mort et à la dissolution. Lorsque Freud fut confronté au fait que tout psychisme désire ardemment un état sans limites, il inventa la « pulsion de mort » ou « désir de Nirvana » — ce qui, à ses yeux, revenait plus ou moins au même.

Mais le Nirvana n'est pas la mort. C'est un mot sanskrit qui désigne l'Etre, la Conscience sans limites, le fondement primordial du Soi. D'une manière générale, la psychiatrie continue d'ignorer cette précision et l'on continue de craindre que la totale conscience de soi puisse être une sorte d'annihilation. Irvin Yalom décrit l'instant où, après moult combats, il amène l'un de ses patients névrosés à l'étape où celui-ci commence à s'ouvrir à la conscience du moi :

> Marvin et moi avions donc atteint un point crucial, le point de jonction où mène inévitablement la prise de conscience. C'est le moment où l'être se tient devant l'abîme et décide comment affronter les faits existentiels et cruels de la vie : la mort, l'isolement, l'absence de fondement et de signification. Bien sûr, il n'y a aucune solution. On a seulement le choix entre plusieurs attitudes : se montrer « résolu », « engagé », faire

front, accepter stoïquement, ou encore renoncer au rationnel et, dans la ferveur et le mystère, placer sa confiance dans la providence divine.

Et dire que c'est cela, *l'objectif* mûrement réfléchi de la thérapie ! Il serait plus charitable de croire que le patient n'a pas encore commencé. Pour être honnête, je dois ajouter que Yalom est un thérapeute « existentiel », c'est-à-dire que son credo réside dans l'incrédulité : la vie n'a aucun sens ni but intrinsèque autre que celui créé par chaque individu (au travers d'une « attitude » arbitrairement choisie).

Nombre de psychiatres — la plupart peut-être — seront d'accord que les dilemmes de la vie n'ont pas de solution et se contenteront simplement d'éviter de faire précéder leur opinion d'un « bien entendu ». Hors du cabinet du thérapeute, le profane renvoie, en écho, à cette même vue pessimiste sur le monde, peut-être pas sous forme de mots, mais dans sa quête incessante du plaisir et sa perpétuelle fuite devant la souffrance. Catherine a grandi avec une version aussi piètre que cela de la réalité, aussi résiste-t-elle à sa « conscience supérieure », tourne-t-elle le dos à ses intuitions et regrette-t-elle la télévision et le verre de vin des samedis soir — n'importe quoi pourvu qu'elle ne voie plus ce qu'elle voit vraiment, ne sente plus ce qu'elle sent vraiment.

Lorsque j'ai tenté de mettre ses expériences sous un jour favorable, Catherine m'a rétorqué : « Cette façon d'être à l'extérieur de moi-même tout le temps n'est pas naturelle. Les gens me disent que je fonctionne bien et qu'il n'y a donc pas de problème. Je sais que je fonctionne encore bien, mais j'ai peur. Quelquefois, je regarde un calendrier et je pense : "Comment peut-il y avoir des dates ? Qu'est-ce que le temps ?" C'est trop fort. Suis-je folle ? Heureusement, quelqu'un m'a dit que l'on ne peut plus devenir fou après un certain âge... »

En y mettant plus de force encore que jamais avec elle, j'ai répondu : « Vous n'êtes pas folle. Pas du tout. Vous passez par des expériences dont vous ne savez que faire. Elles viennent trop vite. Mais elles sont bonnes. Ce qui vous arrive n'est pas absolument sain parce que cela provoque chez vous de la panique, de l'angoisse, etc. Mais il y a quelque chose de l'ordre du "témoin" là-dedans. Savez-vous de quoi je parle ?

— Heu... Si vous vous rappelez bien ce médecin des névroses obsessionnelles, enchaîna Catherine, il voyait de l'obsession névrotique partout, sauf chez lui. J'aime bien être avec vous et vous parler et je vois que vous avez l'habitude de converser avec des esprits bien au-dessus du mien, mais vous êtes formé pour rechercher ce "témoin". Peut-être voyez-vous dans mes symptômes des ouvertures vers de nouveaux chemins, mais je les vois comme une névrose. »

Je reculai immédiatement ; il fallait que les choses se passent naturellement et à leur rythme propre. Mais je ne pouvais m'empêcher d'être triste que Catherine fût conditionnée au point de se voir comme « malade » plutôt que normale, et même douée. Elle s'agite au beau milieu d'un jargon psychologique peu flatteur, avec lequel elle se décrit. J'ai failli lui dire, à un moment : « Je pense que vous êtes vraiment sur une piste. » Dès que j'eus prononcé les mots « Je pense que vous êtes », elle bondit avec un « en état de schizophrénie aiguë ». Il était très important pour elle de s'étiqueter comme il lui plaisait.

Lors de notre première conversation, qui a duré moins d'une heure, elle s'était aussi dépeinte, plusieurs fois, comme obsessionnelle, névrosée, dépressive, anxieuse, peu sûre d'elle, hypertendue et folle. En fait, son immense inquiétude sur le fait de ne pas être saine d'esprit est certainement le signe le plus sûr qu'elle l'est bien. Elle décrit ses symptômes avec clarté et perspicacité. Elle n'a ni hallucinations ni pensées délirantes. J'ai même pu lui faire admettre, de mauvaise grâce, qu'elle se trouvait parfois agréablement détachée de ses symptômes et voyait au-delà. C'était au moment où elle m'avait parlé des dix médecins qu'elle avait vus avant moi. « Dix spécialistes qui vous donnent dix diagnostics différents et, comme par hasard, c'est à chaque fois le diagnostic dans lequel ils sont spécialisés, lui dis-je. Cela vous évoque quoi ?

— Que c'est ainsi qu'ils voient la chose, répondit-elle, évasivement.

— Mais cela vous apprend quoi sur ce que vous avez ?

— Peut-être qu'ils ont déjà rencontré ces symptômes avant. C'est peut-être mon besoin d'aller voir dix docteurs différents qui *est* une obsession. Je peux avoir chacune de ces dix maladies aussi bien qu'aucune.

— Où est la vérité, selon vous ?

— Probablement une combinaison des deux, si cela a un sens. De toute évidence, je suis anxieuse, déprimée, j'ai "perdu le sens du réel", comme ils disent. D'un autre côté, pendant que je suis assise ici, je me demande si je souffre de quoi que ce soit. »

Si Catherine n'avait pas prononcé ces derniers mots, j'aurais admis que les probabilités de renverser son interprétation étaient minces, mais la chance voulait qu'elle ne s'était pas totalement abandonnée à l'idée d'être malade. Elle était assez intelligente pour saisir les points faibles des meilleurs médecins. « J'ai dit à un thérapeute que, lorsque j'avais deux ans, j'avais un petit fantôme personnel. C'était mon ami imaginaire. Et ce psychiatre a répondu : "C'était sans aucun doute votre désir d'un pénis." A cet âge-là, est-ce important que ce soit vrai ou faux ? Il y a quatre ans, je me sentais normale et aujourd'hui je me sens lamentable.

— Aviez-vous vraiment un fantôme familier ?

— Oui, vraiment — je n'inventerais pas une chose pareille. De nombreux enfants ont des amis imaginaires, n'est-ce pas ? Et s'ils n'en ont pas, je ne vois pas en quoi cela me concerne.

— Qu'est-il advenu de cet ami ?

— Je ne sais pas, répondit-elle, rêveuse. Quand j'ai grandi, il s'est simplement... Je ne me souviens pas. Il n'est plus avec moi. »

Pour autant que je puisse admirer son habileté à percer à jour ses médecins imbus d'eux-mêmes (moi compris, sans doute), Catherine ne semble pas se satisfaire de marquer des points contre eux. Elle souhaite être acceptée comme n'importe qui. Ces deux faces de sa personnalité ont créé dans sa vie un conflit majeur. « Vous voyez à quel point c'est dur pour moi de dire si j'ai raison de vouloir que l'on me traite pour ce que je suis. Suis-je une personne brillante qui, simplement, analyse excessivement les motivations des autres ? Ou bien suis-je si imbue de moi-même que je n'écouterai jamais personne ? »

Se relier au Soi

Plus je pense à Catherine, plus sa situation me semble ordinaire et plus elle m'apparaît comme une simple exagération de ce que sont bien d'autres personnes que je connais. Le thème commun à toutes ses expériences est une perte radicale de la confiance en ses relations, une fuite incontrôlée de l'assurance et du sentiment de sécurité qui lui laisse un vide fait de défiance et de solitude. Où que l'on regarde, les relations humaines sont dans un état de crise semblable. Préserver la stabilité d'un mariage et une vie de famille affectueuse est devenu un exploit le plus souvent voué à l'échec. Si Catherine est vraiment telle que je la vois, non pas « malade » mais simplement dotée d'une conscience aiguë d'elle-même, la sensibilité de cette même conscience la mène peut-être vers une solution.

Les relations sont fondées sur deux valeurs opposées : le sentiment de se sentir proche de quelqu'un tout en se sentant distinct de lui. La sensation de proximité, d'intimité, nous permet d'entretenir des rapports, de partager nos sentiments et d'échanger des mots et des idées. Le sentiment d'être distinct nous permet de conserver notre ego, de sorte que le « moi » ne se fonde pas dans le « non-moi ». Aussi longtemps qu'une personne ressent sainement la manière dont elle peut se partager sans exagération, la machinerie relationnelle tourne assez bien. Le nœud du problème de Catherine est qu'elle a dégringolé tête la première dans la sensation d'être distincte, sans que le sentiment de proximité, d'intimité, ne vienne ramener un équilibre :

« J'ai commencé à marcher en tous sens sans rien comprendre à mon existence. Ma mère n'est plus ma mère. Je regarde mon frère et je ne dis pas "Salut Richard !" mais "Qui est cette personne ?" Je sais que c'est mon frère, mais comment cela est-il possible ? Lorsque je regarde mon corps dans une glace, je dis "Comment ceci peut-il être moi ?" J'ai exactement le sentiment que le monde est *là-bas* et que je regarde son intérieur en étant hors de lui. »

Loin d'être délirantes, les sensations d'intense introspection de Catherine pourraient bien toucher à une vérité profonde. Nous gardons tous une part de nous-mêmes à distance des autres, quelque intimes que soient les relations que nous entretenons avec eux. En tant que personnes nous définissant en fonction de la manière dont nous établissons nos relations, nous avons une mère, des frères, une maison, un travail, etc. Le décor qui nous entoure évolue et nous changeons avec lui. Mais en tant que témoins qui se tiennent en arrière et observent la scène, nous sommes aussi fixes que des étoiles et notre nature invariante est totalement immobile, calme et sage.

L'un des plus anciens textes indiens, que l'on appelle « Le grand enseignement de la forêt » *(Brihadaranyaka Upanishad)* et qui remonte à mille ans au moins avant le Christ, nous apprend de quelle base émotionnelle profonde jaillit la sorte de sensation qu'éprouve Catherine :

> Ce n'est pas, en vérité, pour l'amour du mari que le mari est cher, mais pour l'amour du Soi.
> Et ce n'est pas pour l'amour de l'épouse que l'épouse est chère, mais pour l'amour du Soi.
> Ce n'est pas pour l'amour des fils que les fils sont chers, mais pour l'amour du Soi.

Celui qui parle est un roi du nom de Yajnavalkya. Il fut aussi un grand sage et tenta de communiquer à son épouse ce qu'il y a de plus réel et durable dans la vie. Il éleva le Soi au-dessus de n'importe quelles relations qu'une personne est susceptible d'établir avec son mari, sa femme ou ses enfants, mais certainement pas pour avilir celles-ci. Tout au contraire, il énonça un fait psychologique patent, à savoir que chacun de nous est plus intimement relié à lui-même qu'à quiconque autour de lui. Les relations commencent « ici, dedans », avec notre aptitude à nous aimer nous-mêmes, à nous connaître, à être nous-mêmes. Et, comme le dit Yajnavalkya à sa reine : « En vérité, ma bien-aimée, c'est le Soi qu'il faudrait voir, le Soi qu'il faudrait entendre, le Soi en lequel il faudrait se refléter, et le Soi que l'on devrait connaître. »

Si ces mots ont traversé plus de trois mille années

c'est que, pour chaque génération, le Soi s'éveille et demande à être connu. Lorsqu'il obtient satisfaction, les autres relations commencent à pâlir sous la comparaison, au début tout au moins, car l'intimité d'un être avec son propre être est presque irrésistible. Le monde devient un miroir enveloppant qui reflète la personne sous toutes ses faces. Commençons à chercher à quoi cela peut bien ressembler.

Lorsque, assis sur ma chaise, je médite, je me sens moi-même, personne isolée dans le temps et l'espace. J'ai des pensées et chacune prend un minuscule instant, mais de temps à autre mon mantra s'évanouit et je fais l'expérience du silence. Quelquefois, ce silence devient profond et j'y demeure pendant de longs moments. Lorsque cela se produit, je ne me ressens plus comme mon moi fini. J'ai pénétré le Soi. A quoi cela ressemble-t-il exactement ? Imaginez un homme muni d'une torche électrique, explorant un corridor long et sombre. Il ne voit que l'objet sur lequel tombe le rayon de lumière ; le reste demeure dans le noir. C'est comme l'esprit à l'état de veille, qui ne connaît de son contenu qu'une pensée à la fois. Maintenant, supposez que tout à coup ce soit tout le couloir qui s'illumine, révélant chacun des objets qu'il contient.

C'est cela le Soi : un éveil total à tout ce qui existe dans la conscience mais, au contraire du corridor éclairé, sans limitation physique — sans objets et sans murs. La conscience se voit simplement sous une forme pure. Voici une autre analogie. Imaginez un génie qui se repose sur son canapé. Peut-être est-il capable d'un grand nombre de pensées extraordinaires, mais pour l'instant, il n'en a aucune. Il n'en demeure pas moins un génie car son aptitude réside dans son *potentiel* à être brillant. Identiquement, le Soi est un état de potentialité, de possibilités non dites qui se déroulent, une à une, dans le monde manifesté.

Pénétrer le domaine du Soi peut, étonnamment, être une expérience faiblement spectaculaire et bien des méditants néophytes ne perçoivent pas la signification de leur quiétude intérieure. L'un de mes patients souffrait de crises d'angoisse depuis l'enfance et avait du mal à se faire à l'idée qu'il méditait correctement. Sur un ton d'encouragement, je lui demandai : « Avez-vous remarqué des périodes de silence dans vos méditations ?

— Jamais, répliqua-t-il fermement. Du moins, pas que je sache. Est-ce que je ne le saurais pas ? C'est ce que je cherche tout le temps. »

Je lui expliquai qu'on pouvait ne pas prêter attention au silence, au début. « Mais, intellectuellement, comprenez-vous que l'esprit puisse être silencieux ?

— Pas le mien.

— Et pourquoi pas ?

— Il est trop rapide.

— Mais il y a des espaces entre les pensées, même pour un esprit rapide, soulignai-je. Chacune de ces failles est comme une minuscule fenêtre qui donne sur le silence, à travers laquelle on peut vraiment contacter la source de son esprit. Nous parlons en ce moment et il y a bien des intervalles entre nos mots, n'est-ce pas ? Lorsque vous méditez, vous plongez à la verticale dans ces interstices. »

Là, il me retrouvait : « Bien sûr, mais je ne crois pas que j'en fasse l'expérience dans la méditation. » Je lui demandai de me décrire ce qu'il vivait. « La seule chose qui rende la méditation différente du simple fait d'être assis sur une chaise est que, lorsque j'ouvre les yeux après vingt minutes, j'ai souvent l'impression que deux ou trois minutes seulement se sont écoulées — et cela m'intrigue.

— Mais c'est bien la meilleure preuve que vous êtes passé au-delà de la pensée ! lui dis-je. Lorsque vous n'avez pas de pensées, il y a le silence. Le silence ne prend pas de temps et pour contacter le Soi il faut aller dans la zone du non-temps. Votre mental est tellement habitué à penser qu'il n'est peut-être pas en mesure d'enregistrer cette expérience au début. Vous avez peut-être le sentiment que le temps s'est simplement envolé, ou qu'il s'est perdu quelque part. Mais le temps "perdu" s'est en fait immergé dans le Soi. »

Mieux saisir intellectuellement ce qui lui arrivait a aidé cet homme ; mais le Soi du non-temps n'est pas un concept en lequel il soit nécessaire de croire ou qu'il convienne même de comprendre. Il est seulement indispensable de faire des allers-retours de la pensée au silence, encore et encore, jusqu'à ce que l'expérience complète du silence s'enregistre. Lorsque les yogis s'évadaient du champ du temps, ce n'était pas dans l'intention d'en rester éloignés à jamais. Ils savaient qu'aussi longtemps qu'ils posséderaient un corps celui-ci devrait fonctionner conformément aux lois de la nature ; aussi longtemps qu'ils utiliseraient leur cerveau pour penser, leur esprit devrait accepter les mêmes sensations, les mêmes souvenirs et les mêmes désirs que celui de n'importe quelle autre personne.

Tout cela était strictement nécessaire. Ce qui, cependant, ne l'est pas, c'est le fouillis de douleur et d'affliction qui apparaît lorsqu'une personne est prisonnière des événements. Pendant tout le temps où il pouvait faire l'expérience du pur silence, le système nerveux du yogi était libre de dénouer les nœuds des vieilles tensions et ainsi de guérir les blessures du temps.

Dès lors qu'une personne est convaincue que ses expériences de méditation sont réelles, elle entreprend un processus de maturation du soi dans le Soi. C'est-à-dire qu'elle commence à faire l'expérience de ce que signifie abolir toutes les divisions qui entretiennent les séparations entre les gens. La vie ordinaire ne fournit que bien peu d'occasions de ressentir cet état. Nous sommes conditionnés à ne jamais oublier que « moi » et « non-moi » sont différents, à une remarquable exception près : celle où l'on tombe amoureux. Basculer dans l'amour, c'est partager son soi avec un autre. Les barrières de l'ego tombent pour un temps et les amoureux conviennent qu'ils se sont fondus en une identité unique. Tant que dure le charme, chacun ressent les émotions de l'autre, respire le souffle de l'autre. Un invincible sentiment d'union rend la solitude trop douloureuse à endurer.

Notre culture tend à dénigrer cette union comme une illusion psychologique passagère et probablement malsaine si elle se prolonge beaucoup au-delà de ses premières ivresses. (Le lexique des anomalies psychologiques s'est récemment enrichi de la notion de « dépendance amoureuse ».) Mais les yogis diraient qu'il n'y a aucune raison pour qu'une personne ne puisse adopter sur elle-même deux perspectives, l'une immédiate (le soi) et l'autre universelle (le Soi). Un yogi les adopte toutes deux simultanément. Il a stabilisé sa conscience du Soi sans pour autant perdre son soi. Un intense sentiment d'amour accompagne ce nouvel état mais, au contraire de ce qui se passe lorsque l'on tombe amoureux, la fusion du yogi ne dépend pas d'une autre personne, même pas d'une bien-aimée. Le yogi se fond en tout, englobant tout dans son Moi. Pouvant alors voir en toute chose une partie de son identité, il n'a plus de « moi » isolé à défendre. Il ne reste que l'amour.

Celui qui vit dans le Soi se sent intimement relié à autrui. Non qu'il soit particulièrement doué au petit jeu relationnel ordinaire du « je prends-je donne », mais parce qu'il donne tout de lui. Il ne retient rien et s'écoule donc sans effort au-delà des frontières de son moi isolé. Cela peut-il être un état naturel ?

A l'aube de ce siècle, le grand photographe Alfred

Stieglitz grandissait dans une famille allemande aisée, à New York. Au cours d'un hiver particulièrement rigoureux, un vagabond, joueur d'orgue de Barbarie, se présenta à la porte de service de la maison. Dès qu'il eut entendu la musique, Alfred quitta d'un bond la table familiale et courut donner un sou au joueur d'orgue. Le lendemain soir, celui-ci se représenta à nouveau et le petit garçon se précipita encore pour lui donner un peu d'argent.

Ce rituel se répéta, jour après jour, dans la neige et la boue. La famille finit par être très impressionnée et, un soir, la mère d'Alfred lui exprima son admiration de le voir si vaillant dans le froid, pour donner de l'argent à un mendiant. Surpris, Alfred leva les yeux et répondit : « Mais maman, c'est pour moi que je fais tout ça. » J'ai été transporté de gratitude le jour où j'ai lu cette anecdote pour la première fois ; elle me montrait que les motivations les plus intensément égoïstes peuvent être aussi les plus désintéressées.

De son côté, le célèbre philosophe juif Martin Buber eut l'occasion d'éprouver un mouvement d'élargissement, allant du petit vers le grand Soi, un jour où il remarqua un caillou qui brillait au bord d'une route :

> C'était un matin sombre et je marchais sur la grand-route. Je vis un morceau de mica, le ramassai et l'observai un bon moment ; puis, le jour s'étant vraiment levé, le caillou fut mieux éclairé. Soudain, j'ai levé les yeux et j'ai compris que pendant que je le regardais je n'avais pas eu conscience d'un « objet » et d'un « sujet » ; dans mon acte d'observation, le mica et « Je » n'avaient fait qu'un ; dans mon acte d'observation, j'avais goûté à l'unité. Je le regardai à nouveau, mais l'unité n'était plus là.

Il n'y avait là rien de mystique ; ce n'était que l'expérience vraie, dépouillée des voiles qui nous font penser que nous *ne* faisons *pas* un avec les rochers, les arbres, les montagnes et les étoiles. Pendant un court moment, Buber avait remplacé la relation par l'unité, saisissant au vol, pour un instant, une vision du monde qui aurait pu l'être de façon permanente. Cela ne se produit que rarement car le système nerveux des gens ordinaires est trop actif, trop conditionné par des années de non-silence.

Si un moment d'unité dure suffisamment, celui qui le perçoit a le temps de se rendre compte de ce que serait un état permanent où le « moi » et le « non-moi » coexisteraient en paix dans le même esprit. Dans son journal, l'essayiste anglais Mark Rutherford évoque une matinée de printemps où, se promenant dans les bois, il vit par hasard un vieux chêne, énorme. L'arbre était en train de perdre ses feuilles et éclatait en une nuée tourbillonnante de bourgeons vert-jaune. Saisi par la splendeur de tant de vie toute neuve, Rutherford ressentit soudain que « quelque chose se passait, rien moins qu'une transformation de moi et du monde ».

Le chêne n'était plus « un arbre lointain et distinct de moi. Les barrières enfermant la conscience étaient tombées... La distinction entre le soi et le non-soi était une illusion. Je sentais monter la sève ; le torrent qui débordait de ses racines jaillissait en moi aussi et la joie de son déferlement, de l'extrémité de chaque brindille jusqu'à sa cime, était mienne. » Fusionné avec l'être de l'arbre, les mots *Toi en moi et Moi en toi* lui vinrent. La clef de son expérience résidait dans l'unité que traduisait cette phrase. « Je ne peux rien expliquer ; ce serait simple de prouver mon absurdité, mais rien ne peut ébranler ma conviction. *Toi en moi et Moi en toi.* La mort ! Qu'est-ce que la mort ? Il n'y a pas de mort : en toi, c'est impossible, absurde. »

Innombrables sont les gens qui ont vécu de tels moments. Ils ont fusionné avec la nature pendant un laps de temps et sont parvenus au Soi. N'est-il pas possible, alors, d'aller plus avant et de penser à un état où la personne fusionnerait avec la nature de façon permanente ? Tel est bien le défi que lance le yogi à notre conception ordinaire de l'être. Etre humain, disent les yogis, c'est faire l'expérience du silence unique sous-jacent à toute chose. En vérité, la vie *est* silence et dans la communion du silence toute vie est soi-même.

Entrer dans le silence

A la fin de notre première entrevue, je décidai de demander à Catherine de garder un silence strict et de ne parler à personne pendant les trois journées à venir, à l'issue de quoi nous nous retrouverions et parlerions à nouveau. Elle avait été admise à la clinique, hors de Boston, où je vois mes patients ; ses besoins quotidiens seraient donc pris en charge. Simultanément, cette période de silence serait une bonne occasion d'approfondir son expérience de la méditation, dans laquelle elle avait fait ses premiers pas le mois précédent.

Catherine hésitait à tenter mon expérience. « Devrai-je rester totalement silencieuse ? demanda-t-elle nerveusement.

— Oui. Si vous avez besoin de quoi que ce soit, vous pouvez écrire un mot et le donner à un membre du personnel. »

Cela ne la rendit que plus fébrile. Catherine a coutume de constamment s'abriter derrière un bouclier de mots, tant pour soulager son angoisse que pour la dissimuler. Je voyais combien la perspective du calme lui apparaissait comme la suppression de sa tente à oxygène. « Je vous en prie, ayez un peu de foi, la suppliai-je. Vous serez peut-être surprise de ce qui va se passer. »

Elle céda. « Puis-je au moins appeler mon frère pour lui souhaiter un bon anniversaire ? demanda-t-elle. (Je fis signe que oui.) Puis plus un mot à personne ?

— Pas un mot. »

Demander à un patient d'entrer dans le silence est une mesure peu commune — je m'empresse d'ajouter que passer des jours en silence n'est pas une condition sine qua non de succès pour la méditation — mais je n'avais trouvé aucun autre moyen d'empêcher Catherine de constamment verbaliser chaque détail infime de ce qui lui arrivait. Les mots lui servaient à s'évader, elle m'échappait et échappait à quiconque tentait de l'aider ; finalement, elle s'échappait à elle-même. De plus, j'avais le sentiment qu'elle avait une perception fondamentalement erronée de son problème. Elle se croyait en dehors de la réalité et tentait désespérément d'y retourner. J'avais souvent l'impression, au contraire, qu'elle dépensait tout autant d'énergie à faire en sorte de *rester* à l'extérieur.

Pourquoi ? Participer au monde quotidien apporte un mélange de plaisirs et de peines mais Catherine préférait flotter au-dessus du monde comme un ballon à peine rattaché à la terre. Cette position avantageuse ne lui procurait pas grand plaisir, mais contribuait évidemment à la tenir à l'abri de toute douleur supplémentaire. Catherine savait que ses plans d'évasion avaient échoué. Elle restait arrimée au sol par ses souvenirs, son chagrin et surtout son désir de nous rejoindre. Je n'espérais pas que quelques journées de silence occasionneraient un événement majeur mais au moins je serais là pour l'accueillir si elle se décidait à atterrir pour renouer avec elle-même. Ce serait, je le savais, un moment extrêmement fort.

A l'issue des trois jours, je sentis qu'un changement s'était produit. Catherine semblait reposée et moins anxieuse ; elle ne reprenait pas l'obsédante litanie de ses doléances. Elle me regarda d'un air interrogateur et, après avoir reconnu qu'elle se sentait un peu gaie, demanda : « Qu'étais-je censée trouver là-dedans ?

— Que pensez-vous y avoir trouvé ?

— Eh bien, je me sens toujours comme un arbre de Noël illuminé, dit-elle avec un rire piteux. Et j'ai toujours envie de tirer la prise pour que les lumières s'éteignent. » Elle s'interrompit.

Je la pressai d'en dire plus.

« Je ne sais pas, murmura-t-elle, évasive. Je me suis beaucoup promenée. Il y a eu quelque chose.

— Oui ?

— Il y a un grand érable foudroyé dans votre forêt. Avec un trou au milieu, à peu près à hauteur d'homme. Je suis passée par là et j'ai vu quelque chose bouger dans le trou. Je me suis approchée. C'était un nid. Il y avait un seul œuf dedans. Bleu. Un oiseau adulte se tenait à côté, sans bouger. J'étais surprise qu'il ne s'envole pas mais, en y regardant de plus près, j'ai compris ce qui se passait. L'œuf était en train d'éclore. De petites craquelures se faisaient, puis j'ai vu un point marron, le bec.

« Je suis restée très calme, retenant mon souffle. Je me suis demandé un instant ce que je pouvais faire pour aider, mais j'ai entendu dire que si on touche un poussin, sa mère le rejette. Alors, j'ai simplement regardé et, très lentement, j'ai avancé ma main jusqu'à trente centimètres du nid. Mais l'oiseau ne s'est toujours pas envolé. Le poussin devait être épuisé car dès qu'un gros morceau de coquille tombait, il ne bougeait plus pendant plusieurs minutes.

J'ai décidé de repartir. » Nous avons tous deux gardé le silence.

« Savez-vous pourquoi la mère ne s'est pas enfuie ? demandai-je. C'est parce que vous étiez authentiquement calme. Vous promeniez votre silence intérieur et vous le projetiez. Vous n'avez peut-être pas remarqué que c'est cela que vous faisiez parce que vous croyez peut-être qu'un esprit silencieux ne peut pas penser. Vous pouvez en même temps penser et être silencieuse. Il y a deux niveaux différents de vous-même. L'esprit pense, mais le silence demeure. »

Catherine avait fait l'expérience d'une petite ouverture sur la quiétude. Je lui expliquai que le monde, vu de cette fenêtre, est très différent de celui auquel nous sommes accoutumés. La plupart d'entre nous, loin d'irradier du silence, émettent de l'hystérie, reflétant ainsi leur agitation mentale intérieure. Lorsque cet émoi intérieur décroît, il laisse un espace où le changement peut commencer. « Votre esprit est calme par nature, mais il faut vous calmer pour le comprendre. Tout s'organise correctement et spontanément dans la mesure où vous êtes calme. A la lumière d'une conscience de soi tranquille et stable, un sentiment de plénitude s'éveillera en vous. Cette plénitude n'est en aucune manière une pensée ; c'est simplement votre propre esprit, vide de pensée mais plein de *vous*. Il n'est pas nécessaire de faire quoi que ce soit pour atteindre cet état ; le processus ne demande aucun effort. Il n'est même pas utile de laisser aller cela consciemment. Tout ce qu'il faut, c'est un esprit en paix. »

Cette seconde conversation avec Catherine fut aussi la dernière. Sa semaine en clinique allait s'achever dans deux jours. Nous étions restés moins de deux heures ensemble, mais je me sentais proche d'elle. Elle avait tant misé sur le fait d'être vraie avec elle-même. Juste avant de nous dire au revoir, elle semblait prête, pour la première fois, à parler de son avenir — je veux dire de la possibilité d'en avoir un, en effet, au lieu de gâcher sa vie à clamer contre le présent et à se plaindre du passé. « J'étais venue ici pour voir s'il y avait un moyen de retourner à ce que j'avais perdu, même si mon esprit m'avait déjà dit que c'était impossible. Il me faut continuer, dit-elle.

— Ne serait-il pas trop triste d'exister sur un souvenir ? demandai-je. C'est cela, le passé. » Tout doucement, elle donna son accord.

J'ai quitté la ville le lendemain, mais les infirmières m'ont dit ensuite que Catherine avait l'air beaucoup plus joyeuse et ouverte au moment de partir. Elle avait remarqué pour la première fois à quel point certains autres patients étaient malades et avait passé plusieurs heures à se promener et à parler avec deux vieilles dames qui souffraient de cancers avancés. Aujourd'hui, mon sentiment véritable est que Catherine n'est pas perdue mais vit une transition. Elle est sur le point d'arriver à une conception nouvelle, bien plus élevée, de ce qu'elle est.

« Vous ne cessez de demander qui vous êtes vraiment, lui ai-je dit lors de cette dernière rencontre. Intellectuellement, vous êtes une pure conscience, le fond immuable contre lequel viennent battre toutes les pensées. Cette pure conscience est un continuum. Elle n'est brisée ni par le temps ni par l'espace — elle est, simplement, à jamais et pour toujours.

« Lorsque vous êtes votre propre "témoin", vous faites l'expérience de votre vraie nature. C'est la clef de la liberté. La liberté, c'est la connaissance expérimentale de votre propre nature. Vous disposez déjà de certains éléments pour cela. Vous semblez souvent, vraiment, être témoin de votre corps et de votre environnement. Vous me l'avez dit et redit. Vous vous tenez même à l'écart de vos propres pensées.

« Pour l'instant, cette expérience ne crée aucune

joie, mais cela est-il impossible ? Vous êtes en train de découvrir que votre propre coin d'immortalité est distinct de toutes les choses mortelles. Cela n'est-il pas passionnant ?

— Je peux accepter cela en tant que concept, mais je ne le sens pas encore. »

Je rends hommage ici à l'honnêteté de Catherine. Nous ne vivons pas en un âge de foi et bien des gens ont des problèmes dès lors qu'une quelconque opinion sur la vie incorpore la moindre allusion à l'immortalité. « La vie ? Je sais déjà ce qu'est la vie » déclare le soi isolé. « C'est penser, ressentir, respirer. C'est fini lorsque tout cela se termine. Je n'ai pas besoin d'aller plus loin. » Mais je ne demande pas à Catherine d'avoir la foi. Simplement la volonté d'explorer à l'intérieur et d'attendre l'émergence des faits. Ils ne sont pas rares, ceux qui se sont allongés, à demi assoupis, au fond d'une barque dérivant sous un ciel d'été sans nuages, à avoir senti quelque chose d'immense, de calme et sans fin. Dans un certain état de relaxation, ce quelque chose semble être partout, à l'intérieur comme à l'extérieur. Il ne vous sourit ni ne vous fait les gros yeux ; il est, simplement.

Pour qu'une personne accepte le fait que cet état immense, immuable et éternel est elle-même, il faut, quotidiennement, bien des plongeons dans le silence et des remontées. Alors la porte s'ouvre à une expérience qui nous transforme véritablement, nous et le monde. Et l'on comprend alors que tout ce que l'on faisait dans l'isolement — penser, sentir, respirer — amenait sur un chemin secret. Le soi a toujours voulu le contact ; il existe de manière à pouvoir se marier avec le Soi.

10

Souvenirs de paradis et paradis retrouvés

Simon vous dira que la flûte lui a sauvé la vie. Mais la vérité est bien plus immense encore : la flûte *est* sa vie. Il ne se passe pas un jour sans qu'il ne joue de cet instrument ou qu'il n'apprenne à d'autres comment en jouer. Il se produit en soliste dans des dizaines de concerts chaque année. Dans sa boutique du centre-ville, il répare et essaie des flûtes, il fait des démonstrations ; il en fabrique d'autres, à partir de rien. Rentrant chez lui, le soir, accroché à une poignée, dans le métro, il se remémore les beaux instruments d'argent qu'il a caressés et lustrés au cours de la journée.

Vous pouvez donc imaginer toute l'horreur de ce qui lui est arrivé récemment. Simon s'est réveillé un matin, il y a cinq mois, ne soupçonnant rien d'inhabituel. Et il a découvert que le son de la flûte ne lui plaisait plus. Les mélopées, les gammes, les roulades et les trilles de sa propre flûte lui étaient devenus hideux et crissaient comme des ongles griffant une planche. En une nuit et sans raison, le plus grand plaisir de sa vie s'était changé en de la douleur.

« D'où vient ce son criard, lui demandai-je. D'un instrument précis ?

— Non, peu importe celui que je prends » répondit-il, lugubre. C'est toujours mon énergie qui se transmet au travers. J'ai toujours créé une certaine qualité de son que mes pairs considéraient comme magnifique, mais ce que j'entends maintenant est strident et insupportable. C'est devenu gênant au point que j'ai horreur de jouer. »

Le visage blême et crispé de Simon s'est levé vers moi. « Et c'est venu comme cela, à partir de rien ?

— Absolument. »

Je le pressai : « Aucun avertissement ? Souvenez-vous.

— Tout ce que je puis vous dire c'est que tout semblait aller très bien dans ma vie lorsqu'un psychiatre m'a prescrit d'arrêter de prendre un antidépresseur qui m'avait bien aidé, depuis un an, à la suite de ma rupture avec mon ancienne amie. Lorsque mon psychiatre m'a dit tout de go de m'en défaire, je lui ai demandé s'il pensait vraiment que c'était la bonne solution, et il a affirmé que oui. Le lendemain matin, je me suis réveillé avec des bourdonnements et des sifflements d'oreilles, comme si quelqu'un jouait de la flûte dans ma tête. »

Le psychiatre de Simon lui a patiemment expliqué que la brusque modification de son ouïe ne pouvait être mise sur le compte de l'arrêt des médicaments, mais sans parvenir à le rassurer. Les divers spécialistes consultés se sont tous montrés déconcertés par le curieux mélange d'éléments physiques et psychologiques que présentaient ses symptômes. « A chaque fois que je déglutis, jai la sensation que mes oreilles se remplissent de liquide. C'est comme s'il y avait des arbres dans mon corps, avec des branches qui crépiteraient et se rempliraient de liquide lorsque j'avale. Je suis allé voir quatre spécialistes ORL. Deux m'ont déclaré qu'il n'y avait pas de liquide et les deux autres m'ont affirmé le contraire. Un seul a expliqué qu'il allait me soigner, mais les médicaments qu'il m'a donnés n'ont pas marché. Mes tests auditifs sont normaux et au-dessus de la normale, tout comme avant, mais je sais que je ne vais plus bien.

— Puisque votre vie est tellement reliée à votre sens auditif, soulignai-je, pensez-vous qu'un problème émotionnel de quelque sorte que ce soit pourrait s'être fixé, par le biais de ce symptôme, dans vos oreilles ?

— Je ne sais pas. Il y a quelques mois, j'ai commencé à penser que ce n'était peut-être pas du tout physique. Que peut-être c'était quelque chose sur quoi il fallait que je travaille. Des gens m'ont dit "Va en parler à quelqu'un" et, depuis des mois, j'en ai parlé, parlé, parlé, mais les psychologues ne me racontent rien que je ne sache déjà. Supposons que ces problèmes soient d'ordre névrotique. Bien, alléluia ! nous avons une réponse ! Mais je me sens toujours condamné. »

Les auditoires de Simon, apparemment, ne semblent rien remarquer d'anormal dans la manière dont il joue. Pour eux, sa musique est inchangée et ses pairs le félicitent toujours, tout particulièrement pour ses tonalités si sensibles et expressives. Le fait qu'il haïsse son propre jeu maintenant est ainsi devenu un profond et sinistre secret.

« C'est peut-être provisoire. Personne ne s'est encore plaint à vous, lui fis-je remarquer.

— Non, mais cela pourrait arriver, rétorqua-t-il, angoissé. Je redoute constamment que quelqu'un saisisse ou commence à entendre mon son comme je l'entends. C'est forcément ce qui va arriver, n'est-ce pas ?

— Je ne sais pas. » Je me sentais aussi troublé que lui.

Telle est la situation. Simon éprouve des difficultés de plus en plus grandes à conserver son intégrité, tant personnellement qu'en tant que musicien. Il ne cesse de culpabiliser pour ce son discordant qu'il « fait subir » aux gens. Pire encore, son bonheur a toujours dépendu de la flûte depuis son enfance à Brooklyn, où ses maîtres découvrirent un jour son talent musical. J'imagine bien le jeune adolescent sans défense qu'il a dû être.

Aujourd'hui encore, à trente-cinq ans, Simon est chétif. Il porte de petites lunettes cerclées et fragiles, sa lèvre inférieure se déroule en une rondeur identique, offrant un support parfait au rebord de sa flûte. Il parle dans un tourbillon nerveux de mots et touche à peine terre avant de se précipiter sur quelque chose d'autre. Je ne peux m'empêcher de penser qu'il a eu de la chance de rencontrer la flûte. Un garçon comme Simon aurait fort bien pu se faire broyer par les rues de Brooklyn.

Privé du plaisir de son instrument, il s'assombrit et s'isole, de semaine en semaine. « J'ai un concert dimanche, avec un orchestre composé principalement de médecins et de juristes. Il y a là une violoncelliste vraiment merveilleuse. Elle est mignonne et je crois qu'elle me regarde. J'aimerais sortir avec elle. On pourrait s'amuser beaucoup puisque nous sommes tous deux musiciens. Je joue aussi bien qu'elle, sinon mieux. Mais j'ai peur de prendre ma flûte et de jouer des duos avec elle, c'est pour cela que je n'arrive pas à l'inviter. »

Pour cet homme qui voit un rendez-vous avec une femme comme, avant tout, une occasion de « jouer un duo », ne pas être en mesure de jouer s'avère catastrophique. On pourrait être tenté d'ironiser sur les sous-entendus sexuels des paroles de Simon. Il est comme un tireur d'élite privé de revolver, comme un policier sans sa matraque, mais je ne crois pas que ces aspects sexuels approchent en importance la radicale perte de raison d'être qu'il a subie.

« Aussi longtemps qu'elle me satisfaisait, je ne me suis jamais soucié de savoir si les autres aimaient ma manière de jouer. Vous pouvez impressionner les gens pendant dix minutes et vous envoler momentanément, mais ces endomorphines ou tous ces machins que l'on a là — Simon montrait sa tête — ne sont jamais que de la morphine. Je veux ressentir cela pour moi-même. Je veux ressentir la plénitude ; sinon, ma musique n'a aucun sens. »

Il soupira avec lassitude. « C'est peut-être comme rencontrer une femme pour la première fois. On est enthousiaste, mais on finit par apprendre qu'elle n'est qu'une personne. La magie tombe par étapes et ce que l'on percevait se met à déraper. Peut-être que maintenant une flûte n'est pour moi qu'une flûte. Mon histoire d'amour avec elle est derrière et j'entends finalement ce que c'est réellement — qui sait ?

« Je commence à jouer, chaque jour, en espérant qu'elle va de nouveau bien sonner, mais j'entends ces grincements. J'essaie de m'extraire de cela en me disant : "Simon, ton son ne peut pas avoir changé. Tes oreilles sont simplement bouchées." Mais mes symptômes me disent autre chose. Je rationalise : "Regarde, il y a des gens qui vivent avec de la sclérose en plaques et des choses bien pires encore", mais ça ne m'aide pas. Je refuse tout simplement de vivre comme cela. » Il s'était tu et l'expression de son visage était plus renfrognée et déroutée que jamais. Jeté hors du paradis comme un ange déchu, il ne pouvait se remettre du choc ni reconnaître le lieu de sa chute.

Maintenant et pour toujours

La différence entre Simon et un ange déchu, c'est que le paradis est octroyé aux anges tandis que les humains doivent créer le leur. Quelqu'un a-t-il jamais réussi ? Simon était déjà assez privilégié pour avoir créé un recoin d'intense bonheur avec sa musique. Comme pour tout véritable artiste, c'est ce noyau créatif de lui-même qui l'avait fait vivre, jusqu'à ce jour sinistre où le flot de la créativité s'était tari. Un fossé était apparu entre le créateur et la chose créée et, même si celle-ci était encore belle, ce n'était plus *sa* beauté *à lui* que les autres admiraient. Tout son bonheur d'avant s'était perdu dans ce fossé, dans ce vide.

Ce problème n'est pas inhérent à Simon, ni même aux artistes en tant que tels. Quelque gratifiant que devienne un aspect de la vie, la satisfaction que l'on en retire ne demeure pas moins limitée. Elle s'use d'elle-même à moins que l'on ne trouve un moyen de rester en relation avec la source du renouvellement. Le renouveau est l'une des nécessités premières de la vie, au même titre que l'amour et la liberté, mais avec plus d'importance encore, puisque toute vie a besoin de se renouveler pour garder son avance sur l'infatigable processus de la destruction. La destruction pure n'existe pas dans la nature ; il y a plutôt, ensemble, une création et une destruction si étroitement imbriquées qu'elles sont inséparables. Nous ne cessons jamais de mourir et de renaître, au niveau physique. Chaque minute, des millions de nos cellules se divisent, sacrifiant chacune sa vieille existence dans une mort qui donne naissance à deux nouvelles cellules. L'influx créatif pousse la vie de l'avant, même lorsque le passé l'engloutit par-derrière.

Une profonde pulsion psychologique nous rythme tous dans ce processus dont Alice Miller parle avec une magnifique concision : « Il y a des besoins qui peuvent et devraient être satisfaits dans le présent... Entre autres, ce besoin central que tout être humain a de s'exprimer — de se montrer au monde comme il est vraiment — par ses mots, ses gestes, son comportement, dans chaque son authentiquement émis, depuis le cri du bébé jusqu'à la création artistique. »

La clef de ce remarquable passage est que la vie a besoin d'être satisfaite *dans le présent*. Mais il n'est pas si simple de définir le « présent ». Ce peut être la plus fine tranche de temps possible, l'instant flottant qui permet au futur de basculer dans le passé. On peut estimer, à l'inverse, que le présent est éternel car il est en perpétuel renouveau, comme une rivière n'est jamais deux fois la même. Et Schrödinger a pu déclarer : « Le présent est la seule chose qui n'a pas de fin. »

Créer le paradis pourrait signifier, ni plus ni moins, vivre dans le présent, jouir du bonheur qui est à la fois « maintenant » et « à jamais » — mais qui est capable de cela ? Les limites à l'intérieur desquelles vit l'esprit humain sont invariablement façonnées par le passé. C'est de la blessure d'hier que je me défends aujourd'hui, ce sont les gloires de l'an passé que je veux revivre, c'est un amour perdu que je veux retrouver. Le poseur de frontières qui exerce d'aussi colossaux pouvoirs sur nous est l'intellect, cette partie de l'esprit qui juge et catégorise nos expériences.

Nous avons déjà vu que l'esprit crée des frontières pour les besoins de son autoprotection. Parce qu'il est capable de repousser hors de vue les sentiments dangereux, d'ensevelir nos peurs enfantines et notre agressivité primaire jusque dans le monde souterrain de l'inconscient, l'intellect joue un rôle crucial dans le fait que nous nous sentons en sécurité. Toutes les fois que nous nous trouvons dans une situation menaçante sur le plan psychologique, l'intellect doit prendre une décision. « Cette personne va-t-elle me blesser ? Est-il dangereux de ressentir cette émotion ? Oserai-je dire ce que je pense véritablement ? » A quelque réponse qu'en arrive l'esprit, celle-ci deviendra la réalité provisoire sur laquelle nous nous appuierons pour agir et l'amas embrouillé et instable que constituent ces réalités provisoires est la Réalité elle-même.

Puisque la vie ne se lasse jamais de nous amener chaque jour une nouvelle vague de défis, les décisions intellectuelles que nous prenons continuent de tournoyer à jamais. Le nombre des questions qui émergent de la plus ténue des expériences est imposant. Est-elle ou non désirable ? Doit-elle être ou non répétée ? Est-elle vraie ou fausse, bonne ou mauvaise, agréable ou déplaisante ? Une fois prise, chaque décision part dans les archives de la mémoire et servira de référence pour une expérience future. Supposons que ma première séance d'équitation m'ait fait me sentir mieux / ait été bonne / agréable / ait valu la peine d'être renouvelée. La prochaine fois que je penserai à aller faire du cheval, ces estimations viendront colorer ma décision. Elles ne me contraindront pas à remonter sur un cheval, mais je ne pourrai pas les mettre totalement à l'écart non plus.

Une femme est venue me voir à la fin d'une conférence que je donnais, il y a deux ans, en Allemagne, pour me dire qu'elle travaillait pour un grand aquarium municipal où elle avait souvent observé un phénomène intéressant. A chaque fois que les épaisses séparations de verre à l'intérieur du réservoir principal étaient enlevées pour être nettoyées, les poissons se précipitaient vers l'endroit où aurait dû se trouver le verre et, juste avant d'en traverser le plan, ils s'en retournaient, repoussés par une barrière fictive.

J'ai trouvé cette observation passionnante. Nos propres limites infranchissables ne sont rien d'autre que ces sinuosités de l'esprit auxquelles un autre repli attribue des étiquettes si laides, si effrayantes, si répugnantes ou si terrifiantes qu'il n'est plus possible de les affronter. Si je rencontre un vieil ennemi qui m'a insulté dix ans auparavant, il va m'être pratiquement impossible de passer sur mon ancienne blessure. Les vieux jugements vont automatiquement resurgir dans mon esprit, érigeant un mur pour que cette personne, qui pourrait être mon ami, soit laissée dehors, rejetée par avance. En retour, sentant ma froideur, ses défenses s'élèvent, jusqu'à ce que nous nous trouvions chacun dissimulés derrière des barricades sans objet, vides de toute réalité. Cela se passe très vite, avant même que s'établisse la moindre relation, hormis la réitération de souvenirs éculés. Et le pire est que mon bourreau d'aujourd'hui n'est autre que le moi-même surgi d'hier.

Les rishis ont réfléchi à ce problème que pose l'intellect qui, à la manière d'un couteau à pain, ne cesse de découper la vie en fines tranches d'expériences, toutes étiquetées et jugées. Ils ont compris que ce découpage de la réalité, quoique nécessaire au processus de la pensée, est fondamentalement erroné. La vie est une rivière et non un robinet qui goutte. Les rishis ont donc soutenu que toute expérience qui dépend de telles fractions de vie et d'espace n'en est absolument pas une. C'est une fiction, une ombre, une idée de vie dépourvue de toute vérité. Nous permettons au monde de filer entre nos doigts, comme du sable, en l'interprétant sans fin, grain après grain : nous le perdons à chaque instant. Pour disposer d'une réalité totale et donc authentiquement vraie, il nous faut nous élever au-dessus de l'intellect et laisser de côté ses tranches de vie, si nettes. De toute manière, comme le pain de la veille, elles se dessèchent.

« Je suis le champ »

Au lieu d'un monde découpé en tranches et en rondelles, les rishis nous offrent un continuum — un fleuve vivant — qui commence au sein de notre conscience, s'étire pour créer toutes les choses et les événements « du dehors » puis revient à sa source, se dissolvant à nouveau dans la conscience. Finalement, la perception des rishis ne peut être évaluée qu'en s'élevant soi-même jusqu'à leurs états de conscience. Mais supposons qu'ils aient raison. Il devrait alors nous être possible de voir ce qu'ils voient, ne serait-ce qu'un instant. Je connais dans l'Oregon un enseignant âgé d'une quarantaine d'années. Il semble avoir entrevu cela au cours d'une méditation qui avait débuté dans un cadre familier :

> Ce matin-là, lorsque j'ai commencé à méditer, j'ai eu la sensation qu'un aimant très puissant m'attirait en moi-même. J'ai continué de plonger de plus en plus profond pendant quelques minutes, sans aucun effort de ma part, jusqu'à ne plus rien percevoir de l'extérieur. J'étais assis, le souffle tranquille, mais mon esprit était en alerte dans ce silence sans faille. Je savais que j'avais transcendé le point où mon moi personnel avait complètement lâché prise, emportant avec lui toute sensation de temps, d'espace, de direction, toute espèce de pensée.

A ce stade, l'expérience peut soit se prolonger pour transcender le silence, soit entamer une remontée vers la surface du mental, emportée par une pensée ou une sensation soudaines. Mais il se produisit cette fois un événement nouveau.

> Un point ténu de conscience a émergé de ce champ de silence absolument uniforme. La sensation la plus fine possible du "Je", une mince volute de conscience personnelle, est apparue et, avec elle, la sensation de "transformation" — je ne trouve pas de mot plus approprié. Cette transformation a dû agir comme une étincelle car j'ai été soudain enveloppé par un énorme déferlement lumineux. Rien n'existait à part la lumière et je savais, intuitivement, qu'il s'agissait d'intelligence ou de conscience, sous une forme visible.
>
> J'étais assis avec les yeux clos, mais je pouvais cependant voir que tout, à l'extérieur de moi, était également constitué de la même lumière blanche et éclatante. Mon corps, les tables et les chaises, les murs et les fenêtres, le bâtiment et tout ce qu'il y avait au-delà, tout était coulé dans cette lumière intelligente, cette pulsation de vie. Un moment après, la lumière s'est éteinte progressivement. Je suis resté seul, assis à nouveau dans le silence, mais c'était différent, c'était comme si j'avais avalé le monde : pour la première fois je me sentais plein.

Pour extraordinaire que fût cette expérience, je suis frappé par le fait plus remarquable encore que mon ami l'a trouvée *normale*. Il explique que cette « transformation » qui a servi d'étincelle à sa vision pourrait aussi être décrite comme un « miroir intérieur ». En d'autres termes, il ressentait que derrière la surface séductrice de cette vision, il était en fait en train de capter sa propre lumière. Après une vie passée à être distrait par les choses « du dehors », il voyait finalement l'Observateur. Pourtant, il nous est impossible de comprendre pleinement ce qu'il a vécu avant de nous être davantage rapprochés de ce que peut être cette « transformation » intérieure de la conscience, de la manière dont elle peut nous transporter hors de nous-mêmes dans le champ où la lumière et l'esprit, rien et tout, se fondent en un.

Il est stupéfiant que le mot « champ », utilisé par les physiciens contemporains pour décrire les forces les plus fondamentales de la nature, soit un mot sacré de l'Inde antique. Lorsque Krishna révèle son infinie grandeur au guerrier Arjuna dans la *Bhagavad-Gita*, il dit : « Sache que je suis le champ et celui qui connaît le champ. » Le mot sanskrit *kshetra* peut désigner un champ de bataille (celui où Arjuna et Krishna se parlent, juste avant l'affrontement de deux puissantes armées), mais le sens plus profond de *kshetra* est très proche de ce que le physicien évoque lorsqu'il parle du « champ quantique » ou du « champ électromagnétique ». Ces champs sont infinis et pénètrent tout ; sans eux, la réalité ne pourrait exister. C'est ce même point que soulignait, pour lui-même, Krishna.

Avant qu'il puisse y avoir un photon, il faut qu'il y ait le champ lumineux ; avant l'électron isolé, le champ électrique ; avant le barreau aimanté, le champ magnétique terrestre. Le champ lumineux que mon ami a vu comme la source de toute chose autour de lui n'était cependant pas un champ physique mais un champ de conscience. Il percevait sa conscience *comme* de la lumière, mais cela n'est pas si différent de ce que l'on perçoit ordinairement, semble-t-il. Lorsque nous voyons de la lumière, notre cerveau, en fait, sélectionne des qualités totalement abstraites dans le champ et les interprète *comme* de la lumière. En fait, tout ce que nous touchons, entendons, goûtons ou sentons a été sélectionné dans l'infinie réserve des vibrations énergétiques du champ.

Pensez à une feuille et à une épine de rose. Toutes

deux sont nourries par la même lumière solaire, bombardées sans interruption par la totalité du spectre solaire. Pour l'une comme pour l'autre, la photosynthèse est fondamentalement identique et, si vous fouillez leur structure cellulaire, vous verrez que les mêmes molécules sont à l'œuvre et que leur ADN est identique.

La différence entre une feuille et une épine est affaire de sélection. L'épine s'empare de la lumière solaire et la transforme en une chose dure, pointue et piquante. La feuille, elle, en fait quelque chose de doux, d'arrondi et de translucide. En elle-même, la lumière du Soleil n'a aucune de ces qualités. Pourriez-vous affirmer qu'elle est dure ou douce, aiguë ou arrondie ? D'une façon que nous ignorons, ces diverses qualités sont extraites du champ, même si elles ne semblent pas être « dans » celui-ci — elles existent en tant que possibilités de manifestation du champ.

A l'instar de la rose, je pratique la sélection, modelant ma vie au fur et à mesure que se modifie ma relation au champ. Dans un certain état de conscience — le sommeil profond — je n'ai aucune interaction avec la lumière. Pendant le rêve, je produis des images lumineuses dans ma tête. A l'état de veille la lumière semble se trouver « au-dehors ». En réalité, elle n'a cessé d'être un potentiel du champ attendant d'être activé par mon esprit.

Il faut comprendre que le champ n'est pas une chose — c'est une abstraction à laquelle nous donnons forme de chose. Pour nous en assurer, tournons-nous vers ceux d'entre nous qui manquent en partie de ces capacités créatrices qui nous semblent tellement naturelles. Dans *Pèlerinage à Tinker Creek*, Annie Dillard parle avec talent de cette catégorie de gens, aveugles de naissance, qui ne vivent pas dans un monde d'espace, de tailles, de distances et autres phénomènes que nous considérons comme allant de soi. Il y a plusieurs décennies, lorsque les chirurgiens spécialistes des yeux ont commencé à savoir opérer sans risque les cataractes, ils sont devenus capables de donner la vue, en quelques heures, à des aveugles de naissance. Mais, livrés soudain à la lumière, ces nouveaux voyants ne se sentaient pas libérés. Ils se trouvaient plongés dans un mystère quelquefois écrasant. « De l'avis de von Senden, la grande majorité des malades des deux sexes, sans distinction d'âge, n'avait pas la moindre idée de l'espace. Formes, distances, dimensions, étaient autant de syllabes dépourvues de contenu. Tel patient "n'avait aucune idée de la profondeur, confondant cette notion avec celle de rotondité" », écrit Dillard, en s'appuyant sur les notes de travail laissées par les chirurgiens et compilées par Marius von Senden *(Espace et Vision)*.

« D'une autre patiente, [...], le médecin écrit : "Je n'ai trouvé chez elle aucun sens des dimensions, par exemple, pas même dans les limites étroites de ce dont elle aurait pu faire le tour grâce au sens du toucher. Ainsi, lorsque je lui demandai : "Montre-moi, elle est grosse comme quoi, ta maman ?", loin d'écarter les bras, elle se contenta de placer ses deux index à quelques centimètres l'un de l'autre." »

Un patient avait l'habitude de distinguer un cube d'une sphère en les touchant avec la langue. Après l'opération, il regardait ces mêmes objets sans pouvoir les distinguer par la vue. Un autre patient prétendait que la limonade était « carrée » parce qu'elle lui donnait une sensation de piquant à la langue, identique à celle d'un objet carré dans ses mains.

Ces personnes nouvellement voyantes affrontaient un monde déconcertant car elles manquaient de la créativité visuelle que nous considérons tous comme évidente. La vision leur avait été accordée sans les formes, c'est-à-dire telle qu'elle existe vraiment avant que le mental ne la *transforme*. Certains patients n'avaient pas compris qu'une maison est plus grande que chacune des pièces qui s'y trouvent. Un bâtiment situé à plus d'un kilomètre et demi leur semblait aussi proche que celui auprès duquel ils se trouvaient, à la seule différence qu'il fallait faire davantage de pas pour y parvenir. Un chien qui passait derrière une chaise n'était plus dans la pièce. Les formes étaient vues comme des taches colorées plates, mouvantes, et, lorsque quelques-uns d'entre eux allaient au-delà d'un arbre, ils étaient stupéfaits de pouvoir le contourner et de constater qu'il était maintenant derrière eux.

« Pour celui qui vient d'acquérir le sens de la vue, la vision est une pure sensation qui ne s'encombre pas de signification », observe A. Dillard. Et elle ajoute que le sens se révélait « en trop » pour certains d'entre eux. Seuls, ils fermaient à nouveau les yeux pour sentir les objets avec leurs mains et leur langue ou monter les escaliers (ce qui leur évitait la vertigineuse perspective d'avoir à grimper à un mur vertical). Il est poignant de constater que cette surabondance d'images visuelles avait provoqué chez la quasi-totalité de ces personnes « la perte rapide et complète de cette merveilleuse et surprenante sérénité qui caractérise ceux qui n'ont encore jamais vu ». Ils étaient particulièrement troublés de découvrir qu'ils avaient été *observés* tout au long de leur vie, puisque cette forme d'intrusion est totalement étrangère aux aveugles.

Finalement, certains se sont adaptés mieux que d'autres. La découverte que chaque individu dans le monde a un visage différent fut, pour eux, aussi ahurissante que merveilleuse ; saisir l'immensité du ciel et de la terre était terrifiant. Mais l'espace restait, pour l'essentiel, insaisissable. « Lorsqu'une jeune fille qui venait de recouvrer la vue regarda pour la première fois des photographies et des tableaux, elle demanda : "Pourquoi mettent-ils toutes ces marques sombres, partout ? — Il ne s'agit pas de marques sombres, lui expliqua sa mère, ce sont les ombres. C'est en partie grâce à elles que l'œil sait que les choses ont une forme. S'il n'y avait pas d'ombres, beaucoup de choses auraient l'air d'être plates." "C'est bien ça, c'est bien comme ça que je vois les choses", répondit Joan. "Tout a l'air plat avec des taches sombres." »

Il ne suffit pas que nous ayons une grande habitude de notre interprétation ordinaire du monde pour que la preuve de l'existence de celui-ci soit établie. D'autres personnes peuvent ne pas accepter notre code de la réalité si elles n'acceptent pas notre code de la vue. L'œil refuse de voir ce que le mental ne connaît pas.

Je me souviens des histoires que l'on racontait sur ces Turcs s'enfuyant d'une salle de cinéma, emportés par la panique, persuadés que l'image d'une locomotive allait bondir hors du mur, lorsqu'ils virent leur premier film ; de ces Pygmées qui, amenés pour la première fois hors de leurs forêts d'Afrique dans une plaine, pensèrent que les buffles qu'ils voyaient au loin ne mesuraient que cinq centimètres de haut ; de ces Esquimaux qui, devant leurs propres photographies, ne voyaient pas le moindre visage mais un simple barbouillis de taches grises et noires. Ce n'étaient pas des réactions « primitives » mais des réactions émanant d'un autre code, d'un autre monde. Tout un chacun cependant accepte un code. La race humaine est prisonnière de la vue ; seuls quelques rishis nous expliquent que nous sommes libres d'adopter le code que nous désirons.

Le tissu de la conscience

C'est parce que leur propre expérience du monde allait au-delà de l'influence restrictive d'un code de perception unique que les rishis ont pu comprendre cela avec tant de clarté. Ils ne sélectionnaient pas certaines tranches et certains morceaux dans le champ, mais le voyaient dans son entier. A quoi ressemblait ce tout ? Lorsqu'ils ont tourné leur attention vers le champ pour le voir en totalité, ils ont découvert qu'il n'y avait là que pure conscience, qu'il était fait de cette même « matière mentale » qui remplit notre cerveau.

La « pure conscience », *purusha,* qui désigne la conscience sans forme, peut être assimilée au silence immobile auquel on accède dans la méditation. Existant sans forme dans le champ, la pure conscience commence à vibrer et, ce faisant, se change elle-même en l'Univers visible. On peut considérer une pensée comme une vibration à l'intérieur de cette matière mentale ; l'atome est aussi une vibration, mais celui-ci est à l'extérieur de notre tête et présente toutes les caractéristiques de la matière. Celles-ci ne sont qu'illusion, nous ont expliqué les rishis. Les atomes, les molécules, les photons, les étoiles et les galaxies — toute la création — sont modelés à partir d'une même chose, la conscience pure.

Nous voici au plus profond de la pensée indienne ancestrale, devant une pensée trop radicale pour que l'on se contente d'y ajouter foi, une pensée que l'on ne peut éprouver que dans un état supérieur de conscience. Un concept de liaison existe cependant : le champ, qui nous permet au moins d'accéder aux frontières du monde des rishis.

Ces cinquante dernières années, le concept de champ a envahi la physique lorsque l'on a compris que matière et énergie n'ont pas d'existence déterminée, concrète. Nous avons la faculté de tenir une balle de tennis dans la main et le sens commun nous fait conclure qu'il doit être possible de tenir la plus petite partie de cette même balle dans cette même main. Mais les particules élémentaires, qui sont de petits morceaux de matière, ne sont ni solides ni déterminées.

Pour voir avec précision une balle de tennis, il faut l'imaginer comme un essaim d'abeilles. Chaque abeille vole si vite qu'elle forme une traînée de lumière, comme ces allumettes japonaises que l'on agite dans la nuit, les soirs de fête. Outre une zébrure visible, chaque abeille laisse une trace que vous pouvez ressentir. Elle bondit hors de vue dès l'instant où vous tentez de la distinguer, mais vos yeux et vos mains n'en continuent pas moins de voir et de sentir l'emplacement où elle se trouvait l'instant d'avant.

Voici donc découvert, sommairement, le principe de base de la réalité quantique, le fameux principe d'incertitude, qui dit que les particules élémentaires, bien que paraissant exister en un lieu et en un temps définis, ne peuvent en fait être trouvées. Toutes les fois que vous tentez d'attraper une abeille, elle disparaît et vous n'avez plus que ses traces. Les physiciens n'étaient pas vraiment contents de cette notion selon laquelle toute chose existante échappe constamment, mais ils ont appris à s'en accommoder, en dépit des difficultés. Au lieu d'une particule solide sur laquelle ils auraient pu s'appuyer, il ne leur restait qu'un jeu de possibles et, si tous ces possibles étaient réunis en un amas, le résultat devenait un champ.

Un champ n'est, seulement et fondamentalement, qu'un jeu de variables à mesurer. On peut y sonder les diverses catégories de traces que ces particules filantes laissent dans leur sillage. Ce faisant, on obtient un ensemble de descriptions extrêmement précises et scientifiquement utilisables. On peut décrire un quark comme ayant telle ou telle propriété — masse, quantité de mouvement, symétrie, spin — qui peuvent toutes être calculées avec une précision mathématique magnifique. Etrangement, il est impossible de tout connaître sur une abeille en vol sans jamais l'arrêter. C'est pour cela qu'une balle de tennis semble totalement solide et réelle à un certain niveau — là où fonctionnent les sens — et totalement fantomatique et irréelle à un niveau plus profond — là où les sens ne vont pas.

Comme un rishi, le physicien louvoie entre les choses existantes, les choses possibles et le néant. Krishna peut utiliser le mot « champ » dans la même optique que le physicien : tous deux tentent d'exprimer la totalité de la nature. Le champ est le plus élaboré des moyens permettant de décrire toute chose, depuis l'atome jusqu'à l'étoile, car *toutes* les descriptions possibles sont enchâssées en lui. Ce qui implique que tout ce que peuvent voir nos yeux pourrait être quelque chose d'autre. En fait, il n'y a pas d'issue à cette curieuse conclusion, puisque, au niveau du champ, voir et créer se fondent. Le célèbre physicien de Princeton, John Wheeler, écrit : « Nous avions coutume de penser que l'Univers était "là, au-dehors", que nous pouvions l'observer, retranchés derrière un écran de verre de 30 centimètres d'épaisseur, en sûreté et sans implication personnelle. La théorie des quanta nous présente une vérité bien différente... L'observateur est de plus en plus promu au rang de participant. On peut dire, bizarrement, que l'Univers recherche notre participation. »

Comme toutes les grandes idées, la découverte que l'Univers n'a pas de structure fixe peut paraître effrayante, mais le principe d'incertitude est aussi un principe créatif. Des mots tels que « vide », « néant » et « espace interstellaire » ne doivent pas engendrer la peur; il s'agit là de la « substance » créative de la vie quotidienne. Et Wheeler de commenter : « J'aime bien l'histoire de ces trois arbitres de base-ball qui s'attablent autour d'une bière, un après-midi, pour comparer leurs philosophies. L'un des arbitres dit : "J'les note comm'j'les vois." Le second dit : "J'les note comm'ils sont vraiment." Le troisième ajoute : "Ils sont rien tant qu'j'les not'pas." »

Les rishis ont élevé l'acte créatif de voir bien plus haut que ne l'ont fait les physiciens quantiques. Tout d'abord, ils ont élargi l'influence de l'observateur au-delà de l'étendue infinitésimale du champ quantique, qui est de dix à cent millions de fois plus petit que l'atome. Le jeu de cache-cache du quark est devenu celui de la vie en tant que telle — l'observateur védique a extrait du champ de nouveaux lendemains, des blocs entiers de réalité qui ne pourraient exister sans lui.

La physique pénètre à peine ce vaste domaine. Pourtant, des études authentifiées ont montré que les gens ordinaires projettent réellement leurs pensées dans l'atelier de la nature. Deux chercheurs de l'université de Princeton, Robert Jahn et Brenda Dunne, ont démontré que des volontaires mis face à une machine peuvent influencer son fonctionnement par le pouvoir de l'attention. Cette expérience est méticuleusement relatée dans leur ouvrage, *Aux frontières du paranormal : le rôle de l'esprit sur la matière.*

La machine sous influence était un générateur de nombres aléatoires, c'est-à-dire un ordinateur dégorgeant au hasard des chapelets de 0 et de 1. A terme, les 0 et les 1 finissent par sortir en quantités identiques (tout comme l'on finit par obtenir autant de côtés « pile » que de côtés « face » si l'on jette une pièce un nombre suffisamment grand de fois).

Les volontaires se sont vu demander de dévier la production de la machine afin d'en faire sortir soit davantage de 1, soit davantage de 0, simplement en le désirant. Ils ont fixé leur esprit sur ce qu'ils voulaient que la machine produise, avec un succès remarquable, les écarts réalisés étant de l'ordre de 18 % : les sophistications les plus extrêmes de la théorie des quanta sont incapables d'expliquer le cheminement d'un tel exploit.

Au cours d'expériences complémentaires, l'équipe de Princeton a démontré que tout un chacun pouvait émettre des messages par télépathie, indépendamment de l'éloignement de la personne destinataire. Il a quelquefois été observé que les messages envoyés étaient reçus jusqu'à trois jours *avant* leur envoi. La conclusion est effarante : les limites fixes de l'espace-temps ne seraient que des commodités de l'esprit et non des absolus. Nous pourrions bien vivre dans un film à trois dimensions projeté par notre esprit, comme l'affirmaient d'antiques textes indiens.

En réalité, nous *sommes* ce film à trois dimensions. Il n'est pas distinct de nous, mais mêlé à notre matière mentale, de sorte que le seul moyen de le voir sans qu'il nous abuse est de voir l'Observateur. Chacun peut déclarer à l'instar de Krishna : « Sache que je suis le champ et celui qui connaît le champ. » Le poète Rabindranath Tagore a ressenti avec précision ce qu'implique l'acceptation de son propre statut cosmique :

> Le même fleuve de vie qui court dans mes veines, nuit et jour, court dans le monde et danse en cadence.
>
> La même vie éclate de joie dans la poussière de la terre, en innombrables brins d'herbe, puis s'éparpille en vagues tumultueuses de feuilles et de fleurs.

Si le champ est tout ce qui existe, alors l'inconcevable impulsion qui mène l'Univers doit aussi se trouver dans tout grain de matière, tout embryon de pensée. Non, il doit être dans la simple *possibilité* que la matière et la pensée puissent exister. Pour en revenir à la conception des rishis, l'emplacement de toute créativité est dans la pure conscience, mais alors nous y sommes aussi, de même que toute chose.

« L'erreur de l'intellect »

Je me suis attardé sur les parallèles entre la pensée védique et la physique moderne parce que les incompréhensions ont été nombreuses dans ce domaine. Vers la fin des années soixante-dix, il était du dernier chic de proclamer que la théorie des quanta avait été anticipée par les intuitions des mystiques et principalement des sages bouddhistes et taoïstes. Bien des gens se sont emparés de cela pour prétendre que la sagesse orientale pouvait être interprétée à la lumière de la physique moderne et vice versa. L'espoir jaillissait d'un pont entre l'Orient et l'Occident dont, grâce à la fusion des idées, les perspectives des deux mondes allaient bénéficier.

Mais le rejet de cette idée, en bloc, par les physiciens professionnels, entre autres, ne s'est pas fait attendre. Pour eux, le champ quantique a la solidité du roc, tandis que les visions des mystiques sont diluées à l'extrême. Il a été avancé que les mathématiques complexes et hautement spécialisées qui prédisent le comportement de choses comme les quarks et les leptons n'avaient que peu ou rien à voir avec le comportement humain. Suggérer que l'esprit eût une base quantique était un fantasme, puisque les pensées et les particules subatomiques existent dans des domaines totalement distincts. Ceux-ci ne pouvaient être réunis par la physique et la plupart des physiciens ne souhaitaient même pas s'y essayer. (Bien que conservant mieux leur calme à ce sujet, les bouddhistes traditionnels étaient tout aussi consternés, car ils considéraient que l'objectif de leur religion était le salut des âmes embourbées dans le cycle des renaissances. Ils ne saisissaient pas à quoi pouvait bien servir la théorie des quanta dans cette optique et leur désir de bâtir ce pont était, à leur niveau aussi, aussi minime que possible.)

J'espère que je ne vais pas embrouiller encore les choses en soulignant que débattre des anciens sages en termes de mysticisme *ou bien* de théorie des quanta les dépouille de leur véritable originalité et de leur vrai propos. Les sages védiques, tout comme leurs homologues ultérieurs du taoïsme et du bouddhisme, n'étaient pas des mystiques; ils étaient les observateurs aux yeux grands ouverts de ce même monde dans lequel nous vivons tous. Ils ne fonctionnaient pas uniquement par visions subjectives et intuitions; leurs esprits étaient focalisés sur le carrefour où se rencontrent subjectivité et objectivité. Cela leur donnait une perspective unique à partir de laquelle ils pouvaient observer leur propre conscience alors qu'elle se transformait en ces rochers, arbres, montagnes et étoiles que nous percevons tous « au-dehors ».

J'ai fait de mon mieux pour apporter des preuves convaincantes que la réalité est la création personnelle de chacun. Il est impossible de se saisir de cela au niveau intellectuel exclusivement — il faut en faire l'expérience, il faut le faire sien. L'intellect, en élevant les barrières du doute, du déni et de la peur, a réduit l'expérience spirituelle directe à un mysticisme vide, empêchant davantage encore les gens de comprendre le caractère véritablement essentiel de cette expérience. Si je puis me permettre une définition, je dirai que l'expérience spirituelle est celle dans laquelle la pure conscience se révèle comme faiseuse de réalité. Qu'est-ce qui pourrait davantage concerner notre vie? La réalité déborde sur nous comme le rêve s'échappe du rêveur, comme la lumière quitte le feu de joie. Dès lors que nous avons acquis la maîtrise de ce processus, nous pouvons nous restituer à nous-mêmes un état de liberté et d'accomplissement ; en d'autres termes, nous pouvons nous re-situer au paradis.

La perte de l'expérience spirituelle, tant en Orient qu'en Occident, a fait voler en éclats les aspirations supérieures de la vie humaine. « Toutes vos souffrances s'enracinent dans une superstition, disait un gourou à ses disciples. Vous croyez vivre dans le monde alors que c'est le monde qui vit en vous. » Les anciens rishis allaient plus loin encore et déclaraient que la perfection dans tous les domaines de la vie avait été sacrifiée par *Pragya-Paradha*, « l'erreur de l'intellect ».

Le besoin qu'a l'intellect d'explorer le monde a débuté dans un passé lointain et atteint son sommet avec les temps modernes, pour finalement nous emporter si loin dans la diversité de la création que la source de celle-ci — notre propre conscience — a été perdue de vue. Les expériences intérieures de la félicité et de l'extension infinies, de la liberté totale et de la puissance illimitée sont devenues « mystiques ». Personne ne passe tout naturellement par de tels chemins ; de fait, il semble falloir des années de méditation pour remonter à l'état de conscience où elles deviennent vaguement possibles. Aujourd'hui, la dure réalité « du dehors » est devenue si irrésistible que l'esprit n'est plus autorisé qu'à des pouvoirs bien faibles, si tant est qu'il en subsiste encore. Mais peut-être est-ce l'existence même de l'esprit qui était depuis toujours une superstition.

L'état actuel de l'atrophie spirituelle n'est nullement tenu de devenir définitif, si sombre paraisse-t-il aujourd'hui ; « l'erreur de l'intellect » peut être corrigée. Il y a matière ici, finalement, à un optimisme immense. Rétrécir nos problèmes à une cause unique est une percée, en et par elle-même. Comment, alors, corriger notre erreur? Non pas en renonçant à l'intellect dans son ensemble, ce qui n'aurait pour résultat que la stupidité. L'intellect doit être ramené à sa place propre, dans l'équilibre global de la conscience. L'expérience répétitive de la conscience pure permet cette réhabilitation.

Lorsque tous ses aspects sont en équilibre, la conscience humaine elle-même se met à vivre en deux moitiés de vie, l'état absolu du Moi et celui, relatif, du moi. Restant en contact avec notre centre de pure conscience, nous réussissons à pleinement apprécier la beauté et la diversité du monde « là, au-dehors ». Le miroir de la nature nous renvoie l'image de notre propre joie intérieure. Le poète W. B. Yeats a écrit : « Nous sommes heureux lorsqu'à chaque chose de l'intérieur de nous correspond une chose à l'extérieur. » Le mot « correspondance » désigne un flux de communication aussi bien qu'une similitude entre deux choses. Lorsque la conscience est complètement équilibrée, la communication avec le monde extérieur est instantanée et automatique. C'est ce qui se produit par la grâce de la pensée.

L'écrivain sud-africain Laurens Van der Post se souvient d'un jour où, parti en voyage dans la brousse pour voir des indigènes, il parvint à leur camp et trouva les hommes assis autour d'un vieux membre de la tribu qu'il affectionnait tout particulièrement. L'ancien était assis, immobile, yeux clos, profondément absorbé. Lorsque Van der Post demanda ce qu'il était en train de faire, quelqu'un, dans l'assistance, lui répondit « Chut ! C'est important. Il fait des nuages. » Les rishis disent que vous et moi sommes nés, aussi, faiseurs de nuages. Mais tant que nous n'aurons pas repris le contrôle de notre nature intérieure, nous ne résoudrons pas les déséquilibres dont souffre la nature dans sa globalité.

Le piège circulaire

Je trouve significatif que tant de gens, actuellement, soient touchés par les addictions. Pour moi, les addictions représentent un conflit des plus profonds entre le maintien de nos anciens conditionnements et le passage à la liberté. « L'habitude » du toxicomane n'est qu'une version exagérée de toutes les habitudes ; elle s'accroche à des réalités éculées plutôt que d'autoriser l'afflux d'une nouvelle vie. Les causes premières de l'addiction sont l'objet de débats passionnés, mais l'un des aspects de ce syndrome est qu'il apporte du plaisir à des gens qui ne parviennent pas à en trouver autrement. Ainsi que le fait remarquer Alice Miller : « Les gens qui, enfants, ont réussi à réprimer leurs sentiments forts tentent souvent de retrouver — au moins pour quelques instants — l'intensité de sensations qu'ils ont perdues, avec l'aide des drogues ou de l'alcool. »

Il me semble évident que bien des gens ont anesthésié une énorme partie de leur moi sensible. Afficher des émotions fortes est un comportement social rarement admis chez nous, alors qu'une importance suprême est accordée au contrôle de soi. C'est pourquoi nombre d'entre nous en viennent à paniquer au premier signe d'une émotion jaillissante. Réitérant le déni émotionnel qui nous fut imposé pendant notre enfance, nous consacrons maintenant une énergie énorme à nous nier nous-mêmes.

L'addiction « résout » le problème en permettant le plaisir, tout en garantissant que celui-ci sera éprouvé de façon sournoise et dérobée. L'un de mes patients, qui affichait un comportement irréprochable, menait depuis des années une vie secrète dans les pires milieux héroïnomanes de Boston : « Lorsque je me rendais dans les couloirs du ghetto, là où l'on se shoote, je jouais divers personnages.

« Quelquefois, j'arrivais en costume trois-pièces, au volant de ma BMW ; d'autres fois, j'étais en tenue militaire ou habillé en clochard. J'ai vu mourir des gens qui ont mendié de l'héroïne jusqu'à la fin. J'étais sous l'étroite surveillance de la police mais aussi des revendeurs et ni les uns ni les autres ne parvenaient à me comprendre. Je dormais avec d'autres junkies dans des maisons abandonnées, je me promenais dans les rues avec des gamins d'une dizaine d'années qui avaient ordre de tirer à vue sur quiconque tenterait de leur arracher leurs réserves de crack.

« Vous ne pouvez pas vraiment saisir ce que peut signifier le fait que j'en étais à vingt sachets par jour, continue-t-il, avec un regard insondable. Les junkies en prennent deux à cinq, peut-être dix par jour. Quand vous en êtes à des quantités pareilles, vous n'avez pas une chance sur cent de vous en sortir. J'en ai pris vingt pendant plus d'un an et j'ai survécu. »

Cet homme parle avec beaucoup de franchise des joies que lui a apportées la toxicomanie, tout du moins au début. Dès l'instant de sa première injection, le plaisir, perdu depuis si longtemps, l'avait inondé. Pouvoir jouer plusieurs rôles dans le monde de l'ombre des junkies était une seconde source de plaisirs interdits. N'étant contraint d'être vrai vis-à-vis de personne, il parvenait, provisoirement, à oublier ce doute à propos de lui-même qui l'envahissait, qui lui disait qu'il n'était peut-être même pas réel.

Bien qu'horrible vue de l'extérieur, son accoutumance n'était pas essentiellement différente de celle d'un alcoolique prudent qui avale une gorgée de whisky avant de se laver les dents le matin. Tous deux s'adonnent à un mélange séducteur de plaisir et de culpabilité. Par essence, toute forme de comportement compulsif est une répétition sans fin que le plaisir seul ne saurait suffire à induire. Les alcooliques et les héroïnomanes, les boulimiques et les cleptomanes, tous reviennent, encore et encore, au comportement même qu'ils jugeraient honteux chez toute autre personne.

C'est fréquemment le plaisir lui-même qu'ils trouvent honteux ; ils n'ont donc d'autre alternative que de rechercher des plaisirs dans lesquels l'insatisfaction est inhérente. Comme a dit un psychothérapeute : « On n'a jamais assez de ce dont on ne voulait pas au début. » Même le plaisir le plus intense ne provoque pas d'accoutumance aussi longtemps que la personne qui s'y adonne entretient une idée claire sur ce qu'est le plaisir. Mais certaines personnalités n'ont d'autre alternative que celle de mélanger les sensations de bien et de mal-être. Les affres de la culpabilité accompagnent alors le choc apporté par la drogue et, sans la culpabilité, celui-ci perdrait son charme.

Les toxicomanes, dans notre culture, inspirent pitié et mépris ; la société n'a pas décidé s'il convient de les considérer comme malades, déviants, ou les deux à la fois. Il y a une ambiguïté plus profonde encore. La contemplation de la perte irrémédiable de la maîtrise de soi que représente une toxicomanie menée à son apogée est horrible mais, au fond, tentatrice. Qui n'accepterait d'être submergé par une vague de plaisir si le prix à payer n'était à ce point élevé ? Pour nous, il n'existe point de chemin de fuite absolu. Puis-je me permettre de dire qu'au cœur de toute addiction gît une profonde nostalgie du plaisir qui fait écho à un besoin légitime ? En dépit de tout ce que peuvent nous raconter nos conditionnements, la recherche du plaisir n'est pas mauvaise. La vie de tout un chacun est dirigée par l'éperon du désir. Mais rares sont ceux qui peuvent trouver une satisfaction profonde qui ne soit teintée de sentiments de culpabilité, d'égoïsme, ou du vague pressentiment que « c'est trop beau pour durer ».

Si, en fait, les personnes victimes de leur addiction vivent des fantasmes que nous partageons tous, alors elles ne sont ni malades ni déviantes. J'aimerais leur appliquer le diagnostic des rishis et dire que l'addiction est, fondamentalement, le résultat d'une erreur. La personne est prise dans un piège circulaire qu'elle a conçu elle-même ; elle ne parvient pas à suffisamment de plaisir pour abolir sa culpabilité ; elle ne se sent pas suffisamment coupable pour refuser la prochaine dose. On pourrait dire que les deux impulsions tournent, l'une autour de l'autre, dans une sorte d'interminable danse macabre.

Nous avons ici un nouvel exemple d'intellect égaré — le piège circulaire dépend de la certitude du malade que sa conscience, parcellisée, ne peut guérir d'elle-même. Pourtant, les rishis affirment que la conscience est toute-puissante ; autrement dit, elle devrait être capable de n'importe quoi, y compris se guérir elle-même. Voyons si une solution à l'addiction ne se cacherait pas dans cette direction.

Evelyn Silvers, thérapeute à Los Angeles, s'est spécialisée dans la toxicomanie. Elle a appris à créer chez ses patients un phénomène remarquable, qui les délivre de leur besoin. Utilisant la plus simple des méthodes de suggestion et de pensée dirigée, elle les invite à fabriquer des « drogues cérébrales » qui semblent agir exactement comme l'héroïne, l'alcool, la cocaïne ou les tranquillisants pour la possession desquels ils ont ruiné leur vie.

Auparavant, en 1976, E. Silvers s'était attachée à un problème différent : la douleur chronique. L'excitation que suscitait alors la récente découverte des endomorphines, autrement dit des analgésiques internes du corps, était grande ; les analyses démontraient qu'ils étaient bien plus puissants que la morphine et autres opiacés. Inspirée par cette découverte remarquable, E. Silvers avait découvert qu'elle pouvait obtenir de patients souffrant de longue date de migraines, d'arthrite ou de douleurs lombaires, qu'ils produisent, à la demande et avec une grande efficacité, des substances capables de soulager leurs douleurs.

Il semble qu'il ne s'agissait là que de la simple mise en œuvre des antidouleurs organiques auxquels nous faisons tous appel. Mais nous n'en faisons pas un usage volontaire et très rares, si tant est qu'ils existent, sont les chercheurs de ce domaine qui prétendent savoir comment se déclenchent véritablement les endomorphines. Ce sont des substances chimiques très largement imprévisibles. En certaines circonstances, telles que les blessures subies sur le champ de bataille ou celles survenant à l'occasion d'un accident de circulation, le corps peut ne sentir aucune douleur pendant des heures, tandis que d'autres fois un léger mal à la tête ou aux dents peut se révéler impossible à éliminer.

Confrontée à cette déroutante imprévisibilité, E. Silvers avait mis au point une approche d'une simplicité désarmante. Elle expliquait à ses patients, d'une voix autoritaire, que la pharmacie interne du cerveau pouvait guérir tous les troubles, qu'elle allait leur donner une technique simple pour faire naître des « drogues cérébrales » qui viendraient à bout des douleurs chroniques les mieux enracinées. Puis elle leur demandait de fermer les yeux et d'imaginer qu'ils étaient en train de créer un afflux d'endomorphines à l'intérieur de leur tête, mais qu'ils ne le libéraient pas. Il fallait fabriquer la bonne dose d'antidouleur. Pendant les quelques minutes suivantes, elle les tenait en haleine tandis qu'ils sentaient cette dose devenir de plus en plus importante ; finalement, elle donnait un signal et chaque personne injectait un flot d'endomorphines dans son système sanguin.

A ce moment, tous ou presque, se sentaient envahis par un brusque soulagement de la douleur, comme si une dose massive de morphine leur avait été injectée. Des douleurs chroniques qui avaient résisté à tous les traitements précédents diminuaient de façon spectaculaire ou disparaissaient totalement. Renvoyés chez eux pour y mettre en pratique, seuls, cette maîtrise de la « drogue cérébrale » qui leur était propre, beaucoup pouvaient se défaire totalement des substances analgésiques qui leur étaient prescrites. Chose remarquable, E. Silvers avait aussi observé que si un patient atteint de douleur chronique était également toxicomane, l'utilisation de cette technique semblait balayer tout besoin de drogue en même temps que la douleur. Et ceci même chez des patients qui en avaient abusé pendant vingt ans ; en outre il ne semblait pas y avoir de rechute. En 1986, E. Silvers avait acquis suffisamment d'assurance pour essayer sa méthode sur un groupe de toxicomanes invétérés.

Elle choisit vingt adultes qui avaient passé de cinq à quarante ans accrochés à la cocaïne, à l'alcool, au Valium, à l'héroïne, ou à plusieurs de ces drogues à la fois. Il s'agissait de gens désespérés et la plupart d'entre eux avaient largement dépassé le stade où les drogues prises leur procuraient du plaisir. Ils continuaient surtout à s'y adonner pour échapper à de profonds sentiments de culpabilité et pour soulager la douleur physique permanente dont était affligé leur corps martyrisé. La plupart avaient intégralement détruit leur vie de famille et leur carrière.

E. Silvers enseigna au groupe sa technique de base, mais après leur avoir dit que le cerveau produit ses propres substances antidouleur, elle ajouta qu'il fabrique également l'équivalent exact de toute drogue que l'on peut se procurer dans la rue. Outre qu'elle offrait aux toxicomanes un approvisionnement à vie en drogues pures sans effets secondaires, la pharmacie du cerveau rendait inutile le sentiment de culpabilité. Elle déclara au groupe : « Vous avez utilisé des drogues pour une excellente raison. Les drogues dont vous avez abusé sont précisément celles qui imitent les substances naturelles que le cerveau utilise pour que les gens se sentent normaux. Lorsque nous disons nous sentir comme ceci ou comme cela, notre humeur est toujours produite par une substance chimique ou une autre — aucun état d'esprit n'existe sans fondement biochimique.

« Dans le cerveau d'un toxicomane, les drogues internes servant à se sentir normal — heureux, calme, équilibré, maître de soi — font défaut, soit en raison d'une pénurie héréditaire ou spontanée, soit parce que le fait de prendre des drogues abaisse la capacité de production propre du cerveau.

« Vos besoins de drogues vous ont indiqué que votre cerveau avait un problème et vous y accrocher à été un moyen de le résoudre. Bien que l'abus de drogue ait des conséquences dangereuses, il n'y a aucune raison d'en avoir honte. Vous ne faisiez que vous soigner vous-mêmes, comme un diabétique prend de l'insuline. »

C'était une mixture thérapeutique bien rusée qu'avait concocté là E. Silvers, alliant le pouvoir de la suggestion à une science franchement précaire. Les neurologues n'ont pas encore établi l'existence d'une production cérébrale équivalente à certaines drogues induisant une accoutumance (alcool, nicotine, cocaïne par exemple) et encore moins que de telles substances puissent être émises sur commande. Mais il n'y a aucun doute que nos cellules sont équipées pour s'adonner aux drogues de la rue. Ce fait, indéniable, implique que les substances productrices d'accoutumance doivent remplir un rôle ressemblant étroitement à celui d'une substance chimique que nous fabriquons nous-mêmes ; dans le cas contraire, il nous faudrait supposer que la nature nous aurait dotés d'une réceptivité à des drogues illégales des millions d'années avant qu'elles ne deviennent disponibles, ce qui semble hautement improbable.

E. Silvers ayant cessé de parler, les membres du groupe ont fermé les yeux, construisant mentalement une dose massive de leur drogue favorite et l'ont lâchée à son signal. La suite est étonnante. Les yeux des sujets sont devenus vitreux ; chacun de ces individus était perdu dans un voyage différent, selon la catégorie de drogue à laquelle il était habitué. Les adeptes de la cocaïne restèrent sans voix. Ils riaient doucement et expliquèrent plus tard avoir revécu des souvenirs d'enfance. Ceux accrochés au Valium se tranquillisèrent au point de bégayer au début les mots qu'ils prononçaient. Les alcooliques s'affalèrent dans une relaxation rêveuse, perdant leurs inhibitions ; ils parlaient calmement des questions terribles qui provoquaient précédemment en eux des réflexes de défense virulents.

Dans chacun des cas, la prise de drogue fut si forte que E. Silvers dut attendre vingt minutes avant que le groupe eût récupéré suffisamment de cohérence pour que ses participants puissent décrire leurs expériences. Tous exultaient, convaincus par ce qui venait d'arriver, alors qu'ils avaient débuté cette séance sur un ton très sceptique. « Depuis des années, la drogue vous dirige, leur a alors assené E. Silvers. Maintenant, ce sera l'inverse. »

Voilà, à mon avis, un exemple superbe de la manière dont la conscience peut guérir. Lorsque E. Silvers a expliqué à ses toxicomanes que leur culpabilité n'avait aucun fondement, elle a posé un décor étranger à la plupart d'entre eux, mais qu'ils étaient fort heureux d'accepter. Une fois en possession de l'outil qui venait de lui être offert, l'esprit de chacun d'eux s'est autorisé à franchir une vieille frontière. A mon avis, leur cerveau a agi dans cette affaire comme un agent neutre ; n'ayant aucune volonté de par lui-même, il était capable d'abandonner sa toxicomanie aussi bien que de la poursuivre. Le cerveau ne peut se libérer lui-même ; il a besoin d'instructions de la part du mental.

E. Silvers suit la tendance actuelle qui consiste à rechercher des explications dans la chimie du cerveau, mais elle admet que le mécanisme cérébral exact qu'elle a pénétré est inconnu. Elle insiste beaucoup sur la notion selon laquelle se sentir une personne normale dépend du bon équilibre de nombreuses interconnexions neurochimiques. Ce fait semble indéniable, mais il laisse de côté le mystère de la façon dont une technique isolée pourrait exploiter des substances chimiques dont on ne sait même pas si elles existent dans le cerveau. Par ailleurs, un cerveau de toxicomane pourrait-il, alors qu'il est détérioré de si grossière façon par des substances extérieures, se guérir lui-même par des moyens chimiques ? A mes yeux, la blessure de la toxicomanie a plutôt été soignée par un nouvel ingrédient apporté à la conscience.

L'extraordinaire, dans l'ensemble de cette méthode, est qu'elle apporte de l'eau au moulin de la connexion corps-esprit dont on dit qu'elle est capable de tout, même pour des gens conditionnés à l'extrême. Et, pour étayer cette façon de percevoir la méthode E. Silvers, pensons au pouvoir de l'effet placebo. Si l'on administre un médicament factice à un groupe de cancéreux en leur disant qu'ils sont en train de recevoir une chimiothérapie puissante, un fort pourcentage d'entre eux présentera les effets secondaires typiques de la chimiothérapie. Ils auront des nausées intenses après avoir pris le médicament ; leurs cheveux vont commencer à tomber et, quelquefois, tomberont tous.

Il est évident que nous ne sommes pas nés avec un mécanisme cérébral nous permettant de perdre nos cheveux à volonté ; et les drogues de la chimiothérapie n'imitent pas les substances naturelles du cerveau. Pour qu'un placebo fonctionne, l'esprit doit créer quelque chose de nouveau — ne dépendant pas des ressources préalablement connues du cerveau. Au contraire, le cerveau, en serviteur infiniment prévoyant de l'esprit, est capable de transporter ce qu'on lui demande. Lorsque E. Silvers a proposé à ces toxicomanes une prise de drogue sans drogue, ils ont découvert sur-le-champ que la toxicomanie n'était pas une prison mais une illusion. Des années de douleur, de frustration et de destruction de l'estime de soi devenaient soudain caduques. « Retournant à ma propre nature, je crée encore et toujours », explique Krishna à Arjuna. Et ce n'est pas seulement un dieu transcendant qui s'exprime : c'est le créateur qui vit en chacun de nous.

11

Le champ du pouvoir

En Inde, lorsque quelqu'un semble vivre en état de grâce, les gens disent avec admiration : « Laissez-le aller où il veut, les fleurs pousseront sous ses pas. » Samuel n'avait certainement jamais entendu ce joli proverbe qui pourrait facilement lui être appliqué, maintenant qu'il a sauté dans le monde des merveilles.

« J'étais la dernière des personnes susceptibles de se mettre à faire des miracles, commença-t-il, d'une voix douce et songeuse. Chez les gens qui me sont proches, vous savez, la religion n'a quasiment aucun sens. J'ai en horreur "la descente graduelle dans le mysticisme cotonneux" dont a si bien parlé Stephen Hawking et je partage l'opinion de Freud lorsqu'il dit que les gens qui prient un Père d'amour sans limites, au paradis, compensent probablement le père qui ne les a pas assez aimés sur Terre.

« Je disais à un étudiant, l'an dernier, dans un café : "Si vous êtes absolument honnête avec vous-même, vous n'affirmerez jamais que vous avez une âme." Les médecins du Moyen Age avaient coutume de peser leurs patients au seuil de la mort pour vérifier si le corps devenait plus léger au moment du départ de l'âme. Bien entendu, ils n'ont jamais rien trouvé. Mais la métaphysique est la plus tenace des superstitions. Newton lui-même croyait que le fonctionnement de l'Univers avait sa place dans l'esprit de Dieu — il n'a cependant jamais apporté de preuve de son affirmation.

« Pensez à toutes les acrobaties spirituelles qu'il nous faudrait abandonner si "l'autre monde" et ses "êtres supérieurs" devaient prouver leur existence au lieu d'être crus sur parole ! A vingt et un ans j'avais déjà laissé tomber ce vocabulaire archaïque... Dieu, l'âme, le péché, l'expiation, la rédemption et l'immortalité... autant de bagages inutiles.

— Et maintenant vous avez une âme ? demandai-je, intrigué.

— Croyez-moi si vous le voulez : je pense en avoir une. » Il rit et étira ses mains en l'air pour se protéger d'objections invisibles. « Laissez-moi vous raconter ce qui s'est passé et vous jugerez.

— Très bien. » Je connais Samuel depuis cinq ans ; c'est un ami et, à l'occasion, un patient. S'il avait trouvé son âme, cela valait la peine d'en savoir plus long. A quarante-sept ans, Samuel regarde le monde avec les yeux les plus vifs que j'aie jamais vus. Il écrit facilement sur des sujets variés et quelquefois, en tant que professeur, s'érige contre toutes les formes d'orthodoxie. Ses phrases se déversent comme les chutes du Niagara et sont toujours dignes qu'on s'en souvienne. Et nous étions là, assis à un autre café, nous abritant de la pluie d'un gris samedi de Cambridge, dans le Massachusetts.

« Il y a quelques mois il est devenu évident que mon esprit normal était en train de se scinder.

— Vous avez vécu un épisode psychotique ? demandai-je, étonné.

— Disons que j'étais à la lisière d'un état mental que j'aurais sans hésitation qualifié de dérangé chez quelqu'un d'autre, répliqua-t-il. Mais, je répète, vous jugerez par vous-même. Au début de l'hiver dernier, j'ai commencé à remarquer quelques "coïncidences" étranges dans ma vie. Un jour, il neigeait au moment où il m'a fallu aller à l'épicerie. Au moment où je suis sorti de chez moi, la tache d'un rayon de soleil est apparue à mes pieds et je n'ai pas pu éviter d'observer qu'elle se déplaçait avec moi, au fur et à mesure que je descendais la rue.

« Au carrefour, j'ai tourné à gauche ; la tache de soleil en a fait autant ; elle mesurait peut-être trois mètres. Je me suis arrêté au feu et j'ai attendu le vert — lorsque j'ai traversé, la lumière en a fait autant ! Elle m'a suivi jusqu'à la porte même de l'épicerie et, comme si cela n'était pas suffisamment étrange, elle a réapparu lorsque je suis sorti du magasin quinze minutes plus tard et m'a à nouveau escorté jusqu'à la maison. Que devais-je penser ? »

Ne me laissant pas le temps de réagir, il enchaîna : « Non. Attendez. Le lendemain, je suis allé en ville pour acheter une machine à écrire portable et je me suis aperçu qu'elle coûtait vingt dollars de plus que ce qu'on m'avait dit le matin par téléphone. J'ai protesté auprès de l'employé et du directeur du magasin, mais sans résultat. Très en colère, j'ai malgré tout acheté la machine, pour n'avoir pas fait le déplacement en vain. Savez-vous ce qu'il y avait dehors lorsque j'ai passé la porte de la boutique ?

— Une tache de lumière, avançai-je.

— Un billet de vingt dollars, juste à mes pieds ! » clama Samuel. Et, ignorant mes réactions : « Ces incidents pouvaient paraître insignifiants, mais je commençais à les trouver de plus en plus bizarres.

— Bizarres ?

— Oui — ils avaient une certaine tonalité ; je dirais qu'ils avaient l'air de *jeux*, comme si un enfant rusé m'avait montré quelque blague particulièrement drôle — non, plutôt une intelligence que je ne pouvais voir ni contacter. Mais laissez-moi poursuivre. Une semaine plus tard, je me déplaçais en voiture, seul. C'était après la tombée de la nuit et j'étais dans la campagne, revenant d'une maison où je n'étais jamais allé précédemment. Une route de campagne zigzaguait jusqu'à la suivante et, au bout d'une demi-heure, il m'a bien fallu admettre que j'étais totalement perdu.

« Les quelques maisons que j'avais dépassées étaient noires et j'ai commencé à m'inquiéter ; tout à coup, ma conscience a quitté l'intérieur de ma tête — elle s'est étirée devant moi, à environ la distance que couvraient mes phares. Au moment précis où je remarquai ce phénomène, il s'est produit un autre élargissement de ma conscience, dans toutes les directions cette fois. C'était une sensation très subtile. Comment pourrais-je la décrire ? J'étais tout simplement partout et, sans y penser, j'ai cessé de conduire ma voiture. Je tenais toujours le volant, j'appuyais encore sur les pédales, mais la sensation d'un effort conscient était partie. J'étais devenu une flaque de conscience glissant en douceur dans la nuit, sans plus me soucier de mon but.

« J'ai rencontré des carrefours et j'ai tourné tantôt d'un côté, tantôt de l'autre, au hasard apparemment, mais en dix minutes j'avais atteint l'autoroute, exactement à l'embranchement qui me ramenait chez moi.

— Et vous considérez cela comme le travail de votre âme ? demandai-je, ironique.

— Si l'âme est notre portion de monde invisible, alors c'est peut-être que je me projetais sur son territoire. Mon prolongement invisible était vivant et c'était moi, sans nul doute. En sa présence, tout semblait vibrer — la voiture, la terre, le ciel. Un fragment d'une poésie me revient : “Les étoiles immenses, vivantes, comme autant de sourires de grande douceur, très proches... — de qui est-elle ?

— Comment vous sentez-vous maintenant ?

— Plus comme ça. Il s'est fait un changement, une maturation. Je continue d'être constamment intensément conscient et, au fur et à mesure que les jours passent, une extase se saisit de moi, sporadiquement. Dans ces moments, la qualité de ma vie devient sacrée. Pardonnez-moi d'avoir l'air si gauche ; parler de tout cela est bien nouveau pour moi.

— J'en suis heureux pour vous, dis-je, ajoutant : Mais vous n'avez pas changé, si c'est cela qui vous inquiète. Vous avez toujours su beaucoup de choses sur vous-même et je ne suis pas surpris que vous en appreniez bien davantage encore. »

Il me lança un regard de gratitude. « Je veux vous raconter un événement très peu habituel. L'idée des miracles vous ennuie-t-elle ?

— Je ne suis pas sûr. Vous avez fait allusion à quelque chose de cet ordre déjà, n'est-ce pas ?

— Oui, mais avez-vous déjà exploré ce domaine, vous-même ?

— Je ne le cherche pas, les histoires semblent venir à moi. J'ai rencontré des gens qui m'ont dit en toute confidentialité qu'ils avaient l'habitude de voler dans les airs lorsqu'ils étaient enfants. Ils descendaient les escaliers en flottant lorsque la maison était vide et abandonnaient leurs poupées en haut de très hautes armoires, ce qui intriguait fort leurs parents. Puis, un jour, ils ont dit leur secret à leur maman, juste pour s'assurer qu'il est impossible de voler. Et après, ils en ont été incapables.

« Evidemment, prétendre voler est tout à fait extraordinaire mais bien des gens semblent flirter avec des pouvoirs inhabituels. Ils peuvent visualiser des objets perdus et aller droit à eux s'ils en ont vraiment besoin. Ils répondent aux questions avant qu'elles ne leur soient posées. A l'occasion, la plupart d'entre nous pouvons prédire l'avenir, bien que nos prédictions justes demeurent mêlées à tout un assortiment de projections venues de notre inconscient, de nos espoirs et de prémonitions erronées. J'aurais bien du mal à dire où s'arrête la vie ordinaire et où commencent les miracles. »

Samuel paraissait soulagé d'entendre cela, mais il reprit la parole avec hésitation : « Depuis peu, je ne dors plus, non que je sois anxieux mais parce qu'il me semble être — comment dire — rempli de lumière. La pression de l'extase me fait me lever et il faut absolument que je déambule ; quelquefois je mets mon manteau et je pars dans la rue. Vous ne me croirez pas sans doute, mais je danse sous la Lune ! Une nuit, j'étais dans cet état de haute sensibilité lorsque j'ai croisé une femme débraillée, allongée sur le trottoir, près de chez moi. Elle dormait, enroulée dans une couverture crasseuse et je l'entendais marmonner : "Mère, mère, mère."

« C'était pitoyable et j'eus la certitude intuitive que, comme bien des sans-abri, c'était une malade mentale. Sa voix paraissait désespérément folle ; elle émettait une souffrance intense jusqu'à l'insupportable mais, dans le même temps, je me sentais plus transporté que jamais. Je me suis penché et je l'ai réveillée, doucement. Elle m'a regardé, effrayée, mais n'a pas reculé. Sans savoir pourquoi, je lui ai dit : "Vous n'avez plus à souffrir désormais.

"— Quoi ? m'a-t-elle répondu, totalement ahurie.

"— Je suis ici pour vous aider. Vous n'êtes plus folle, n'est-ce pas ?" Elle était décontenancée mais il y avait quelque chose de sain dans son regard et je suis certain que c'était nouveau. Elle a secoué la tête comme pour s'assurer de ce qui était à l'intérieur et n'a rien dit. J'ai insisté : "Dites-moi, vous sentez-vous folle encore ?" D'une voix tranquille, normale, elle a répondu : "Non.

"— Bien, ai-je approuvé. Je ne sais pas la raison de tout cela, mais disons simplement que vous avez beaucoup de chance. A partir de maintenant, vous irez très bien." » (Samuel s'arrêta.)

— Cela vous est vraiment arrivé ? (J'étais stupéfait, il acquiesça.) Mais pouvez-vous vraiment dire qu'elle était guérie ? Cela a tout l'air d'un épisode maniaque de votre part, vous devez le savoir.

— Oui, reconnut-il. Je ne peux rien prouver et il ne m'a pas été possible, sur le moment, d'analyser ce qui se passait entre elle et moi. Mon cœur a commencé à exploser et j'ai ressenti un immense besoin de m'enfuir, plus fort que tout. J'ai entendu la femme m'appeler : "Qui êtes-vous ?" Mais j'avais déjà franchi plus de la moitié du pâté de maisons ; cinq minutes plus tard, j'étais dans mon lit, grelottant. Je ne l'ai jamais revue. »

Des pouvoirs invisibles

Je n'ai aucune preuve de la véracité des expériences de Samuel, ni même de sa santé mentale. Je le crois cependant toujours équilibré : sa personnalité n'a été ni anéantie ni déroutée par ses « miracles ». Lorsqu'il parle, il ne se perd pas dans de nébuleuses considérations et il n'a pas non plus subi les contrecoups de la dépression ou du désenchantement qui suivent généralement ces épisodes maniaques. Le fait qu'il s'efforce d'intégrer ces événements remarquables dans une nouvelle vision de lui-même me rassure, parce que cela signifie qu'ils l'ont nourri, au lieu de le détruire.

Mais un « retour de manivelle » l'attend peut-être à tout instant. Se jeter au pays des merveilles ne va pas sans risques. Au mieux, pour citer Maharishi, ces gens-là sont des bijoux sans écrin. C'est-à-dire qu'ils manquent d'un contexte qui donnerait du sens à la transformation qu'ils ont subie. Je peux comprendre pourquoi Samuel appelle ses étranges épisodes des « miracles », mais il est retombé dans un vocabulaire religieux conventionnel, faute d'un autre plus clair et plus précis. Il a besoin de mots nouveaux et, avec eux, d'explications s'appliquant directement à son cas.

Sous cet angle, il n'y a pas grande importance à décider si je « crois » ou non en l'histoire de Samuel. Bien d'autres révélations d'autres personnes sont, au début, incroyables. Si je me tiens aux côtés de Samuel tandis que, simplement, il contemple une jonquille, la manière dont il la perçoit est tout aussi éphémère, inaccessible et intime que tout ce qu'il a pu me raconter. La difficulté, pour chacun de nous, est de comprendre nos propres révélations.

La première étape, à mon avis, est de dissiper l'aura de magie qui enveloppe l'apparition des états de conscience supérieurs. Un disciple se plaignait un jour à son gourou : « Si vous êtes illuminé, pourquoi ne réalisez-vous pas des miracles pour le prouver ? » A quoi le gourou répondit : « Parce qu'il n'y a pas de miracles, à moins que vous ne considériez que tout dans la vie est un miracle. Je suis au-delà des miracles. Je suis normal. »

N'est-ce pas la perspective la plus sage ? La conscience humaine n'a jamais perdu sa capacité à s'ouvrir au monde invisible et nous pouvons être certains qu'un paysan contemporain de Zarathushtra regardait les étoiles avec le même sentiment de proximité, la même vie, le même sourire et la même crainte révérencielle que Samuel. Lorsque vous faites remarquer à une personne qu'elle n'est pas la première à entrer en état de grâce, la nouvelle prend tout d'abord l'allure d'une grande déception — au fond du fond de nous-mêmes, nous voudrions tous être uniques dans la sainteté. Mais, réflexion faite, savoir qu'ils ne sont pas seuls est un grand soulagement pour les gens qui font l'expérience de prodiges. En fait, la découverte que le tumulte de l'existence humaine est traversé par les rouleaux d'un flot spirituel sans fin, magnifique et large, apporte une joie énorme.

« Est-ce que je devrais favoriser ces moments ? a un jour demandé Samuel, ou bien dois-je leur tourner le dos ? Ils sont terriblement attirants mais cependant je vois bien qu'ils peuvent être trompeurs. Je risque de plonger complètement dans les fantasmes. Qui sait, j'en suis peut-être déjà là.

— Non, vous n'êtes pas perdu dans les fantasmes. Vous marchez sur un fil pour lequel votre expérience passée ne vous a pas du tout préparé. » Je le pressai de cesser de traîner, tout seul, dans l'espace mental ; il avait besoin d'un filet de sécurité. Toute la gamme des expériences spirituelles a été répertoriée et analysée par d'ancestrales traditions de sagesse. On tient les rishis védiques pour les commentateurs les plus autorisés puisque les plus anciens, mais toute tradition spirituelle vivante et ayant su préserver sa continuité a un grand avantage : elle procure une carte du voyage et identifie la destination.

La raison pour laquelle ceci est tellement important est qu'une expérience de guérison, de communion ou d'expansion du champ de conscience fait généralement partie d'un voyage plus vaste, qui dirige la personne vers un but qu'elle ne voit pas. Le ravissement d'un miracle n'est rien par rapport à celui d'une transformation spirituelle complète. Cette perspective fait toute la différence entre l'évolution et le chaos. Au lieu de dériver d'une aventure à l'autre, on vise un objectif — un état de conscience plus élevé

— et l'on s'y tient. Les observateurs védiques étaient inébranlables dans leur conviction que l'accomplissement est la tendance naturelle de la vie. La croissance, l'évolution, la stupéfiante activité de l'esprit ne sont pas chaotiques. Elles tentent de s'évader du fini pour entrer dans l'infini.

Sans appliquer à Samuel la moindre terminologie ésotérique, nous pouvons dire que pour lui la réalité s'élargit, se sépare des modèles habituels qui sous-tendent notre sens de ce qui est acceptable et tolérable. Le simple fait d'infléchir ces frontières peut créer un sentiment de vertige, comme si le sol lui-même, et non plus simplement nos hypothèses, se dérobait sous nos pieds.

Un jour, un jeune patient est entré dans mon cabinet avec ces mots étonnants : « *Namaste kya hal hai, Doctor sahib ?* » De la part d'un Indien, ce « Bonjour Docteur, comment allez-vous ? » n'aurait rien de surprenant ; mais cet homme-là avait des yeux bleus et des cheveux blonds et bouclés.

« Où avez-vous si bien appris à parler l'hindi, demandai-je, curieux. Vous n'avez pratiquement aucun accent.

— J'ai attrapé ça à New Delhi, répliqua-t-il. J'ai étudié au Hindu College quelque temps, je suis né et j'ai grandi au Cachemire. » J'acceptai cette explication et nous en sommes venus à ses soucis de santé, assez légers. Après avoir rédigé l'ordonnance, je me préparais à fermer son dossier lorsque je tombai sur la mention : « Lieu de naissance : Santa Barbara, Californie ».

« Un instant, dis-je. Ne m'avez-vous pas dit que vous êtes né au Cachemire ?

— C'est exact.

— Mais votre fiche dit que vous êtes né à Santa Barbara.

— J'aurais dû vous expliquer, murmura-t-il sans hésiter. Mais juste avant, j'étais né au Cachemire.

— Oh ! Et c'est à ce moment-là aussi que vous avez appris l'hindi ?

— Oui. » Son ton de voix était resté aimablement neutre. Mon premier réflexe fut de continuer à le questionner pour voir s'il allait me donner quelques signes clairs de dérangement mental.

« J'ai remarqué que vous travaillez comme barman dans un hôtel du centre-ville. Ce n'est pas un endroit bien pur — je veux dire pour quelqu'un qui est suffisamment sensible pour se souvenir de ses vies passées.

— Je sais, soupira-t-il. Mais c'est par nostalgie que je reste là. Cela me rappelle le mess des officiers de Mhow. » Mhow fut l'un des plus célèbres avant-postes britanniques en Inde centrale. Il est aujourd'hui encore tellement important que la plupart des officiers de l'armée indienne ont de fortes chances d'y être affectés une fois au moins au cours de leur carrière.

« Vous vous souvenez aussi de Mhow, demandai-je ?

— Sûr, dit-il avec entrain, c'est là que j'ai été tué. » Notre conversation s'est gentiment poursuivie dans la même veine, comme s'il ne se passait rien d'inusité et, quelques minutes plus tard, je le laissai aller, à contrecœur. Sur le moment, j'ai regretté de ne pas lui avoir injecté quelque neuroleptique pour apaiser ses hallucinations, avant de l'expédier dans un hôpital psychiatrique. Aujourd'hui, j'éprouve des difficultés à faire la part des choses entre sa bizarrerie et mon propre malaise, qui générait cette impression d'étrangeté. C'est un trait de notre temps que toutes les choses « impossibles » affleurent à nouveau devant nos yeux, comme ces antiques créatures marines que l'on donnait pour disparues alors qu'elles dormaient seulement dans les profondeurs.

Ce que nous pouvons espérer, c'est clarifier la véritable origine de ces expériences de réémergence. De tout temps, les humains ont eu tendance à regarder à l'extérieur d'eux-mêmes à chaque fois que la logique quotidienne du monde s'est effritée. Voici, tel jour, l'extase, là où rien n'existait avant. Qui pourrait provoquer une transformation aussi radicale, excepté un agent divin habitant au royaume des cieux ? Le ciel et la terre se rapprochent néanmoins, grâce au concept des physiciens sur le champ quantique. Il n'existe pas de possibilité d'être en dehors du champ et de regarder vers l'intérieur, qu'il s'agisse de Dieu se penchant sur l'homme ou de l'homme élevant son regard vers Dieu. Nous sommes tous partie prenante du champ ; le champ est l'existence elle-même, s'étendant à l'intérieur, autour et au travers de tout. C'est l'arène où se déroulent toutes les possibilités.

Le champ est omniprésent et omnipotent. Il unit de façon invisible deux quarks séparés par des années-lumière ; il mêle l'existence individuelle et l'existence cosmique, le naturel et le surnaturel. Lorsque leur conscience était à son plein élargissement, les anciens rishis étaient capables de déclarer, en écho à Krishna : « Je suis le champ. » Ils voyaient que leur propre conscience individuelle était identique à la conscience qui soutient l'Univers. Ils donnaient la qualité d'omniscience au champ — et cela donne à réfléchir. En Occident, l'omniscience est l'attribut exclusif de Dieu, sauf si vous envisagez le champ comme un foyer lui aussi digne du divin. Et pourquoi pas ?

L'idée que le sacré serait à l'extérieur de nous n'a aucun sens en termes quantiques, car notre participation est nécessaire à la construction de toute expérience, depuis le sacré jusqu'au profane. Un jour,

Nehru, lorsqu'il était premier ministre, est venu visiter le grand cantonnement militaire de Jabalpur en Inde centrale, où mon père était en poste. C'était au début des années cinquante et Nehru était considéré comme le sauveur de l'Inde, tant par nous que par tous ceux que nous connaissions. Toute la ville s'était déversée dans les rues pour l'accueillir. Les gens grouillaient, serrés comme des fourmis, aussi loin que l'on y voyait. Les hommes montaient aux arbres pour apercevoir la jeep ouverte de Nehru roulant bruyamment dans les rues, et des petits garçons agiles s'agglutinaient sur les plus hautes branches.

J'avais juste sept ans et je n'avais pas vraiment idée des raisons pour lesquelles mon père et ma mère étaient là, debout, membres muets d'un silence si profond qu'il en était presque assourdissant. Mais je suis tout à fait clair sur le fait que la foule était silencieuse et, tandis que Nehru approchait, debout sur le siège noir de la jeep, une rose à la main, la vague d'une énorme déférence s'enflait devant lui. Ma mère commença à pleurer et, comme par un coup du sort, il lança sa rose presque à ses pieds. Personne ne bougea. Le silence dura et ma mère, lentement, avança et se courba pour ramasser sa fleur. Le lendemain, des gens sont venus à la maison pour voir la rose dans son vase d'argent et personne ne put parler tout en la regardant.

Je sais maintenant que l'exaltation de sentiments éprouvée par tous ces gens provenait d'une source intérieure et non exclusivement de Nehru, pas du tout de lui peut-être. La foule participait à une réalité collective; elle ressentait une émotion et la faisait jaillir en une existence indépendante, jusqu'à la laisser se placer dans une fleur lancée au hasard. Cela ne rend pas irréel le côté sacré de leurs sentiments, loin de là. A chaque fois qu'un flux de conscience émerge des profondeurs de l'esprit humain, de grandes transformations peuvent se produire à une vitesse spectaculaire. L'écroulement du mur de Berlin a donné le signal d'un nouveau jaillissement de liberté dans le concert des nations. Mais qu'est une nation, sinon un ensemble d'individus? La politique, c'est ce qui se passe «au-dehors», en réaction à des événements mentaux en évolution «au-dedans». Le mur de Berlin devait d'abord tomber à l'intérieur même de la conscience des gens avant de pouvoir tomber physiquement.

Si nous ne pensons pas les changements politiques en ces termes, c'est principalement parce que les gens ne sont généralement pas unifiés dans leurs perspectives intérieures. Quelquefois cependant, le déferlement de conscience est unanime. Gandhi a insufflé à des millions d'Indiens l'idée de se rassembler silencieusement pour protester contre la domination britannique; ils n'ont rien fait d'autre que se tenir debout ou s'asseoir un certain temps ensemble mais, en soi, cela créait une sorte de témoin très semblable au «témoin» silencieux dont je parle à mes patients. Le simple fait de regarder votre ennemi en restant paisible crée un effet moral énorme, parce qu'il se voit dans vos yeux. Le «témoin» silencieux reflète la vérité avec laquelle cet ennemi devra se réconcilier, au bout du compte.

Je ne cherche pas à mettre sur un même pied la conscience collective et les émotions ou la morale; c'est plutôt l'esprit que nous partageons tous, au-dessous de la couche superficielle de nos esprits individuels. Cet esprit partagé crée notre monde commun. Ainsi, le monde est une carte de ce que tous les gens acceptent comme réel, à l'exclusion de tout ce qu'ils décident de considérer comme irréel. La raison pour laquelle des choses apparemment impossibles reviennent à nouveau en surface dans notre culture, après leur long sommeil, est que notre conscience collective a accepté de les laisser entrer. Un puissant mécanisme de censure est en train de perdre son pouvoir sur nous. Lorsque le censeur est entièrement aboli, il n'y a plus de limites à ce qui peut entrer, car, au niveau du champ, toutes les possibilités existent sous forme latente.

« Vous êtes l'unique cause de toute chose de la création, assurait un gourou à ses disciples. Tout est parce que vous êtes. » C'est faire preuve d'une arrogance sans bornes que de proclamer que le Big Bang a eu besoin de notre bénédiction pour pouvoir se produire. Mais je ne crois pas que ce gourou disait cela. Il voulait dire que la conscience humaine et la conscience cosmique ne font qu'un. Le champ danse et attend que nous le rejoignions dans cette danse. Pour reprendre une image familière, il s'enroule et se déroule sans cesse, comme une couverture de laine infinie tournerait dans un séchoir à linge à une vitesse elle aussi infinie. Dans ces circonstances, tout point de l'Univers est partout à la fois, partageant dans l'omnipotence, l'omniprésence et l'omniscience l'Univers tout entier. Chacun a donc bien le droit de se considérer comme le centre du cosmos et comme le détenteur de pouvoirs indicibles.

Des jumeaux hors du commun

Le sanskrit appelle *siddhi* toute aptitude à commander à la nature. Ce mot signifie « pouvoir » et fait allusion aux pouvoirs qui ont été perfectionnés dans la conscience. Guérir la maladie est un siddhi, tout comme les exploits surnaturels que les yogis sont censés pouvoir réaliser — voler dans les airs, devenir invisibles, lire le passé et l'avenir — la clef de cette maîtrise étant un déplacement de la conscience. Une personne sait soudain comment faire une chose impossible, aussi simplement et facilement que je sais comment soulever mon bras.

Ce déplacement de la conscience ne nécessite aucun effort. Celui qui a atteint le niveau de conscience où le siddhi est naturel peut insuffler un changement aux choses avec autant de souplesse que vous et moi espérons ou rêvons, sans donc davantage d'énergie qu'il n'en faut pour provoquer une pensée. Le principe de base est ici que la réalité est différente dans des états de conscience différents. Si je vois un arbre en rêve, je peux sauter par-dessus, ou le rendre bleu, ou m'envoler, bien plus haut, dans les airs. C'est l'état de rêve qui me donne ces pouvoirs. En l'absence de tout autre état de conscience auquel le comparer, l'état de rêve constituerait mon unique réalité et j'en accepterais la validité.

En m'éveillant, je découvre que je ne suis plus capable de sauter par-dessus un arbre, mais pourquoi cela ? D'après les rishis, ce n'est pas l'arbre qui me retient, mais l'arrivée de l'état de conscience de veille. Celui-ci m'a propulsé dans un monde qui obéit à des lois de la nature différentes. Un rishi pourrait soutenir : « Vous pensez qu'il y a un arbre rêvé au-dedans de votre tête tandis que l'arbre réel est à l'extérieur de vous. Mais cette idée ne peut vous venir qu'*après* votre réveil. Aussi longtemps que vous êtes dans votre rêve, l'arbre semble être à l'extérieur de vous, tout comme en état de veille. En vérité, ce que vous considérez comme l'unique arbre "réel" devrait s'appeler l'arbre d'état de veille. Si vous ne pouvez pas sauter par-dessus, c'est peut-être que vous avez besoin de vous réveiller de votre état de veille. Alors vous découvririez que cet arbre-là aussi était dans votre tête. »

Un siddhi n'est jamais aussi étonnant que lorsqu'il jaillit chez des gens dont l'esprit est dépourvu des aptitudes ordinaires, bien plus que de celles qui sont extraordinaires. Dans un célèbre récit, *Les Jumeaux* (in *L'Homme qui prenait sa femme pour un chapeau...*), Oliver Sacks décrit deux vrais jumeaux, capables de prouesses en calcul mental malgré de nombreux tests faisant apparaître chez eux des quotients intellectuels ne dépassant pas soixante. La première fois qu'il les rencontra, en 1966, ils avaient aux alentours de vingt-cinq ans et étaient déjà quelque peu célèbres. C'étaient deux frères, « des Dupond et Dupont » grotesques, tout aussi replets l'un que l'autre, affublés d'épaisses lunettes, têtes rondes, yeux globuleux, dotés de toutes sortes de tics et de manies incontrôlables. Ils vivaient dans un monde mental qui leur était personnel, fermé aux étrangers, mais Sacks découvrit avec quelle énergie pathétique ils se lançaient dans l'un de leurs « numéros » :

> [Les jumeaux disaient :] « Donnez-nous une date — n'importe laquelle des quarante mille ans passés ou à venir. » Vous leur donnez une date et, presque instantanément, ils vous disent le jour de la semaine correspondant à cette date. « Une autre date ! » s'écrient-ils et l'exploit se renouvelle. Ils peuvent aussi vous donner la date de Pâques sur une période de quatre-vingt mille ans. [...] Leur mémoire des chiffres est remarquable — et probablement sans limites. Ils répéteront avec une égale facilité un nombre de trois, trente ou trois cents chiffres. Là aussi, on a parlé de « méthode ».

Les génies idiots ont fait couler beaucoup d'encre ; les étonnants talents de ces jumeaux ne font pas d'eux un cas unique. Ils se rangent au contraire dans la catégorie bien étudiée des « calculateurs de calendriers » où l'on trouve des gens, tant attardés que normaux, capables de réciter de mémoire le nombre π

avec une précision de trois mille décimales, ou de vous donner le volume, en centimètres cubes, d'un parallélépipède dont un des côtés mesurerait 7 345 278 mètres et les deux autres 5 478 234 mètres.

(Un génie de ce genre âgé de huit ans auquel on posa un problème de ce type répondit sur-le-champ : « Voulez-vous que je vous donne la réponse en commençant par le premier ou par le dernier chiffre ? »)

Cependant, à ma connaissance, Sacks fut le premier à deviner que les jumeaux ne calculaient rien du tout — ils *voyaient* les nombres. Leurs cerveaux farfouillaient au pays des nombres tout comme nous fouinons dans nos souvenirs pour y retrouver d'anciens visages, mais ceci avec une précision, une clarté et une vitesse stupéfiantes. L'argument de Sacks est simple. De par eux-mêmes, les jumeaux étaient incapables du plus simple calcul arithmétique. Additionner quatre et quatre était au-dessus de leurs forces et il avait fallu les entraîner pendant des années pour qu'ils réussissent à faire de la monnaie pour prendre l'autobus. L'explication ordinaire que l'on donne sur les « idiots calendaires » est qu'ils ont mémorisé un raccourci, une formule mathématique spéciale ou un algorithme qui seraient programmés pour donner des dates sans que celui qui calcule soit contraint de suivre le calendrier année par année. On pourrait en effet programmer de la sorte un ordinateur pour qu'il indique la date de Pâques sur une période de quatre-vingt mille ans.

Mais, s'est demandé Sacks, est-il possible pour ces jumeaux de calculer vraiment, même à l'aide d'une formule, alors qu'ils sont incapables d'additionner les nombres les plus simples ? D'autre part, leur capacité à visualiser avait été démontrée à maintes reprises. Si vous indiquiez n'importe quelle journée de leur vie à l'époque où ils avaient quatre ans, ils pouvaient vous dire le temps qu'il faisait, les incidents qui s'étaient produits autour d'eux et les événements politiques importants de cette journée-là. Sacks avait également noté avec précision les expressions cliniques de leurs visages lorsqu'ils donnaient leurs extraordinaires réponses : « Leurs yeux bougent et se fixent d'une manière particulière — comme s'ils déroulaient, scrutaient un paysage intérieur, un calendrier mental. »

Cette apparence de « vision » complétée par leurs yeux roulant vers le haut, ainsi que le ton plat et monotone sur lequel ils donnaient la réponse, comme s'ils récitaient des données imprimées, pouvaient faire penser à quelqu'un qui calcule mentalement. Mais comment alors expliquer deux autres faits ? Tout d'abord, les jumeaux pouvaient « voir » des nombres premiers de dix ou même vingt chiffres. Il y a vingt ans, extraire des nombres premiers très longs était un exploit laborieux même pour les plus gros ordinateurs et on ne connaissait pas de formule pour y parvenir. Mais il y avait là deux jumeaux, ricanant sottement dans leur coin, qui savaient extraire des nombres premiers si longs que Sacks ne pouvait même pas les vérifier dans un manuel de mathématiques ordinaire.

Plus mystérieusement encore, il fut observé qu'un seul des jumeaux avait été fasciné par les nombres dans sa prime enfance et qu'il avait par la suite transmis son talent prodigieux à son frère, sans aucune perte de précision, d'une manière inexpliquée. Génie double, dans tous les sens du terme, ils s'asseyaient pendant des heures dans un coin, murmurant de longues suites de nombres et gloussant dans un plaisir partagé sur les arcanes de quelque découverte que personne d'autre n'aurait pu comprendre.

Il est difficile de ne pas conclure que les jumeaux possédaient en fait un siddhi, l'un de ceux bien connus de l'Inde antique, *Jyotish Mati Pragya* —

l'aptitude à voir dans la lumière. Les rishis disent qu'à un niveau subtil tout est fait de lumière; la lumière est le plus fin des niveaux d'apparition avant que la création ne se dissolve dans la pure conscience. D'une manière ou d'une autre, les jumeaux avaient ajusté leur esprit à ce niveau de conscience. Et ils semblaient savoir ce qu'ils faisaient. Sacks écrit: « Si vous leur demandez comment ils parviennent à retenir autant de choses — un nombre de trois cents chiffres ou un trillion d'événements correspondant à quatre décades — ils vous répondent très simplement: "Nous les voyons." »

Les méthodes des jumeaux nous éclairent quelque peu sur la façon dont fonctionnent généralement les siddhis. Un siddhi est une capacité mentale que rien ne sépare de la pensée ordinaire, si ce n'est qu'elle va plus profond. La personne qui en est dotée doit aller droit aux rives de la pure conscience, là où celle-ci s'apprête à émerger en formes créées. Pour parler le langage de la physique, une intention locale commence à obtenir des résultats délocalisés. Au lieu d'être confiné à l'intérieur de mon crâne, mon désir de voir un nombre premier à vingt chiffres rayonne dans le champ et le champ ramène la réponse.

Ce n'est pas « moi », au sens le plus immédiat du terme, qui ai élaboré la solution. Le champ agit par lui-même, déroulant ensemble la question et la réponse, jusqu'à ce qu'elles se rencontrent dans le temps et l'espace. Mon rôle consiste simplement à émettre des ordres et à laisser le champ calculer, instantanément et automatiquement, quel que soit le résultat que je souhaite. Le secret pour pénétrer quelque siddhi que ce soit est de se brancher sur l'ordinateur cosmique en utilisant le cerveau comme clavier.

Les siddhis peuvent venir spontanément, comme dans ce cas des jumeaux, mais le plus souvent il convient de les cultiver. (La troisième partie du traité de Yoga du rishi Patanjali, les *Yoga Sutras*, contient l'enseignement classique sur la manière dont on obtient les siddhis. De nos jours, Maharishi a fait revivre ces mêmes techniques dans le cadre d'un programme supérieur enseigné en tant que continuation de la Méditation Transcendantale.) Au premier stade, la méditation amène l'esprit dans la transcendance ; la seconde étape consiste à maintenir la transcendance tout en élaborant une pensée précise. Il y a là, semble-t-il, une contradiction totale : effectivement c'en est une. Par définition, le transcendant est silencieux et vide de pensées. Mais les rishis ont découvert, il y a des siècles, qu'une personne peut simultanément participer de deux états de conscience.

Un siddhi réunit la conscience quotidienne à la conscience transcendantale et, lorsque les deux sont totalement mêlées, la nature commence à répondre aux désirs les plus variés, sur ordre. Ceci est en soi un développement merveilleux, mais qui sert une fin plus élevée : dérober à la réalité ordinaire son pouvoir d'emprisonner les gens. Tel est bien, à chacune de ses étapes, l'objectif du Yoga. « A partir du moment où vous avez compris que le monde est votre propre projection, vous êtes libéré de lui, disait un gourou à ses disciples. Tout ce qui existe autour de vous est peint sur l'écran de votre conscience. L'image que vous voyez est laide ou belle, mais dans l'un et l'autre cas vous n'en êtes pas prisonnier. Soyez tranquilles : personne ne vous l'a imposée. Vous n'êtes piégés que par votre habitude à prendre l'imaginaire pour le réel. »

C'est ainsi qu'apparaît la réalité depuis un stade plus élevé de la conscience. Les siddhis sont une partie essentielle de l'accès à un tel état, ils sont un marchepied. Ils nous permettent de faire l'expérience de l'illusion du monde. Un ami m'a récemment raconté cette histoire: «Il y a plusieurs années, j'ai pris ma voiture pour aller camper dans le Far West. Un matin, dans le Montana, je me suis réveillé en pensant que ce serait vraiment splendide de voir un arc-en-ciel. Je n'avais pourtant pas grand espoir — la journée était grise et couverte. Nous avons commencé à escalader un col de haute montagne près de Glacier Park; tout était enseveli sous la brume. Soudain, comme écarté par les mains d'un machiniste, le brouillard s'est déchiré et un arc-en-ciel somptueux a relié deux pics, exactement face à moi, comme si les dieux avaient confectionné un pont de lumière étincelant.

«C'était un spectacle éblouissant et une intéressante coïncidence. Nous sommes descendus des Rocheuses en direction du Wyoming et, le lendemain, dans le massif des Tetons, j'ai vu un arc-en-ciel impressionnant qui sautait dans les eaux du lac Jackson. Un autre arc-en-ciel est apparu le jour suivant dans les Green Mountains et un autre près d'Aspen, le lendemain. Cela dura six jours. Le septième jour, j'étais dans un profond canyon désertique de l'Utah. Il n'avait pas plu depuis des semaines; le ciel de juillet grillait dans la chaleur et était totalement dépourvu de nuages. Vers midi, j'ai levé les yeux, sur une vision impossible: un arc-en-ciel, petit mais très net, surplombait l'étroit lit de sable blanc de l'arroyo où nous avions campé. Quelle pouvait en être la cause?

«Je ne suis pas du genre à me précipiter sur les conclusions miraculeuses et, quelques jours plus tard, un garde forestier m'a parlé d'un phénomène intéressant: lorsque le Soleil est suffisamment chaud, la chaleur peut provoquer une inversion de température dans le désert. L'humidité qui s'élève des canyons demeure emprisonnée par l'air plus froid qui la surplombe et, par moments, il y a suffisamment de gouttelettes d'eau pour former une fine couche au-dessus d'un bord de canyon et provoquer l'apparition d'un arc-en-ciel. Je tenais enfin une explication naturelle pour tout ce que j'avais vu. La nature elle-même avait les moyens de fabriquer des arcs-en-ciel. Pourtant, je reste persuadé qu'elle a aussi les moyens de les faire quand et où je veux. »

L'esprit du feu

Les rishis se sentaient parfaitement à l'aise avec le fait quantique selon lequel notre monde matériel est d'abord bâti sur les vibrations d'un espace vide. Pourtant, nous ne sommes pas encore habitués au fait védique selon lequel l'espace qui imprègne tout est intelligent. C'est *Chit Akasha* ou « espace de la conscience pure ». Cet espace de la conscience pure est à l'intérieur de notre tête et donne naissance à la pensée « du dedans », mais il existe aussi à l'extérieur de nous. Nietzsche a proposé une observation qui remet en question le cœur même de la logique occidentale : « Toute philosophie est fondée sur l'hypothèse que nous pensons, mais il est tout aussi vraisemblable que nous soyons pensés. »

Du fait que notre système conventionnel de logique considère que la pensée est toujours intérieure, nous ne voyons pas les processus naturels qui se mettent en place autour de nous comme un genre particulier de pensée. Mais ce n'est là qu'un préjugé culturel. Nous pourrions voir Chit Akasha partout et, dans ce cas, nous saisirions que tout dans la nature est une transformation de l'esprit mental, sous divers camouflages successifs. Les rochers, les montagnes, les océans et les galaxies sont constamment pensés, tout comme nous le sommes.

Le phénomène de la marche sur le feu en est un

exemple concret ; l'imaginaire populaire contemporain en a fait une véritable mode il y a plusieurs années mais il perdure depuis des siècles dans diverses cultures traditionnelles, en tant qu'expérience spirituelle fondamentale. L'anthropologue Loring Danforth relate merveilleusement, dans *Firewalking and Religious Healing*, l'un de ces cultes de la marche sur le feu, l'Anasténaria de Grèce septentrionale.

Personne ne connaît vraiment l'origine de ce culte. Une légende affirme qu'un violent incendie éclata dans l'église du village à Kosti, en Thrace orientale, il y a des siècles. Des spectateurs entendirent alors des cris perçants qui venaient de l'intérieur du bâtiment, pourtant vide. Stupéfaits, ils comprirent que les icônes de saint Constantin et de sa mère, sainte Hélène, appelaient au secours. Quelques villageois courageux se précipitèrent dans les flammes sans réfléchir davantage et, lorsqu'ils ressortirent, tenant les statues dans leurs bras, ni eux ni celles-ci n'avaient été touchés.

En souvenir de ce miracle, les fidèles de saint Constantin fêtent leur saint patron le 21 mai en marchant sur une fosse remplie de charbons ardents. Ils ne se contentent pas d'y marcher, mais exécutent une lourde danse sur les braises chauffées au rouge, brandissant à bout de bras les icônes des deux saints. Une centaine peut-être de ces dévots marcheurs sur le feu, les anasténarides, sont disséminés dans quelques villages du nord de la Grèce ; tous ou presque font remonter leurs origines jusqu'à Kosti.

Pour montrer leur inébranlable foi et leur mépris du feu, les danseurs anasténarides ramassent des braises incandescentes et les écrasent entre leurs mains nues d'où jaillissent des flots d'escarbilles étincelantes. L'un de ces dévots, Stephanos, a passé cinq mois hypnotisé par le feu brûlant dans sa cheminée, dont il sortait avec les mains les charbons ardents, heure après heure, jusqu'à ce que sa mère le suppliât d'arrêter, craignant de ne plus avoir le moindre feu pour cuire le pain familial.

Les marcheurs sur le feu grecs sont certains que leur foi religieuse les protège des brûlures. Chacun « appartient aux saints », car ils se sont soumis à l'autorité divine en échange de leurs pouvoirs extraordinaires. Marcher dans le feu vous range à part de la société normale pour le restant de vos jours ; on dit de vous que votre voie est ouverte, ce qui signifie que les saints peuvent vous amener où bon leur semble.

L'un d'eux est un paysan dénommé Mihalis. Il a raconté ce qu'il ressent pendant sa danse sauvage : « Si votre voie est ouverte, alors vous ne sentez pas le feu comme s'il était votre ennemi. Vous le ressentez comme votre mari ou votre femme. Vous ressentez de l'amour pour le feu ; vous avez du courage. Ce que vous voyez n'est pas une montagne ; ce n'est rien. C'est de cette manière que vous y entrez, librement. Mais si vous y entrez parce que telle est votre volonté, alors vous éprouvez des doutes et de la peur. Il ressemble à un ennemi, à une montagne. Si votre courage vient du saint, alors vous voulez vraiment aller dans le feu. Le pouvoir vient de l'extérieur. Vous êtes différent. »

Au tout début de cet ouvrage j'ai évoqué le cas de certains paranoïaques qui ne sont plus capables de distinguer nettement entre leur propre esprit et celui de Dieu. Dans leur folie, ces gens endossent la responsabilité personnelle de parer aux guerres et aux désastres naturels. Mihalis et les siens sont pris dans une confusion du même type, mais vue du pôle opposé. Ils ne peuvent accepter que ce pouvoir de marcher sur le feu leur soit personnel, ni même spécifiquement humain. Ils insistent sur le fait que celui-ci doit venir de Dieu, au travers de l'intercession de saints. Il leur serait incompréhensible que quelqu'un marchât sur le feu sans être un fidèle.

Mais un tel homme est apparu parmi eux. En 1985 un Américain beau, grand et souriant est venu aux fêtes de saint Constantin, dans le village de Langadas où se tenait le rite des anasténarides. Dans un restaurant, il montra aux gens qui l'entouraient une photographie où on le voyait marchant sur du feu, en Oregon ; on lui permit immédiatement de se joindre à la cérémonie de l'endroit. L'année précédente, un spectateur italien avait tenté d'entrer dans le feu et s'était gravement brûlé. Les marcheurs grecs avaient interprété cela comme la confirmation que l'on ne peut défier le feu sans les saints.

Mais le visiteur de cette année-là était d'une trempe que personne n'avait jamais vue : c'était un instructeur de marche sur le feu. Loin du petit monde du culte Anasténaria, la marche sur le feu était devenue célèbre dans les milieux travaillant à l'élévation du potentiel humain, et des « séminaires » de marche sur le feu se tenaient pratiquement chaque week-end sur la côte ouest. Dans la mouvance du Nouvel Age, marcher sur le feu était devenu une sorte de psychothérapie. On voyait là une expérience libératrice, dotée peut-être de tonalités spirituelles, mais non strictement religieuse. C'est ainsi que deux mondes entrèrent en collision lorsque ce visiteur, Ken Cadigan, entra dans le feu des anasténarides.

Il n'y eut tout d'abord aucun conflit ouvert. « Ken réussit à se frayer un chemin dans la foule, avec les anasténarides, jusqu'à l'endroit où l'on marchait sur le feu, écrit Danforth. Il a dansé autour du feu avec eux pendant quelques minutes. Puis, après que (leur chef) Stamatis eut franchi le feu, Ken le traversa aussi. Il était vêtu de blanc et tenait ses mains très haut au-dessus de sa tête. "Je n'ai pas compris la danse tout de suite et j'ai donc traversé le feu un peu n'importe comment", expliqua-t-il. »

Nous ne savons pas ce qui traversa l'esprit des marcheurs sur le feu grecs, mais un geste terrible s'ensuivit. « Après que Ken eut traversé le feu deux ou trois fois, écrit Danforth, il vit Stamatis aller vers un autre anasténaride pour lui dire de prendre Ken avec lui dans le feu. L'anasténaride saisit Ken par le bras, mais celui-ci se dégagea. Il revint dans le feu une fois encore et, cette fois, y resta un long moment ; il *dansait* vraiment sur les charbons. C'est alors que l'anasténaride le reprit à nouveau par le bras et lui marcha sur un pied... Ken s'est encore dégagé et a quitté le feu. »

La foule avait applaudi le grand étranger et plusieurs journalistes l'assaillaient maintenant de questions. Comment pouvait-il marcher sur le feu sans être un fidèle ? Avait-il été brûlé à la fin ? Cadigan plaisanta sur l'incident et refusa d'accorder quelque intention malfaisante à l'homme qui l'avait accosté. Cependant il était certain que l'anasténaride l'avait bien poussé dans les charbons dans l'espoir qu'il s'y brûlât. Et c'est bien ce qui s'était passé.

L'une des particularités de la marche sur le feu est que la croyance y joue un rôle crucial. Si un sceptique entre dans le feu juste un pas derrière un croyant, le sceptique, seul, sera brûlé. Un marcheur sur le feu expérimenté peut être distrait par un spectateur qui l'appelle et, soudain, il se brûle aussi. Le feu est à la même température pour tous (suffisamment chaud pour brûler les chairs en quelques secondes) et c'est bien pour cela que l'on est convaincu que la conscience doit jouer un rôle essentiel.

Des gens se brûlent parfois gravement en sautant impétueusement sur les charbons malgré une voix intérieure qui tentait de les arrêter en leur criant : « Ne fais pas ça ! » Au cours des mêmes séances, d'autres marchent, sans le moindre mal. Nous ne disposons d'aucune explication scientifique sur les causes de ces différences, sur les processus sous-jacents à cet exploit. Dans le cas présent, lorsque Cadigan a été happé par la méchante humeur de son agresseur, il a perdu le pouvoir de demeurer invulnérable. Danforth remarque que bien que les brûlures de Cadigan fussent allées suffisamment profond pour attaquer les nerfs de ses pieds, il n'a ressenti aucune douleur, ni sur le feu ni par la suite.

Tout en rassemblant ses informations, Danforth s'est rendu auprès des anasténarides, qui ne parlaient plus que de l'événement après le départ de l'Américain. Rapidement, comme mus par un réflexe, les marcheurs sur le feu grecs s'étaient réfugiés dans la rationalisation : ils proclamaient maintenant que leur visiteur avait traversé le feu trop vite, qu'il n'avait pas vraiment dansé, qu'il avait abandonné rapidement la cérémonie parce qu'il s'était brûlé. De cette manière, les fidèles pouvaient conserver leur lien avec les saints, et leurs droits exclusifs sur la « voie ouverte ».

Pourtant, le thème principal de leur vie spirituelle — dominer le feu et s'en émanciper — est identique à celui qu'épousent les adeptes du Nouvel Age. « C'est la peur qui vous brûle et non le feu » ont coutume de dire les marcheurs sur le feu américains. Dans les deux camps, le feu symbolise les barrières intérieures qu'il convient de traverser afin de prouver que la réalité est plus que ce que perçoivent les sens. Mais il nous faut chercher plus avant encore et demander : « Qu'est-ce qui lie le monde subjectif du marcheur sur le feu et les charbons ardents ? »

Le marcheur sur le feu peut pénétrer le feu en toute sécurité parce qu'il *pense* qu'il le peut. Ses pensées rendent le feu inoffensif, ce qui implique que celui-ci le *comprend*. Les marcheurs sur le feu grecs acceptent cette hypothèse : ils disent souvent que le feu les invite. Ils ne savent marcher sur les charbons qu'après que le feu a dit « oui ». Il est difficile d'échapper à la conclusion d'une intelligence du feu.

Si l'idée d'un feu intelligent est trop choquante, disons alors qu'un champ continu de matière mentale relie le marcheur sur le feu au feu. Lorsqu'une personne pense, une vibration apparaît dans le champ ; lorsque le feu se refroidit, une autre vient. Ainsi, il n'y a qu'un champ se parlant à lui-même, sans qu'il soit besoin d'y ajouter le mystère. Mihalis n'a pas véritablement marché sur le feu ; il a marché aux abords de son propre esprit.

Deux plénitudes

Il est difficile de nier que notre réalité s'entête à demeurer intacte parce que notre logique s'acharne à rationaliser, car elle n'est adaptée qu'aux événements de l'état de veille. On peut voler en rêve parce que défier la gravité n'est alors qu'affaire d'altération de ses propres schémas d'ondes cérébrales : tout ce qui se produit dans un rêve, quelle qu'en soit l'étrangeté est, à l'évidence, engendré de manière autonome. Il en va en fait de même en état de veille, à une différence près. Assis sur ma chaise à cet instant précis, je peux bien penser : « Je veux voler », mais rien ne se passera. Il me manque apparemment le pouvoir du rêveur, probablement parce que certaines lois de la nature ont été placées hors de mon contrôle, à commencer par la gravité.

Cependant, les rishis prétendraient que cette mise de côté est elle-même un acte humain. Ce qui me retient à la Terre, ce n'est pas le fait que la gravité est une loi de la nature. C'est le *choix* des lois qui s'avèrent être en action. Lorsqu'une personne a atteint un état de conscience supérieur, elle comprend que ces choix sont toujours faits et peuvent également être défaits. Pour toute loi naturelle me retenant à ma chaise, une autre, encore endormie dans le champ, me permettrait de voler.

Obtenir des siddhis revient à gagner en liberté de choix. Les rishis disent : « *Purnam adah, purnam idah* » : « Ceci est plein, cela est plein. » Le mot *ceci* désigne la réalité manifeste que je vois autour de moi ; le mot *cela* s'applique au monde non vu de la transcendance, le monde de l'Etre, le champ. Les deux mondes sont pleins — c'est-à-dire infinis — et si je n'apprécie pas les lois naturelles qui m'emprisonnent ici, je peux en trouver d'autres à l'intérieur du champ. Je n'ai pas à mettre le présent ensemble des lois au défi, il me suffit d'en éveiller un autre. C'est ainsi que le feu peut être chaud, sans aucun doute, à tel instant, mais froid à tel autre.

La doctrine du « ceci est plein, cela est plein » fait déclarer au yogi que la nature est parfaite. Il ne fait pas allusion à l'image de la réalité d'aujourd'hui, pas plus qu'il ne glose sur les grossières imperfections qui créent la souffrance. La cruauté et la violence que nous voyons dans notre monde ne peuvent en aucun cas s'accommoder du mot perfection. Mais une autre sorte de monde est disponible aussi, par la grâce de l'Etre. Et ce fait-là foule aux pieds le mal dont nous sommes témoins dans la vie quotidienne. La nature est parfaite parce qu'elle contient tous les possibles.

Ce point fut souligné il y a trente ans au cours d'un échange fascinant entre Maharishi* et un contradicteur sceptique, lors d'une conférence londonienne :

> *Contradicteur :* Je n'accepte pas que les œuvres de l'intelligence de la nature soient déjà parfaites. Je pourrais rendre l'Univers plus humain, moins souffrant, moins douloureux.

* Bien que d'autres maîtres indiens se soient rendus eux aussi en Occident, Maharishi Mahesh Yogi, le fondateur de la Méditation Transcendantale, y a joué un rôle tout particulier.

Maharishi : Il n'y aurait alors aucune cohérence dans votre Univers.

C : Nous n'avons pas besoin de cohérence.

Maharishi : Oh ! Mais alors vous ne pouvez rien faire fonctionner de façon systématique — il n'y a plus que du chaos. Par exemple, dans votre Univers, vous toucheriez le feu et le feu ne vous brûlerait pas. De la même manière, vous mettriez du riz à cuire et le feu ne le cuirait pas !

C : Mais il y a des gens qui marchent sur le feu et que le feu ne brûle pas.

Maharishi : C'est là aussi une œuvre de la nature toute-puissante : ce qui est chaud en certaines circonstances est froid, aussi, dans des circonstances différentes. Vous voudriez créer une situation identique dans votre Univers, mais vous voyez bien que c'est déjà là ! Un esprit étriqué ne créera qu'un demi-monde. Incapable de voir le tout, il ne verra qu'une partie du tout.

Nous ne faisons que commencer à abandonner les parties pour accepter une vision du tout. Il y a soixante-dix ans, les grands physiciens de la génération d'Einstein qui travaillaient sur les quanta postulaient que la « réalité locale » était une proposition douteuse. On parle de « réalité locale » pour désigner des événements disjoints menant des vies indépendantes dans le temps et l'espace. Un atome d'oxygène sur Mars est local en ce sens qu'il n'a rien à voir avec un atome d'oxygène de Vénus, tout comme un homme qui souffre en Chine n'a rien à voir avec moi. Au niveau humain, cet agencement ne semble jamais satisfaisant, car je partage vraiment, par sympathie, la souffrance du Chinois.

Avant l'avènement de la théorie des quanta, on ne pouvait en dire autant de deux atomes. Pour qu'ils soient en sympathie, il faudrait nier les millions de kilomètres de vide qui les séparent. Le sens commun dit que le vide est vide ; par définition, il ne peut rien contenir. Aujourd'hui pourtant, on sait grâce aux observations des radiotélescopes que l'Univers s'est organisé de manière ordonnée sur des distances immenses. Les étoiles, à une extrémité du cosmos, obéissent aux mêmes lois structurelles et passent par les mêmes étapes de vie que celles se trouvant à l'autre bout. On peut également prouver en laboratoire que certaines particules élémentaires sont appariées comme des jumelles (en vertu du principe du « type de spin ») et qu'un changement de « spin » chez l'une est instantanément équilibré par un changement, égal mais opposé, chez sa complice, quelle que soit la distance les séparant. Elles sont reliées par un fil téléphonique qui se révèle être fait de rien.

L'étrangeté de tels phénomènes heurte notre logique ordinaire. C'est pourquoi des physiciens en sont venus à dire que le royaume des quanta est non seulement plus étrange que nous ne le pensons, mais encore plus étrange même que nous ne *pouvons* le penser. Le rishi n'est pas d'accord. Pour lui, un quantum et une pensée sont remarquablement semblables. Les impulsions flottantes et invisibles de l'esprit peuvent se transformer en molécules neurotransmettrices concrètes, localisables, telles que la dopamine et la sérotonine. Mais où se poster pour observer une émotion au moment où elle se change en molécule ? Nulle part — on ne peut ni voir ni toucher une émotion ; c'est à peine si l'on peut la repérer dans le temps et elle n'a aucune demeure dans l'espace, d'aucune façon. Les molécules peuvent, objectivement, être vues, emmagasinées, manipulées. Il est plus facile de s'occuper d'elles que des émotions et c'est pour cela que les scientifiques supposent toujours que la réalité des molécules devrait être la référence, la réalité des émotions étant, en quelque sorte, inférieure.

Mais le monde des quanta est tout autre. Un événement quantique, tout comme nos pensées, est invisible, flottant, imprévisible. Avant que le Soleil n'émette de la lumière, où était-elle ? Les photons viennent de nulle part ; ils ne peuvent être stockés. Ils sont à peine repérables dans le temps et n'ont aucun logis dans l'espace (la lumière n'occupe aucun volume et n'a pas de masse). La ressemblance entre une pensée et un photon est saisissante.

La pensée est une activité quantique et c'est pour cela qu'elle nous permet de maîtriser les lois de la nature. Le rishi sait exercer ce pouvoir bien mieux que moi parce qu'il a atteint la réalisation de soi, mais je ne suis pas totalement dénué de talent. Pensez au calcium qui construit un fémur, une clavicule ou n'importe quel autre os. Le calcium, dans mon corps, n'occupe pas une place déterminée : il bouge constamment. Il va d'os en os au gré des besoins (si vous portez suffisamment longtemps une nouvelle paire de chaussures, par exemple, les os de votre jambe modifient leur structure interne pour s'ajuster à votre nouvelle démarche). Le calcium quitte aussi mes os pour rejoindre mon sang ; ma peau et mon urine en déversent dans le monde tandis que j'en ingère de nouvelles quantités par le biais de la nourriture. Je maîtrise ce flux constant avec une grande précision, même si je ne suis pas conscient d'accomplir une telle tâche.

Les blanches falaises de Douvres, en carbonate de calcium, pourraient bien pénétrer mes os aujourd'hui même par le biais de ce mouton qui pâturait sur leurs pentes avant de finir au marché. A chaque étape, de la falaise à l'herbe, du mouton au rôti, du sang à l'os, les atomes de calcium demeurent inchangés. Pourtant, je ne ressemble ni à une falaise, ni à un mouton parce que après avoir pénétré en moi ce calcium va devoir se transformer. A l'intérieur de moi, il subit un changement colossal et devient une structure complexe d'intelligence. Ce changement a lieu à ce niveau quantique où tout, dans la création, reçoit une identité. Même lorsque le calcium entre et sort, circulant en moi comme une feuille au vent, je demeure inchangé, solidement structuré dans mon corps quantique.

J'ai lu qu'à l'occasion de chacune de nos respirations, nous prenons en nous plusieurs millions des atomes respirés et expirés par le Christ, Bouddha, Confucius et tous les autres maîtres spirituels du passé (nous inspirons 10^{22} atomes d'oxygène à chaque respiration, soit le chiffre un suivi par vingt-deux zéros). Mais ce sont aussi quelques millionièmes de la respiration d'hier d'un paysan chinois que j'inhale aujourd'hui ; son souffle prend à peine vingt-quatre heures pour faire la moitié du tour de la planète et se mélanger à l'atmosphère que je respire chez moi.

Il y a là quelque chose de merveilleux, mais il est plus féerique encore que je ne me transforme ni en Christ, ni en Bouddha, ni en paysan chinois. Mon identité est enracinée dans le champ et lorsqu'une matière brute me pénètre j'y imprime mon influence. Si j'ai peur, mon calcium a peur ; lorsque je meurs, je lui rends sa liberté, avant qu'un autre esprit ne le capture à nouveau. C'est ainsi que l'esprit immédiat coopère sans fin avec l'esprit universel.

Ce que les rishis ont vu avec une telle netteté, c'est que le champ quantique est une source de création offerte au jeu de chaque individu, tout comme un bord de rivière argileux et sablonneux attend qu'un enfant vienne y faire des pâtés, des châteaux ou des maisons. Il est impossible de voir un quelconque objet dans l'argile informe, mais pourtant, en un sens, tous ces objets avaient le potentiel de s'y trouver. La phrase la plus célèbre des Upanishads déclare : « Je suis Cela, tu es Cela et tout ceci est Cela. » Un spécialiste de la physique quantique ne pourrait venir chicaner sur de telles assertions dès lors qu'il aurait traduit le mot « Cela » par « le champ ».

En dépit du pouvoir et de l'immensité sans borne du champ, il n'est besoin de nul effort pour le commander — c'est ce que nous faisons toutes les fois que nous avons une pensée. Mais pour acquérir une réelle maîtrise, pour que notre désir le plus profond devienne vrai, nous devons nous engager dans la recherche d'un état supérieur de la conscience. A l'instar de toutes les forces de la nature, la force de la conscience peut être faible ou forte. Elle est au plus fort chez les gens dont l'esprit s'identifie au champ, au plus faible chez ceux dont l'esprit est échoué à la surface de la vie. S'identifier pleinement au champ, voilà une bonne définition de ce qu'est l'illumination, la réalisation spirituelle. Alors disparaissent les entraves de la réalité immédiate. Et l'on est enfin libre de se joindre au jeu créatif de l'Univers.

Lorsqu'une personne découvre que ses désirs commencent à se réaliser indépendamment de la façon dont la réalité est censée se comporter, ce soudain apport de pouvoir lui amène un débordement émotionnel — elle se sent transportée et triomphante ; en fusion avec le cœur même de la nature (« J'étais comme une orpheline qui aurait trouvé le chemin de sa maison » se souvient une femme). La peur perd tout sens, remplacée par un immense soulagement devant la véritable simplicité de la vie.

La simplicité, voilà la clef. Les rishis vivaient selon un code dépendant davantage de la magie que du combat. Un code que Maharishi exprime magnifiquement :

Laissez votre désir revenir vers l'intérieur et soyez patient.

Laissez l'accomplissement venir à vous et résistez doucement à la tentation de poursuivre vos rêves dans le monde.

Poursuivez-les dans votre cœur jusqu'à ce qu'ils disparaissent dans le soi et laissez-les là.

Cela demande un peu de discipline, mais soyez simple et bon.

Soyez présent à votre santé et à votre bonheur intérieurs.

Le bonheur rayonne comme le parfum d'une fleur et attire vers vous tout ce qui est bon.

Laissez votre amour vous nourrir, vous et autrui. Ne vous tendez pas vers les besoins de la vie — il suffit d'être tranquillement attentif et conscient d'eux. De cette façon, la vie coule plus naturellement et sans effort. La vie est là pour que l'on en jouisse.

En étant simplement nous-mêmes, nous sommes portés par une destinée qui va largement au-delà de ce que nous pouvons imaginer. Il suffit de savoir que l'être que je nourris au-dedans de moi est le même que l'Etre qui baigne chaque atome du cosmos. Lorsque les deux se verront mutuellement comme égaux, ils seront égaux parce que cette même force qui contrôle les galaxies soutiendra alors mon existence personnelle. Si un homme prétend avoir atteint l'illumination, il me suffit de lui demander : « Vos désirs se réalisent-ils sans effort ? » S'il dit que oui, j'accepte que sa pensée soit devenue magique.

Mais je poserais une autre question encore : « Quelle est l'ampleur de vos désirs ? » S'il déclare que ses désirs sont pour lui-même, je saurai qu'il ne s'est pas libéré de la réalité immédiate. Au contraire, s'il dit que ses désirs sont pour le monde, je saurai que l'Univers tout entier travaille en son nom. Il a maîtrisé la réalité non immédiate — il est un citoyen du champ.

12

Vivre l'unité

Accordons-leur le bénéfice du doute : les parents de Nicolas ne cherchaient pas délibérément à le détruire. Bien au contraire : à l'heure même où il naquit, il fut traité par eux comme un petit dieu. Tous les jouets que sa famille huppée pouvaient lui offrir furent étendus à ses pieds et le plus léger de ses désirs était instantanément exaucé. Ses minauderies et ses gazouillis enfantins faisaient les délices de sa mère, au point qu'elle ne pouvait supporter de le quitter du regard. Lorsqu'elle était contrainte de s'arracher à lui, ne serait-ce qu'une demi-heure, les grands-parents de Nicolas accouraient pour prendre sa place et eux aussi l'aimaient tant qu'ils ne le perdaient jamais de vue non plus.

Trois années durant, Nicolas considéra comme normal cette permanence du regard des adultes. Il était bien trop petit pour soupçonner qu'il vivait sous un régime de garde à vue. Puis un jour vint où sa mère le prit à part pour tenter de lui faire comprendre quelque chose d'important. Trente-cinq années plus tard, il se souvient encore avec quelle intensité émotionnelle elle lui avait parlé.

« Tu es sorti de moi et tu fais partie de moi. Ce sera

toujours ainsi, dit-elle. Mais, ton père et moi, nous voulons que tu saches quelque chose. Tu n'es pas arrivé comme les autres bébés. Tu as été adopté.» Nicolas sourit, goûtant le plaisir de ce mot nouveau. Il n'était pas assez âgé pour se demander comment il aurait bien pu sortir de sa mère et être adopté en même temps. Il savait simplement qu'il était plus particulier qu'avant. «Je suis adopté! Je suis adopté!» répéta-t-il, encore et encore; puis il se précipita pour annoncer la bonne nouvelle à son meilleur copain. Il lui fallut deux ans pour saisir pleinement ce qu'être adopté voulait dire.

«Mes parents m'ont toujours tenu très étroitement, m'a-t-il raconté. Et, peu à peu, j'ai pris conscience que leur amour était teinté d'un désespoir immense. Je les obsédais. J'étais sans cesse sous surveillance parce qu'ils avaient une peur maladive que je sois enlevé par ma vraie mère, tel un prince de légende volé une nuit par des gitans.»

L'unique moyen que ses parents avaient trouvé pour gérer leur peur de le perdre avait été de le tenir sous un contrôle permanent. Par elle-même, cette attention angoissée et adoratrice aurait pu ne pas être trop destructive. Mais il devint vite évident que Nicolas ne m'avait pas encore tout dit.

«Il y a quelque chose qui ne va pas chez mon père, a alors expliqué Nicolas. Je suppose que vous le qualifieriez de misogyne, d'homme qui hait les femmes. Il serait choqué d'entendre cela parce qu'il est très affectueux envers ma mère et prend grand soin de l'entourer d'une façon extrêmement romantique, tout particulièrement en public. Mais il ne cesse de la dégrader et de la rabaisser par des moyens subtils. Je ne l'ai jamais vu la frapper mais, tout jeune enfant, j'étais déjà certain qu'elle le craignait, tout en restant totalement impuissante.»

La même peur s'était insinuée dans la propre vie de

Nicolas tandis qu'il devenait un bambin. Il découvrit que son adorable père, qui le serrait si fort dans ses bras et l'inondait de présents, pouvait s'enflammer de rage sans prévenir. Aux moments les plus inattendus, il se déchaînait et les inhibitions qui l'empêchaient de s'attaquer physiquement à son épouse n'avaient plus cours vis-à-vis de son petit garçon.

« Mon père m'a beaucoup battu, pour des raisons que je ne parvenais pas à saisir. Je n'ai jamais rien fait de si méchant. Ma mère et moi nous mettions en quatre pour l'apaiser, pour être toujours comme il le souhaitait, mais si je disais quelque chose sur un ton de voix qu'il n'aimait pas ou si je tergiversais pour obéir à l'un de ses ordres, il me giflait ou me fessait très durement. »

Nicolas se souvient des sentiments coupables qui le poussaient à cacher les meurtrissures que lui infligeait son père avec ses fessées violentes, de son sentiment d'être une victime innocente et pourtant, en même temps, d'être inexplicablement honteux lorsqu'il était puni. « Je veux être honnête envers mon père, m'expliqua-t-il précautionneusement. Il n'a jamais poussé la violence jusqu'au bout. Je n'ai jamais été tabassé. Ce qui faisait si mal, ce n'était pas tant la dureté de ses coups que la cause de la punition. Que lui avais-je donc fait pour mériter son mépris ? »

Le fait d'être battu pour les délits les plus futiles — il n'avait pas ramassé ses chaussettes, il avait laissé sa chambre en désordre — empêchait Nicolas de tirer au clair les raisons de ses punitions. Quelles que fussent les pulsions qui dirigeaient son père, elles étaient trop étrangères à un petit enfant pour lui être compréhensibles et bien trop puissantes pour qu'il puisse s'en défendre. Certes, la mère de Nicolas tentait faiblement d'intervenir, mais les colères paternelles dictaient leur loi sur la maisonnée sans rencontrer de réelle résistance.

Incapable de répliquer physiquement, Nicolas, piloté par sa mère, consacrait son énergie à entretenir la paix. Ne protestant pas, il était happé par une conspiration du silence et préservait les apparences d'un enfant parfait, niché dans une famille idéale. « En grandissant, j'ai découvert que nous vivions sur le mode du déni si classique dans les familles comme les nôtres. Mais, à cette époque, je n'avais aucun point de comparaison. Ma mère savait ce qui se passait mais se dérobait et j'ai vite dû accepter la pénible évidence qu'elle ne tenterait pas de me protéger, si terribles que devinssent les choses. »

Adoptant pour lui-même le rôle de l'enfant modèle, Nicolas devint cette sorte de rejeton dont rêvent les parents. C'était un garçon intelligent, sensible, « bien élevé », s'acquittant avec zèle de son travail scolaire. Il grandit encore et son bel aspect devint magnétique ; ses camarades le considéraient comme un athlète et un chef-né. Les succès s'enchaînèrent. Mais la pourriture peut s'emparer d'une pièce de bois dorée à la feuille : elle suppurait au fond de lui et son sentiment d'effroi ne le lâchait jamais.

« J'avais appris à garder notre secret à tout prix, en particulier vis-à-vis de mes grands-parents — c'étaient des immigrants grecs pour qui j'étais un petit génie blond et brillant. Tout le monde attendait de moi que je décroche la Lune et je voulais, par-dessus tout, ne pas décevoir. A cinq ans, je me sentais adulte. Je comprenais les sentiments des adultes, leurs ambitions, leur besoin de se préserver du scandale. Je subissais une tension intérieure énorme, car toute ma famille vivait avant tout à travers moi. »

Plus les parents de Nicolas enfouissaient leurs graves problèmes affectifs, plus ils jugeaient indispensable de manipuler leur enfant. Son psychisme était devenu l'arène où se jouaient leurs frustrations secrètes. « J'ai accepté d'être l'agneau du sacrifice. Ce que ressentaient mes parents, je le ressentais également. Mon travail consistait à faire tampon entre eux. Je savais que ce n'était pas juste. Je n'avais droit à aucun sentiment personnel ni aux sentiments enfantins de mes amis. Je n'étais jamais ni simplement heureux ni simplement triste. Mes émotions étaient complexes car c'étaient des émotions d'adultes que mes parents avaient déversées sur moi. »

Aucun enfant n'est préparé à subir de telles pressions et Nicolas se sentit vite profondément incertain quant aux questions les plus fondamentales de l'émotivité et de l'identité. « Je me souviens que, lorsque j'avais six ans, j'appelais Dieu avec angoisse, lui demandant pourquoi on me tourmentait de la sorte. Mais que pouvais-je faire ? Ma mère disait que j'étais sorti d'elle, mais aussi que j'étais adopté. Mon père proclamait son amour pour moi, mais il me battait sans raison. Et leur motivation globale, à les entendre, était qu'ils voulaient faire de moi leur véritable enfant.

« Bizarrement, tout est venu du fait que j'étais adopté. A chaque fois qu'il me frappait, mon père semblait dire : "Bon sang ! tu n'es peut-être pas mon fils, mais si je te rosse assez, tu le deviendras !" »

Par-delà le jeu des contraires

L'histoire de Nicolas telle que je viens de la raconter est celle qu'il m'a relatée, du point de vue d'un homme de trente-huit ans qui se souviendrait des douleurs de son enfance comme si elles dataient d'hier, mais qui en aurait tout compris. Nicolas s'est présenté à moi pendant la dernière phase de traitement d'une addiction sévère, époque où il commença à pratiquer la méditation — qui devint le point d'ancrage de la guérison de son identité. Nos conversations se sont axées sur les questions de l'intériorité, puisque les problèmes strictement médicaux de l'addiction étaient réglés. Ouvert comme il l'est aujourd'hui, les terreurs de son monde d'enfant ne peuvent plus être évidentes pour un étranger. Sa structure et ses sentiments réels n'apparaissent pas clairement dans l'homme que j'ai devant moi.

Le Nicolas adulte comprend facilement les choses. Il a lu des livres sur les dysfonctionnements familiaux et a fait l'expérience de thérapies de groupes. Aujourd'hui, il est capable de parler avec sympathie de son vieux père, celui-là même qui est le monstre de son récit.

« Mon père a soixante-dix ans maintenant, mais il est toujours fragile sur le plan émotionnel. Il est difficile d'évoquer ces années sans qu'il en soit bouleversé. Pour aimer mes parents tels qu'ils sont aujourd'hui, j'assume la responsabilité de mon passé, de tout mon passé. Je veux m'occuper de mon avenir. »

C'est avec ces paroles conciliantes que Nicolas a conclu notre premier et long entretien. Pendant tout le temps où il avait parlé, sa voix était restée parfaitement, presque mystérieusement calme. Mais le simple fait d'entendre parler des agressions de son père m'avait fait bondir le cœur. J'ai tout à coup pris conscience d'être plus choqué que Nicolas lui-même par sa propre histoire — et cela m'a donné à réfléchir. Confier un secret de culpabilité ou de honte à un adulte peut induire en celui-ci une tension psychologique extrême, mais il a au moins une personnalité déjà formée pour l'absorber. Nicolas n'a jamais été une personne disjointe de ses secrets, qui ont été coulés dans son psychisme depuis sa plus tendre enfance. Je ne pouvais m'empêcher de me demander jusqu'à quel point Nicolas avait dû se réprimer pour devenir si docile.

Mais telle n'était pas la question que je souhaitais approfondir. Après des années de douloureux efforts, Nicolas a fait de lui-même quelque chose d'admirable — c'est un homme bon, sain, aimable et tolérant. Mais être bon, ce n'est pas la même chose qu'être *un*, complet, unifié. En fait, ces deux notions peuvent être exactement opposées si la bonté est le fruit d'une guerre dans laquelle une partie du soi doit en vaincre une autre. Quoi que recouvre la notion d'unité, il ne s'agit certainement pas d'une guerre. C'est un état d'esprit au-dessus des conflits, non touché par le mal, ignorant de la peur. Un tel degré de liberté psychologique peut paraître inaccessible, mais le concept même d'unité désigne l'absence de scission en parties, même en ces dualités fondamentales que sont le bien et le mal, l'amour et la haine, le blanc et le noir.

Puisque la réalité peut être divisée sans fin, comment l'unité peut-elle exister et, si tel est bien le cas, comment peut-elle s'accorder au monde fragmenté ? Les anciens rishis ont entrepris de répondre à ces questions et ont trouvé ceci : l'esprit humain peut être soit silencieux, soit actif. En ce sens, la dualité est inévitable. « Le jeu des contraires », comme disent les Upanishads, ne peut être aboli. Mais les contraires peuvent coexister sans se provoquer mutuellement — et c'est là que le secret réside. Pour que l'unité soit une réalité vivante, il faut apprendre comment s'élargir au-delà du champ de la dualité pour embrasser les qualités de vie les plus opposées : le bien et le mal, la joie et la souffrance, l'amour et la haine.

En repensant à Nicolas, j'ai compris que son éducation avait été tributaire d'une « solution » que bien d'autres gens adoptent : elle consiste à mettre toute son énergie dans le fait de présenter une façade de vie parfaite tout en repoussant hors de vue les peurs, les colères, les culpabilités. Ce n'est en aucun cas la répression de la douleur qui m'inquiète, car la psychiatrie a abondamment exploré ce mécanisme. Mais que devient l'autre pôle ? En prétendant que tout était parfait, Nicolas a fait grandir en lui une illusion profonde selon laquelle tout pourrait *vraiment* être parfait. Il a mis à égalité perfection et tromperie. Il est triste de penser que la plupart des gens agissent ainsi.

L'un des pires chocs de mes débuts de jeune médecin fut de constater à quel point la plupart de mes patients étaient intérieurement divisés. Ils préservaient leur façade jusqu'au moment exact où je leur murmurais, dans la salle d'attente, de pénétrer dans mon bureau. A l'instant où je fermais la porte, ce moi destiné au public s'écroulait. Un fleuve colossal de douleur venait à moi, bien plus de douleur que leur maladie n'était susceptible d'en causer. Toute une vie de colères contenues, de doutes de soi, d'affliction et de remords s'échappait de ces gens, sans contrôle possible. Je faisais ce que je pouvais et, une demiheure plus tard, ils se recomposaient tout aussi vite et la personne « officielle » traversait à nouveau la salle d'attente, me gratifiant d'un au revoir dont la cordialité me glaçait.

Etre fragmenté, c'est exactement cela : vivre sous le pendule des contraires. Cet état est tellement éloigné de la guérison, que la perfection — qui pourrait simplement être considérée comme un état naturel de la vie — prend l'allure d'une ennemie. Bien des patients névrosés entrent en thérapie avec le souhait d'être « soignés ». Mais la dernière des choses qu'ils désirent est de crier ce qu'ils ont sur le cœur, de montrer leur vulnérabilité, de se lamenter sur un amour perdu ou de clamer leur joie. C'est pourtant ce que font les gens normaux lorsqu'ils sont en contact avec eux-mêmes. Le grave problème qu'affronte Nicolas, mais pas seulement lui, est de savoir comment se libérer des limites, étant entendu que l'unique mode de vie confortable qu'il connaisse est celui de la prison.

Il faut, tout d'abord, être suffisamment honnête pour admettre que la vie n'est pas parfaite, d'ores et déjà. Cette étape, en apparence pourtant la plus facile, est cependant fréquemment la plus rude, car il convient de la franchir au niveau de ce qui est ressenti. Regarder autour de soi et dire calmement : « Oui, on pourrait apporter quelques améliorations sur ce point » n'a aucun rapport avec les émotions enfouies, les sentiments piégés, la colère, la déception, l'humiliation et la douleur. On peut certes le nier, il n'en reste pas moins que tout un chacun connaît de tels sentiments. La raison pour laquelle je me risque à cette généralisation sans nuances est que je ne connais personne qui vive une vie parfaite. De plus, puisque la perfection est à la fois naturelle et possible, il doit y avoir quelque chose qui la refuse ou la retient.

Un disciple, incrédule, était un jour en visite chez son gourou. Les gourous modernes ne vivent plus dans des grottes et celui-ci habitait un minuscule appartement de Bombay.

« Y a-t-il vraiment une quelconque différence entre vous et moi ? demanda le disciple. Je nous regarde, mais je vois simplement deux hommes âgés assis dans une pièce et attendant leur repas. » Le gourou répondit : « Votre niveau de conscience vous force à vous voir comme un vieil homme assis dans une pièce. Mais pour moi, cette pièce et tout ce qu'elle contient n'occupent que le plus infime des points sur l'horizon de ma conscience.

— Même si vous avez adopté cette perspective, nous n'en vivons pas moins dans le même monde, argua le disciple.

— Non, votre monde est personnel, privé, impartageable. Personne d'autre que vous ne peut y pénétrer, car personne ne peut entendre ni voir les choses exactement comme vous le faites ; personne ne peut avoir vos souvenirs, vos pensées, vos désirs. Et c'est là tout ce que vous possédez. Mon monde est la conscience elle-même, il est ouvert à tous, partagé par tous. On y trouve la relation aux autres, l'intériorité, l'amour. L'individu contient la globalité d'être, et c'est ce qui le rend réel. Vous êtes irréel. Cette réalité personnelle que vous acceptez sans vous poser de questions, enfermé dans ces quatre murs, dans votre corps isolé et votre esprit conditionné, est imaginaire. Elle n'est rien qu'un rêve.

— Mais alors, pourquoi vous donnez-vous le tracas d'être ici ? grommela le disciple.

— Je ne suis pas contraint d'être dans votre rêve, répliqua le gourou, car je sais la vérité : je suis infini. Mais cela me fait plaisir de visiter votre rêve, parce que je pourrais bien vous cajoler assez pour vous réveiller. »

Une particule de conscience

Pendant des milliers d'années, la métaphore de l'éveil a été utilisée pour expliciter le passage d'un état d'ignorance à celui de l'illumination. Lorsqu'une personne s'éveille, elle ouvre les yeux et voit, ce qui lui était impossible tant qu'elle était endormie ; elle passe d'un état de conscience complètement inerte à un autre, vigilant et sensible ; elle retrouve le sens de l'identité qui avait été perdu dans le sommeil. Pour celle qui atteint l'illumination, la réalisation de soi, le contraste est tout aussi frappant. Mais il faut saisir un détail très fin : s'éveiller implique un processus naturel qui n'a pas besoin d'être contraint. Vous ne choisissez pas de vous réveiller le matin — celui-ci se lève sur vous — et, en dépit de la molle résistance que vous pouvez lui opposer, vous finissez par vous réveiller. Les rishis considéraient l'éveil spirituel comme tout aussi naturel et inévitable.

L'illumination qui naquit sur les sages de l'Antiquité ne se différencie de la vôtre ou de la mienne que par son antériorité. Si seulement nous nous rendions compte de cela, nous nous arracherions à notre profond sommeil. Le processus se déroule à sa propre allure et souvent avec bien peu de signes extérieurs, ou même aucun. Je repense ici encore à Nicolas. A dix-sept ans, il s'est mis en scène dans un poème prouvant son entendement aigu des nœuds qui liaient sa personnalité. En outre, il y prédisait une large part de son orageux avenir. Le héros du poème est un marin tourmenté qui se prépare à un voyage vers des rives inconnues :

> La paix des jours et des nuits
> S'est changée en réussites et déceptions.
> O pouvoirs démoniaques qui avez trahi mes esprits,
> Je suis hanté par le rien.
> Au large ! Au large !
> Je dois partir, détruire cette autodestruction
> Au cœur de mon âme douloureuse.

Ces mots, pour être fébriles, n'en sont pas moins vrais : en raison de son enfance chaotique, le jeune Nicolas n'avait rien de solide sur quoi s'appuyer, sinon son navire solitaire — son soi — et son grand ennemi était la menace de l'autodestruction qui revint tout au long de sa vie de jeune adulte. En quelques années, il allait découvrir que le fantasme de l'évasion, viable sans doute dans un poème romantique, ne fonctionnait pas dans la vie réelle.

Il avait appris très tôt qu'il lui faudrait se battre

pour simplement survivre. Le combat permanent — contre sa famille, contre la toxicomanie, contre ses démons intérieurs — est demeuré le principal thème de son existence. C'est pourquoi je souhaitais que Nicolas, plus que quiconque parmi tous ceux que j'ai connus, trouvât une voie au-delà du combat. Pour trouver cette sortie, nous devions nous concentrer sur les rares îlots calmes des moments sans lutte. C'étaient les signes précurseurs de cette unité à laquelle son psychisme s'efforçait d'accéder.

L'unité peut être identifiée à travers le sentiment qui lui correspond : celui de l'accomplissement. Tout ce qui me procure une satisfaction profonde me fait me sentir entier, complet. Ne serait-ce qu'un instant, j'atteins alors un état dans lequel « Je suis » est suffisant, sans autre nécessité, sans qu'aucun autre besoin maladif ne se fasse sentir. On est alors content de vivre, tout simplement, avec l'air, la lumière du Soleil, les arbres et le ciel. On ne manque de rien. Etre là est la plus haute des récompenses.

A l'âge de sept ans, j'ai fait une expérience de ce genre qui me suis depuis, comme un talisman. Je partageais chaque jour un petit rituel familial avec ma mère et mon plus jeune frère, Sanjiv, âgé de quatre ans. Ma mère nous attirait auprès d'elle tout en lisant des versets du Ramayana, la légende épique du dieu Rama. L'Occident n'a pas d'équivalent exact à cela. On y trouve bien les batailles et les aventures de tout récit épique, mais le Ramayana est aussi une écriture sacrée. Rama est à la fois un prince exilé et une incarnation de Dieu. Il est impossible de séparer son humanité de sa divinité et tandis que Sanjiv et moi étions captivés par ses exploits guerriers, les mêmes versets inspiraient à ma mère des élans de pieuse exaltation.

Mais nous ne nous contentions pas de lire ou d'écouter. Le Ramayana se récite en musique et ma mère, assise près de son petit harmonium, accompagnait chaque verset. Sanjiv et moi chantions en même temps et nos émotions jaillissaient avec la musique. La saga de Rama vogue des plus folles extases aux désespoirs les plus profonds, effleurant au passage toute la gamme des émotions. Lorsque mon père se campait dans l'embrasure de la porte après son travail, vêtu de son uniforme militaire amidonné, il ne savait jamais s'il allait trouver son épouse et ses enfants pleurant à chaudes larmes ou hurlant de plaisir.

Ma mère, en conteuse expérimentée, achevait son récit quotidien à un moment palpitant de l'histoire. Un jour, elle s'arrêta au moment où, pendant la bataille, le démon Ravana, le principal scélérat de la légende, vient de blesser Lakshman, le frère de Rama. Lakshman gît, moribond ; l'unique remède pour sa blessure empoisonnée est une herbe qui pousse sur les flancs de l'Himalaya. Malheureusement, la bataille se tient au Sri Lanka, à deux mille kilomètres plus au sud. Le plus grand allié de Rama est le roi des singes, Hanuman qui, par un don incroyable, qu'il ne révèle qu'à ce moment, peut voler. Il se propose immédiatement pour rapporter l'herbe qui sauvera la vie de Lakshman. Hanuman vole jusqu'à l'Himalaya mais n'y trouve pas la plante dont il a besoin. Il cherche sur les sommets et dans les plaines, sachant que chaque seconde est précieuse. Mais l'herbe n'est nulle part. Hanuman est désespéré.

Ma mère ferma le livre à cet instant, nous laissant nous mettre au lit cette nuit-là, frissonnant de crainte et d'espoir. J'avais commencé à nous identifier, moi-même et Sanjiv, à Rama et à son jeune frère et j'étais particulièrement angoissé quant au sort de Sanjiv. Le lendemain, ma mère psalmodia le récit de la manière dont le roi des singes résout intelligemment son dilemme. Il arrache la montagne par ses racines, la transporte dans les airs jusqu'au Sri Lanka et la dépose aux pieds de Rama. On trouve l'herbe et, pour notre bonheur, la vie de Lakshman est sauvée, juste à temps.

Incapables de contenir notre joie, ma mère, mon frère et moi nous précipitâmes dans la cour. Continuant à chanter, nous entreprîmes de danser une ronde, mains jointes, de plus en plus rapidement. Pris d'un vertige, je me suis alors assis dans la poussière, en riant. Puis ma tête a cessé de tourner et j'ai levé les yeux. Tout ce que je voyais avait acquis un aspect de profonde justesse. J'étais au centre d'un monde parfait, scintillant de clarté et de joie. Le ciel, les rayons du Soleil étincelant sur les arbres, le bruit tout proche des rues de Delhi et ma mère souriante qui se penchait sur moi, tout cela se fondait en une image d'unité totale.

Je me suis reporté bien des fois depuis à ce sentiment temporaire, qui ne manque jamais de me rappeler à sa vérité, persistant dans mon esprit aussi profondément que Rama lui-même. Mais ce qui met cette expérience en marge des autres joies que j'ai pu ressentir est que Ravana, le démon, en faisait partie. Je l'aimais d'avoir tiré sa flèche sur Lakshman ! Le mal qu'il avait fait avait permis le triomphe du bien ; il avait rendu possible toute l'aventure de Rama. Avant de rencontrer la spiritualité, telle fut ma meilleure approche de la sérénité du sage devant le bien-fondé de la vie en tant que tout. J'avais ressenti que la beauté de l'ensemble des choses surpasse immensément la beauté ou la laideur d'une quelconque partie de cet ensemble.

Rares sont ceux qui ont été suffisamment loin dans la réalisation de soi pour pouvoir affirmer que la satisfaction complète, durable, est inhérente à la nature humaine. C'est pourtant, exactement, ce qui apparaît à l'évidence dans les états supérieurs de conscience. Nicolas découvrit furtivement pour la première fois une ébauche d'état d'unité dans un lycée expérimental du Vermont. Dans le cadre de leur cursus, les étudiants passaient des semaines en randonnée de montagne ; ils y apprenaient l'autonomie en campant seuls dans les bois.

« Je restais seul avec moi-même pendant plusieurs journées d'affilée et cela me procurait un sens du soi que je n'avais jamais eu jusqu'alors, se souvient Nicolas. Je restais très calme à l'intérieur de moi, pendant des heures. Je me sentais protégé et rester en paix avec moi-même m'apparaissait comme vraiment possible. » Cet intermède passé à communier avec la nature fit une impression durable sur lui, mais le retour au foyer l'exposant, une fois encore, aux orages émotionnels familiaux, son sens du soi était redevenu impalpable, ne se laissant percevoir qu'en de rares et brefs instants.

Quelques années plus tard, le père de Nicolas fit pression sur lui pour qu'il abandonnât ses études et prît en charge une entreprise de bâtiment qu'il possédait. Nicolas se révéla particulièrement efficace mais il rencontra bientôt sa première épreuve sentimentale d'adulte. Pendant des années, à chaque fois qu'il avait osé ouvrir son cœur à quelqu'un d'autre, Nicolas avait éprouvé, instantanément, les affres de la défiance. Il n'y avait là rien d'étonnant si l'on songe que les modèles d'amour qu'il avait appris, enfant, de son père et de sa mère, étaient aussi ceux de l'extrême trahison. Un mélange émotionnel d'amour et de méfiance était imprimé dans son psychisme, de manière quasi indélébile.

Au début, cette empreinte était restée au niveau de l'inconscient et Nicolas connut les rites adolescents habituels, faits de rendez-vous et de moments d'intimité éphémères. Le désastre arriva à vingt-cinq ans, de par son rapide mariage avec une femme nommée Claire. Je n'ai pratiquement pas idée de ce à quoi elle ressemblait, car Nicolas en parle peu, sinon pour évoquer son divorce après deux années tumultueuses.

Apparemment, leur période d'entente ne dura guère plus que la lune de miel. Nicolas découvrit bientôt, avec horreur, qu'il était préprogrammé pour traiter son épouse comme son père avait traité sa mère. « Je subissais des pressions énormes au travail, n'ayant découvert que trop tard quelle énorme erreur j'avais faite en me lançant dans l'affaire de mon père. Il était plus tyrannique que jamais et lorsque je rentrais à la maison, le soir, je me voyais me venger sur Claire. Je lui parlais sèchement et me lançais dans des disputes pour des riens.

« Mon vœu fondamental, largement enfoui au-dessous de ce comportement irrationnel qui me bouleversait terriblement, était d'agir exactement à l'inverse, de m'ouvrir à elle et d'en faire une confidente. Mais il y avait toujours en moi, comme un rocher au milieu de ma poitrine, une résistance immense. »

Telle est la tragédie d'un soi fragmenté. Certains sentiments deviennent interdits, car le passé les a rendus trop menaçants pour qu'ils puissent s'incorporer dans ce que l'on est. Le rocher, au milieu de la poitrine de Nicolas, faisait partie de lui, mais il avait pris une indépendance telle qu'il ressemblait à une chose, à un morceau de non-soi impossible à évacuer. « A chaque fois que je tentais de partager un sentiment avec Claire, j'avais le pressentiment terrifiant qu'elle allait me trahir. Ces deux tendances conflictuelles s'agrippaient l'une à l'autre et je crois vraiment qu'aucune torture ne m'aurait forcé à lui dire ce que je ressentais. Comme une huître, je serais mort si l'on avait ouvert ma coquille. Frustrée par ce qu'elle interprétait comme un rejet de ma part, Claire s'est détachée de moi et bientôt nous sommes partis chacun de notre côté. »

Le mariage de Nicolas s'acheva par un échec, mais au moins avait-il pu éprouver que la guerre, au-dedans de lui, n'était pas totale. Une particule de conscience bruissait au-dessus de la mêlée. On peut en être sûr puisqu'il s'était vu créant le conflit qui l'emprisonnait, même s'il manquait de la conscience suffisante pour se libérer. Des années allaient être nécessaires pour que cette poussière de conscience prît davantage de force. Pour le moment, elle ne faisait qu'augmenter sa souffrance, car il ne voyait que trop bien de quelle manière il faisait de Claire sa victime.

« Etre un » et le vivre

Faire grandir un brin de conscience jusqu'à une conscience complète du moi est un processus naturel que peu de gens mènent à son terme. Si vous fermez les yeux et restez assis tranquillement, vous faites l'expérience du même sentiment du « Je suis » que peut éprouver un yogi, mais ce sentiment fondamental du soi peut être très limité ou bien très vaste. Il peut être tellement fragile qu'une crise le brisera sans difficulté, ou bien tellement ferme que vous pourriez construire le monde sur lui.

Le soi fragmenté fait semblant d'être ferme et robuste, mais le rocher intérieur n'est que douleurs, émotions refoulées et culpabilité. Cette douleur réprimée se fait finalement connaître, soit en provoquant de la souffrance, soit en utilisant un « miroir » (dans ce cas, la femme de Nicolas), qui révèle la présence de la douleur, même si l'on ne peut affronter directement le sentiment correspondant. Mais le déni est incroyablement puissant. Toute réalité, si cruelle soit-elle, peut être vue comme acceptable ou même idéale. J'ai été très ému de lire cette phrase de l'un des Pères de l'Eglise chrétienne : « Dieu a placé des âmes en Enfer, mais dans Sa Miséricorde Il leur permet de croire qu'elles vivent au Paradis. » Il n'y aurait là nulle clémence s'il n'existait quelque moyen de s'évader des situations infernales. Mais si l'on est convaincu que tous les êtres humains travaillent à se frayer un chemin au travers du processus de l'éveil, rien alors ne pourrait être plus miséricordieux que de les laisser voir leur degré d'élévation comme le meilleur.

Tout ceci, simplement, pour préluder à la notion de « fausse unité ». Les divers états de conscience sont extrêmement différents les uns des autres, mais chacun tend à estimer avoir trouvé l'unité. « Unité », cela signifie « sentiment d'être en contact avec la réalité », voir les choses telles qu'elles sont. Le pire des paranoïaques, certain que les Martiens vont nous envahir demain, n'éprouve que commisération pour nous qui ne pouvons partager la compréhension de sa réalité. De la même manière, le saint qui voit Dieu dans un moineau tombé du nid est bien obligé d'accepter que sa conscience n'est pas, non plus, partagée par tout le monde.

Nous abritons tous la certitude secrète que notre niveau de conscience ne peut être que le bon, c'est pourquoi il semble à peu près impossible d'accorder crédit au fait qu'il y aurait un état d'unité *vraie.* Les rishis l'appellent *Brahmi Chetna,* « la conscience de l'unité » et ils affirment que c'est le but vers lequel tendent tous les autres états de conscience. Quiconque dispose d'une particule de conscience de soi se dirige, quelles que soient les hésitations, vers ce but. La différence entre moi — homme vivant dans un état d'éveil ordinaire — et un homme dans l'unité, c'est que je vois le monde comme dominé par les différences : des milliards de fragments distincts s'agglutinent pour constituer ma réalité. Un homme dans l'unité voit aussi ces fragments mais, au-dessous d'eux, il perçoit le tout. Pour lui, le monde, avec toute sa diversité, n'est qu'une seule et même chose.

Un monde fait d'une chose : voilà qui paraît étrange. Mais les rishis le trouvent splendide parce que ce qu'ils perçoivent dans toutes les directions, c'est leur propre conscience. Ils se voient eux-mêmes dans le miroir qu'est devenue la création. Les objets vus par leurs yeux ne sont plus faits de matière inerte. Ils respirent ; leur être coule sans heurt dans celui du rihsi. Bien qu'habituellement invisible, cette conscience vivante peut parfois resplendir et faire rougeoyer de l'intérieur une table ou un arbre, ou bien emplir l'air d'une cascade d'étincelles dorées.

Celui qui vit dans l'indicible intimité d'un monde — visible ou invisible — baigné de conscience, désormais non cloisonné, peut ressentir la texture d'un mur sans y poser la main, ressentir sous ses pieds les vibrations de la Terre qui tourne sur son axe. Toucher une étoile devient une expérience directe. « Puisque toute chose n'est faite que de conscience, annoncent triomphalement les Upanishads, il n'est rien dans la création qui ne soit moi. »

Le glissement de l'esprit dans l'unité est aussi radical que le passage de la veille au sommeil ou du sommeil au rêve. Un livre peut difficilement suggérer ce qui se produit, mais imaginez un explorateur se préparant une tasse de thé dans l'Arctique. Une chose, unique, l'entoure de tout côté : la molécule H_2O : sous la forme de la banquise, sous la forme de la neige qui recouvre celle-ci, de l'océan Arctique qui borde l'horizon et des nuages dans le ciel, sous la forme de l'eau contenue dans sa bouilloire et de la vapeur qui s'en échappe ; le corps même de l'explorateur est constitué d'eau, pour les deux tiers. L'œil, seul, n'est pas en mesure de révéler une telle unité. Il faut un état particulier de conscience, un état ayant été éduqué selon les principes fondamentaux de la physique, pour embrasser tant de choses différentes, tour à tour dures, molles, froides, chaudes, blanches, bleues, invisibles, visibles, en mouvement ou immobiles, comme autant de transformations d'une substance fondamentale unique.

L'explorateur peut manipuler une partie de la réalité grâce à ce qu'il sait. Il peut transformer la glace en eau ou l'eau en vapeur, etc. L'état d'unité nous amène plus loin : tout aspect de la réalité peut être changé, non en manipulant les molécules ou les atomes mais en manipulant la couche fondamentale de conscience qui cimente tous les aspects de la nature. Si je peux changer mon esprit et si le monde est fait de la même matière que lui, alors je peux changer le monde d'un simple mais stupéfiant coup de baguette magique.

Nous sommes en train de parler d'un déroulement naturel des couches les plus profondes de l'esprit. Les rishis prétendent qu'enveloppée au-dedans de nous se trouve la capacité à maîtriser toutes les forces de la nature, à influer sur chaque atome de l'Univers. Tout cela est-il vraiment crédible ? Notre état de conscience actuel nous entretient dans la conviction que nous sommes petits et sans ressource. Un individu est insignifiant au regard de la puissance des forces naturelles. Un environnement tout-puissant et impitoyable ne se soucie guère de notre sort. Des choses terribles arrivent par le plus grand des hasards à des gens qui ne semblaient pas les avoir méritées et chacun se sent balayé par les circonstances, sans contrôle possible.

D'après les rishis, accepter une telle réalité ressort de la plus handicapante des ignorances car celle-ci retourne en boucle sur ses propres prévisions. Si vous ne savez rien de la théorie de la relativité générale d'Einstein, votre ignorance ne changera pas un iota à la relativité, mais si vous êtes ignare quant à votre propre moi, celui-ci rétrécira jusqu'à s'ajuster à la conception que vous avez de lui. Pour quiconque est immergé dans un profond déni de la douleur et de la colère, l'image de la réalité se présentant à lui sera deux fois plus trompeuse, parce qu'à chaque tentative pour se libérer de sa douleur, cette personne souffrira, alors même qu'échapper à la douleur était l'unique motif du déni initial. L'ignorance est le plus circulaire des pièges circulaires.

Fort heureusement, la conscience, non seulement se soigne elle-même pourvu qu'on lui laisse une chance, mais un embryon sain s'y cache déjà. Il s'agit du sens de l'Etre, du « Je suis » que personne ne réussit jamais à sacrifier ni à détruire. Seul un individu dans l'unité voit l'Etre dans toutes les directions, mais nous avons tous une graine de cette conscience sans limites au-dedans de nous : le point de départ de notre évolution.

Les neurologues ont trébuché sur cet aspect de la conscience dans leur exploration du cerveau et se sont demandé ce qu'ils venaient de rencontrer. A partir du début des années trente, le célèbre neurochirurgien canadien Wilder Penfield a passé plusieurs décennies à sonder le cerveau de patients épileptiques avec des électrodes.

Cette technique (absolument indolore) lui a permis de parler avec ses patients pendant qu'on stimulait leur cortex cérébral. Une fois l'aiguille au contact de certaines parties du cortex (qui contrôle les fonctions les plus élevées de la pensée), les événements les plus divers se sont produits. N'importe quel moment du passé pouvait resurgir, non sous la forme d'un souvenir vague, mais rejoué exactement comme s'il se produisait à nouveau.

Penfield relate l'expérience vécue par un jeune Sud-Africain et de sa stupéfaction lorsqu'il se perçut à mille lieues de là, chez lui dans une ferme, riant avec son cousin, tandis qu'en même temps il était parfaitement conscient d'être allongé sur une table d'opération à Montréal. Penfield était enthousiasmé de découvrir qu'une réalité absolument formée, totalement convaincante, pouvait être invoquée dans le cerveau. La ferme, le Soleil, le cousin du patient étaient aussi réels qu'« en direct ». Mais Penfield était bien plus intrigué encore par le fait que cet homme ne croyait pas *être* en Afrique du Sud. Sa conscience présentait deux pistes à la fois mais il lui paraissait absolument clairement qu'une seulement était la vraie. En d'autres termes, on pouvait dire qu'une image cérébrale ne suffisait pas à constituer de façon convaincante la réalité. Quelque chose restait en marge et jugeait l'image sans s'y perdre.

De la même manière, Penfield pouvait toucher un point spécifique du cortex qui faisait changer l'aspect visuel de la salle d'opération, la rendant soudain beaucoup plus grande ou beaucoup plus petite; mais le patient savait qu'il s'agissait d'une illusion d'optique même si c'était l'unique chose qu'il pût voir. Il ne disait pas : « La salle s'agrandit », mais : « Je vois que la salle a l'air de plus en plus grande. » La différence peut sembler ténue; mais, aux yeux du neurochirurgien, elle constituait une preuve d'une importance immense : la conscience peut être étudiée indépendamment des pensées et des images qui la remplissent généralement.

Autrement dit, quelque part, l'esprit n'est pas emprisonné dans le monde de la dualité. Il entretient un état constant d'intelligence consciente; il se contente d'être. Ce cœur de clarté non troublée est la conscience elle-même, sous sa forme la plus pure et la plus simple. Qu'elle le comprenne ou non, toute personne dispose d'un esprit ancré dans la clarté. La pure conscience demeure intacte, même au cœur des pires et des plus violentes agressions infligées par la vie (au premier rang desquelles je range en tout état de cause la neurochirurgie). Bien que nous ne puissions altérer notre centre de pure conscience, ni le perdre ou le détruire, nous pouvons l'oublier. En tant qu'être libéré, chacun de nous a le choix d'accorder son attention soit à la partie changeante de l'esprit, soit à sa partie inchangeante.

Les rishis ont découvert qu'un esprit unifié, c'est-à-dire qui s'est élevé à un état supérieur de conscience, fusionne ces deux différents modes d'attention. L'un des modes suit l'activité du monde ; l'autre demeure immobile dans sa nature propre. Nous sommes au-delà de toute souffrance lorsque nous pouvons penser et agir sans troubler la silencieuse clarté de notre esprit. Comme disaient les rishis, le reflet de la pleine Lune se brise sur le lac agité par le vent, mais la Lune reste intacte. En une image poétique, ils évoquaient exactement ce que Penfield avait découvert avec ses sondes.

A l'instar de toute autre blessure, une blessure de la conscience doit guérir de son plein gré. Cela signifie que, pour bien des gens, les premiers pas de l'évolution leur rappelleront la douleur, la colère et la culpabilité qu'ils préféreraient oublier. Mais la conscience est comme une armée qui avance d'un bloc, n'abandonnant pas les traînards ; toutes les vieilles douleurs doivent être affrontées. Comme le souligne Maharishi : « illumination » signifie que chaque partie de l'esprit reçoit la lumière ; il n'y a aucun coin sombre et rien ne reste qui puisse effrayer le regard. La méditation, cependant, ne nous confronte pas directement à nos vieilles blessures. Chacune a laissé sa marque dans le système nerveux et ce sont ces cicatrices psychologiques qui se trouvent libérées.

De cette façon, la progression vers l'illumination avance sans violence. Rien n'oblige à évoluer à une vitesse déterminée. Franz Kafka, dont la réputation littéraire s'enracine dans ses descriptions de la souffrance aiguë, écrivit un jour ces mots pénétrants sur le chemin qui mène à l'illumination: « Il n'est pas nécessaire que vous quittiez votre chambre. Restez assis à votre table et écoutez. N'écoutez même pas, attendez simplement. N'attendez même pas, soyez seulement tranquille et solitaire. Le monde s'offrira librement à vous pour que vous lui ôtiez son masque; il n'a pas le choix, il roulera en extase, à vos pieds. » Je sens ici le souffle de la réalité. Elle m'invite sans déranger sa propre tranquillité et, pour savoir ce qu'elle chuchote, il me suffit d'être aussi tranquille qu'elle.

Lutte et ouverture de la conscience

Entre ses vingt-cinq et ses trente-cinq ans, la phase suivante de Nicolas n'a été qu'une empoignade avec la poussière de conscience qui s'était révélée à lui, de temps à autre, depuis son enfance. En apparence, ce fut l'époque la plus chaotique de sa vie, pendant laquelle son ardent désir de se libérer de ses démons s'est exprimé de manière retorse, souvent sous la forme d'un comportement autodestructeur. A quelque niveau profond cependant, l'unité prenait corps en lui, mystérieusement.

Son divorce ne se fit pas à l'amiable et fut bientôt suivi par un conflit juridique aigre avec ses parents, qui revendiquaient des droits sur le compte en banque et la maison de leur fils. Ces droits leur avaient été transférés à l'occasion de la procédure de divorce, mais après le départ de Claire, qui ne reçut qu'une pension modeste grâce à cette manœuvre, ses parents refusèrent tout simplement de lui rendre ses biens. Son père le mit froidement au défi de le poursuivre en justice, affirmant qu'il avait la possibilité de lui faire courir les tribunaux pendant des années.

En fureur, Nicolas quitta l'affaire familiale. Ayant réussi à obtenir de l'argent par un fonds fiduciaire, il s'envola pour l'Italie où il passa une année fantasque à apprendre à piloter des voitures de course sur un circuit de Grand Prix. Il conduisait sans retenue, repoussant au maximum les limites de la prudence, mais sa propension à l'autodestruction ne faisait que commencer à émerger. Il revint bientôt à Boston où il fit monter les enchères de son destin avec la cocaïne et affina encore le fil avec le même mélange dangereux de sensations fortes et de rage qu'il avait ressenties en conduisant une voiture de course.

Les forces qui le contraignaient à s'adonner à la cocaïne étaient énormes. Nicolas avait atteint un stade auquel entretenir une façade de normalité, ce à quoi il avait tellement excellé lorsqu'il avait cinq ans, était devenu à peu près impossible maintenant qu'il en avait trente-cinq. Malgré des efforts immenses pour canaliser positivement ses énergies — il courait plus de huit kilomètres chaque jour, en nageait plus de trois en piscine, s'épuisait au gymnase et entretenait un important cercle d'amis — il s'apercevait que le désespoir et la colère rampaient inexorablement dans son esprit et venaient apposer leur empreinte sur la moitié de ses désirs. Ses secrets enfouis criaient vengeance.

Nicolas se défit lentement de sa toxicomanie, par étapes ; à chacune de celles-ci toutefois, l'on retrouvait un thème commun ; l'élargissement de sa conscience. C'est une notion fausse du soi qui donne à toutes les formes de tourment mental leur sinistre pouvoir. Nous pensons être torturés par la désolation, la dépression, la peur et le désespoir *comme si* quelque ennemi étranger nous attaquait à l'intérieur. Mais il n'y a pas d'ennemi intérieur. Il n'y a que de la matière mentale. Comme une sorte de pâte à modeler universelle, cette substance invisible se moule dans toutes nos pensées, nos sentiments, nos désirs.

Le problème est que cette matière mentale peut se mettre en scène dans des rôles contradictoires. Elle peut jouer la victime et, en même temps, le bourreau. Nicolas m'a raconté un séjour d'une semaine, il y a quelques années, dans un hôtel de Jamaïque, où il pratiquait la plongée sous-marine. A cette époque, il s'était libéré de toute drogue et n'avait jamais été dans une aussi bonne forme physique. Sautant sous la douche, un matin, il s'était soudain trouvé à genoux, inondé de larmes, totalement hors de lui-même. Une vague de désespoir avait jailli de quelque sombre recoin. « Dieu, s'était-il écrié, pourquoi cela m'arrive-t-il à moi ? Est-ce que je dois me tuer ? Existes-tu ? S'il te plaît, s'il te plaît, si tu es Dieu, enlève mon tourment ! »

Il racontait ce moment terrible comme toujours, d'une voix agréable et maîtrisée, mais j'étais ému par le vide qu'il avait ressenti. « Pensez-vous que Dieu vous ait entendu ? demandai-je, m'étant ressaisi.

— Je ne sais pas. Je ne peux pas affirmer que Dieu soit réel en moi. J'aurais pu m'adresser au destin ou au vide.

— Donc, à votre avis, votre voix n'a atteint personne ?

— Je ne sais pas, répéta-t-il.

— Mais nous connaissons au moins quelqu'un qui vous a entendu.

— Qui ?

— Vous. Pourquoi ne pas commencer par là ? Au lieu de vous demander s'il existe quelque instance toute-puissante capable de vous sauver de la souffrance, nous pouvons au moins commencer par votre besoin de vous comprendre vous-même, de véritablement écouter et savoir qui vous êtes.

« Lorsque nous crions, notre voix nous atteint. Lorsque nous avons peur, c'est nous-mêmes qui nous faisons peur ; si nous commençons à nous déchirer à l'intérieur, c'est le même esprit qui déchire et qui est déchiré. Limiter l'expérience à un côté seulement amène à la souffrance, que nous nous identifiions à l'acteur ou à celui qui subit l'action. En réalité, l'acteur n'est pas distinct de celui sur lequel s'exerce l'action. Tout cela n'est que vous. »

Une expression triste et stupéfaite passa sur le visage de Nicolas qui, lui aussi, songeait aux vaines souffrances qui sont la conséquence de tout cela.

Mais nous ne nous étions pas rencontrés pour débattre de la tristesse. La dernière phase de la vie de Nicolas a été la plus heureuse, car il a compris qu'il pouvait trouver une issue au cruel déchirement qui l'avait façonné dans son enfance. Il a compris que s'il devait jamais vivre en paix avec lui-même, il lui faudrait démanteler les menaces obsédantes de son passé. Il avait eu la chance de trouver un thérapeute sympathique et expérimenté chez lequel il s'était rendu, au début, plusieurs fois par semaine. A ce moment, la colère de Nicolas contre son père était trop violente pour qu'il fût possible de s'en occuper. « Lorsque j'ai soulevé le couvercle de mes fantasmes de revanche et que j'ai commencé à parler de tuer mon père, j'ai eu l'air si convaincant que mon thérapeute a dit qu'il allait devoir appeler mes parents pour les avertir qu'ils étaient en danger. Il a fallu cette énorme menace pour me faire fléchir. » En outre, Nicolas avait dû passer par de multiples centres de désintoxication ; au total, il avait suivi neuf cures de réinsertion.

Finalement, les turbulences de son monde intérieur ont commencé à céder. Il a cessé de redouter ses soudaines irruptions de rage sauvage ; il ne se réveillait plus à minuit, comme tout au long de son adolescence, suant sous l'emprise d'une crise de panique. Le Nicolas superficiel — le gentil petit garçon qui cherchait à faire plaisir — commença à comprendre que l'autre Nicolas, apparemment tellement sauvage et autodestructeur, était en fait un enfant sanglotant dont les émotions de douleur et de terreur étaient justifiées. Elles ne méritaient ni condamnation ni crainte. Elles méritaient la guérison.

Il y a un an, alors qu'il achevait sa thérapie, Nicolas a commencé à méditer. Ce fut une révélation pour lui car il retrouva immédiatement la clarté perdue vingt années auparavant, la dernière fois qu'il s'était trouvé seul dans les bois du Vermont. Certes, ses expériences du silence intérieur avaient été brèves, mais au sortir de la méditation il eut la sensation d'avoir pris contact avec une source de profonde unité. C'était sa première expérience d'un moi unifié depuis bien des années, mais aussi le premier plaisir capable de rendre sa honte, sa culpabilité et son dégoût de lui-même totalement hors de propos.

« L'une des images qui me revenaient était celle d'un nageur perdu, seul, au milieu de l'océan, raconte-t-il. Je me débats en tous sens pendant que des monstres jaillissent des profondeurs devant moi. Mais la première fois que j'ai médité, cette image horrible s'est transformée. L'idée que j'étais le nageur mais aussi la mer et que les monstres, eux aussi, n'étaient autres que moi a commencé à poindre. »

Après une longue pause, il se lança, sans prévenir, dans un récit : « J'avais passé treize ans à chercher ma vraie mère. C'était devenu extrêmement important pour moi de la trouver. Je pensais que, peut-être, ma toxicomanie avait quelque chose à voir avec mon ascendance. Je voulais aussi, plus simplement, voir un visage qui pourrait ressembler au mien. J'avais toutes sortes de raisons. Mais il ne s'est rien produit. Les années ont passé ; j'ai dépensé une fortune en détectives privés ; certains étaient de fieffés charlatans.

« J'étais en train d'écouter la radio, un jour. C'était peu de temps après que j'eus commencé à méditer. Une femme expliquait qu'elle était en mesure de retrouver en six semaines les parents d'enfants adoptés. Elle ne voulait pas dévoiler ses méthodes, mais je lui ai immédiatement fait parvenir mon nom. Comme promis, six semaines plus tard, j'ai reçu le nom de ma mère, par courrier. »

Cela ressemble à un récit de fiction soigneusement concocté : la mère biologique de Nicolas se révéla être une gitane, exactement comme il l'avait imaginé dans le conte de fées qu'il se racontait lorsqu'il était enfant. Elle avait menacé de le voler pour le reprendre, au début de son adoption. Elle avait continué de traquer les parents adoptifs de Nicolas pendant plusieurs années, tentant de leur extorquer davantage d'argent (ils n'ont pas révélé si elle avait réussi).

« Immédiatement, c'est toute ma vie qui a commencé à se rassembler. Le monde impersonnel et aléatoire a disparu et je m'éveillais dans un autre, qui avait un sens. Je ne puis véritablement vous dire quand, exactement, ce nouveau sentiment d'un sens m'est venu, mais je me suis senti ensuite incroyablement libre. Tout ce que je voulais c'était contacter ma vraie mère et lui dire que tout allait bien. Peu importait ce qu'elle avait fait ; je lui pardonnais, je pardonnais à mes parents adoptifs, à tout le monde.

— Mais cette femme vous avait vendu et avait ensuite tenté des extorsions de fonds, soulignai-je.

— J'étais tellement électrisé à l'idée de l'avoir trouvée. Comment aurais-je pu ne pas lui pardonner? Lorsque je l'ai appelée pour la première fois, j'étais extrêmement nerveux. La femme qui avait retrouvé la trace de ma mère m'avait dit d'écrire d'abord une lettre, mais il fallait absolument que je lui téléphone. Elle s'appelait Eva Z — et j'ai fait semblant d'être un parent lointain. Au bout d'un moment, elle a commencé à se méfier et m'a demandé pourquoi je savais tant de choses sur les Z — alors que je ne m'étais jamais montré à aucune réunion de famille.

» J'ai foncé et lui ai demandé: "Avez-vous jamais eu un fils?" Elle m'a répondu que non, sans hésiter. Nous avons un peu tourné en rond et j'ai avancé davantage. "Avez-vous donné naissance à un petit garçon le 5 août 1953 et l'avez-vous confié en adoption à un riche couple de Glen Rock, dans le New Jersey?" Elle paraissait maintenant deux fois plus méfiante et demanda à nouveau qui j'étais. Et j'ai lâché, sans le vouloir: "Je suis votre fils."

» Elle a aussitôt répondu: "Tu ne me croiras peut-être jamais, mais je t'aime." Et mon cœur a fondu immédiatement. Nous avons tous deux éclaté en sanglots. Elle voulait me voir immédiatement mais j'ai hésité. J'avais besoin de temps pour m'imprégner de ce fait, que je l'avais vraiment trouvée, après treize années de recherches.

» Notre rencontre, deux semaines plus tard, a été merveilleuse. Eva me ressemble; ses deux filles me ressemblent. Elle a un rire magnifique. Une fois, elle n'a pas pu s'arrêter pendant dix minutes; j'ai tenté de la calmer parce que cela m'inquiétait. Elle m'a gentiment repoussé en disant: "Laisse-moi, j'ai juste envie de rire." Nous sommes allés danser et je l'ai tenue dans mes bras. Elle souriait et levait les yeux vers moi et je pensais: "C'est ma mère, là, dans mes bras, je la tiens et je la touche." Comment ne pas lui pardonner?»

Nicolas a cessé de parler, pour se replonger en lui-même. Il avait trouvé le secret de sa naissance et un puits d'émotions profondes s'ouvrait en lui, mais ce n'était pas tout. Il était pris par la merveille d'un cœur qui ne fait que commencer à se connaître et c'était une seconde naissance. Je pensais à quel point j'avais changé, moi aussi. Mon absolue certitude que la vie est sans merci, comme une roue de moulin qui broierait impartialement la naissance et la mort, s'en était allée. Voir le monde ainsi, c'est accepter les apparences et passer à côté de l'essence des choses. Si l'on se rapproche, il ressemble bien davantage à un vœu, à un grand désir qui devient vrai autour de nous, tandis que nos souhaits et nos désirs se tissent en lui.

Dans cette vie humaine, nous ne pouvons arrêter la meule, mais à un certain autre niveau nous avons tous les pouvoirs. Nous sommes les enfants préférés de la nature. Une fois que nous nous sommes concentrés sur nos désirs les plus profonds, ils doivent se réaliser. Ceci parce que depuis le début, le grand vœu du monde se déroule sans fin.

Nicolas et moi nous sommes assis, en silence, partageant une conception de la vie tellement délicate, tellement palpitante. Il n'avait rien de plus à dire mais je pouvais encore entendre cette chose, tellement nouvelle que je ne voulais jamais plus oublier. Pour la première fois, une pure joie avait jailli de sa voix.

BIBLIOGRAPHIE

J'ai sélectionné dans cette bibliographie une courte liste d'ouvrages, tant pour le plaisir que l'on prendra à les lire que pour les informations que l'on y trouvera. La plupart de ces titres ont déjà été mentionnés dans le texte. Tous m'ont aidé dans mon travail de synthèse de sujets aussi divers que la médecine, la psychothérapie, la physique quantique et la conscience.

Crichton Michael. *Travels*. New York : Editions Alfred A. Knopf. Copyright © 1988 Michael Crichton.

Hawking Stephen M. *Une brève Histoire du temps, du Big Bang aux trous noirs*. Paris : Flammarion, 1989.

Laing Ronald D. *Sagesse, Déraison et Folie : La fabrication d'un psychiatre (1927-1957)*. Traduit de l'anglais par Brice Matthieussent. Paris : © Editions du Seuil, 1986.

Langer Ellen J. *L'Esprit en éveil*. Paris : InterEditions, 1990.

Locke Stephen et Colligan, Douglas. *The Healer Within*. New York : E. P. Dutton, 1986.

Maharishi Mahesh Yogi. *La Science de l'Etre et l'Art de vivre*. Paris : Agfai-Argel Publications, 1989.

Maharishi Mahesh Yogi. *La Bhagavad-Gita*. Paris : Agfai Publications, 1990.

Miller Alice. *Le Drame de l'enfant doué : à la recherche du vrai soi*. Paris : P.U.F., 1991 (6e édition).

Noonan David. *Neuro: Life on the Front Lines of Brain Surgery and Neurological Medicine.* New York: Simon and Schuster, 1989.

Penfield, Wilder, *et al. The Mystery of the Mind.* Princeton: Princeton University Press, 1975.

Sacks Oliver. *L'Homme qui prenait sa femme pour un chapeau.* Traduit de l'anglais par Edith de la Heronnière. Coll. *Points Essais,* Paris: © Editions du Seuil, 1988.

Sacks Oliver. *Des Yeux pour entendre. Voyage au pays des sourds.* Traduit de l'anglais par Christian Cler. Coll. *La couleur des idées,* Paris: © Editions du Seuil, 1990.

Selzer Richard. *La Chair et le couteau. Confession d'un chirurgien.* Traduit de l'anglais par Jean-Pierre Carrasso. Paris: © Editions du Seuil, 1987.

Yalom Irvin. *Le Psy, bourreau de l'amour: dix cas vécus par un grand psychiatre américain.* Paris: Albin Michel, 1991.

Avec les aimables autorisations des éditions du Seuil et Albin Michel pour les livres cités en référence, de Christian Bourgois éditeur pour celui d'Annie Dillard: *Pèlerinage à Tinker Creek,* Paris, 1990, de Princeton University Press pour celui de Danforth Loring: *Firewalking and Religious Healing,* Copyright © 1989, et de Michael Crichton pour son livre cité en référence.

Nous avons fait tout ce qui était en notre pouvoir pour obtenir les autorisations de reproduction nécessaires pour cet ouvrage. Toute omission qui nous sera signalée se verra rectifiée dans la prochaine édition.

J'AI LU NEW AGE

LES NOUVELLES CLÉS DU MIEUX-ÊTRE

ANDREWS Lynn
L'envol de la septième lune
3550/5

ASHLEY Nancy
Construisez vous-même votre bonheur
3146/3 Inédit

BOWMAN Catherine
Cristaux et prise de conscience
2920/3 Inédit

CAMPBELL Joseph
Puissance du mythe
3095/5 Inédit

CAYCE Edgar
Voir aussi à Koechlin
...et la réincarnation
par Noel Langley
2672/4
Les rêves et la réalité
par H. H. Bro
2783/4
L'homme du mystère
par Joseph Millard
2802/3

CHOPRA Deepak Dr
Le retour du Rishi
3458/4
La vie sans conditions
3713/5 (Juin 94)

DAMEON-KNIGHT Guy
Karma, Destinée et Yi King
2763/3

DENNING M. & PHILLIPS O.
La visualisation créatrice
2676/3 Inédit

DOORE Gary
La voie des chamans
2674/3 Inédit

DUCOURANT Bernard
Les clefs du parfait bonheur
3579/3

FIELDS, TAYLOR, WEYLER & INGRASCI
Pour une spiritualité au quotidien
3624/5 (Février 94)

FONTAINE Janine
Médecin des trois corps
3408/6

GIBRAN Khalil
La voix de l'éternelle sagesse
3651/2 (Mars 94)

GIMBELS Theo
Les pouvoirs de la couleur
3054/4

HAYES Peter
L'aventure suprême
2849/3 Inédit

JAFFE Dennis T.
La guérison est en soi
3354/5

KOECHLIN de BIZEMONT Dorothée
L'univers d'Edgar Cayce
2786/5
Les prophéties d'Edgar Cayce
2978/6

LANGS Robert Dr
Interprétez vos rêves
3477/4 Inédit

MACLAINE Shirley
L'amour foudre
2396/5
Le voyage intérieur
3077/3

MELLA Dorothée
Puissance des couleurs
2675/3

MONTGOMERY Ruth
Au-delà de notre monde
2895/3 Inédit

MOODY Raymond Dr
La vie après la vie
1984/2
Lumières nouvelles...
2784/2
La lumière de l'au-delà
2954/2
Voyages dans les vies antérieures
3692/4 (Mai 94)

PECK Scott
Le chemin le moins fréquenté
2839/5
Les gens du mensonge
3207/5 Inédit

PECOLLO Jean-Yves
La sophrologie
3314/5

ROBERTS Jane
L'enseignement de Seth
3038/7 Inédit

RYERSON et HAROLDE
La communication avec les esprits
3113/4 Inédit

de SAINT-AMANS M.
L'intelligence et le pouvoir des nombres
3364/5

SIEGEL Bernie
L'amour, la médecine et les miracles
2908/4
Messages de vie
3499/5

SMITH Michael G.
Le pouvoir des cristaux
2673/3 Inédit

STEVENS Jose & Lena
Secrets du chamanisme
3265/6 Inédit

WAGNER McLAIN F.
Guide pratique du voyage dans les vies antérieures
3061/2

WAMBACH Helen
Revivre le passé
3293/4

WEISS Brian L. Dr
De nombreuses vies, de nombreux maîtres
3007/3 Inédit

AVENTURE MYSTÉRIEUSE

Cette collection traite des mystères de notre civilisation, des secrets du passé, des problèmes de l'au-delà, des contacts avec des extra-terrestres. En un mot, tous les sujets que n'aborde pas la science officielle.

BERLITZ CHARLES
Le Triangle des Bermudes
2018/3

FLAMMARION CAMILLE
Les maisons hantées
1985/3

MACKENZIE ANDREW
L'invisible et le visible
3604/5

MACKENZIE VICKI
L'enfant lama
3360/4

MURPHY JOSEPH DR
Comment utiliser les pouvoirs du subconscient
2879/4

PETIT JEAN-PIERRE
Enquête sur des extra-terrestres...
3438/3
Les «envahisseurs» seraient parmi nous ! Mystification ou révélation? Les textes Ummo sont une énigme sans précédent dans le dossier OVNI. Résultats d'une enquête.

PRIEUR JEAN
La prémonition et notre destin
2923/4
Hitler et la guerre luciférienne
3161/4 Inédit

RAMPA

D'origine européenne, T. Lobsang Rampa reçoit, très jeune, une initiation dans une lamasserie tibétaine. Il devient ensuite médecin en Chine. Lors de la dernière guerre, il est fait prisonnier et torturé par les Japonais. Depuis, il consacre sa vie, dans le secret, à la diffusion de son message.

Histoire de Rampa
1827/3
La caverne des Anciens
1828/3
Le troisième œil
1829/3
Récit fascinant d'une intiation au Tibet, qui conféra à Rampa son «Troisième œil» lui permettant de voir à l'intérieur des êtres.

Les secrets de l'aura
1830/3
Les clés du nirvâna
1831/3
Crépuscule
1851/2
La robe de sagesse
1922/3
Je crois
1923/2
C'était ainsi
1976/2
Les trois vies
1982/2
Lama médecin
2017/3
L'ermite
2538/3
La treizième chandelle
2593/3
Pour entretenir la flamme
2669/3
Les lumières de l'Astral
2739/3
Les univers secrets
2991/4
Le dictionnaire de Rampa
3053/4

RAQUIN BERNARD
Retrouvez vous-même vos vies antérieures
3275/3

SADOUL JACQUES
Le trésor des alchimistes
2986/4

VALLÉE JACQUES
Autres dimensions
3060/5
Confrontations
3381/4
Révélations
3672/5 (Avril 94)

Science-Fiction

En 1970, J'ai lu crée la première collection de poche de Science-Fiction, mettant à la portée d'un très vaste public des chefs-d'œuvre méconnus.

Aujourd'hui, J'ai lu révèle les nouveaux talents, qui seront les maîtres de demain : James Blaylock, David Brin, K. W. Jeter, Loïs McMaster Bujold, Paul Preuss, Tim Powers, Michael Swanwick...

ANDERSON Poul

La reine de l'air et des ténèbres
1268/3
Sur la planète Roland, loin de la Terre, la population se divise en deux groupes hétérogènes. Les scientifiques habitent des cités modernes, sur la côte, tandis qu'à l'intérieur des terres, des paysans superstitieux croient encore à la toute-puissance de la reine de l'Air et des Ténèbres et aux monstres voleurs d'enfants.

La patrouille du temps
1409/3

ASIMOV Isaac

(1920-1992)
Auteur majeur de la S-F américaine, Isaac Asimov est né en Russie. Naturalisé américain, il fait des études de chimie et de biologie, tout en écrivant des romans et des nouvelles qui deviendront des best-sellers. Avec les robots, il trouve son principal thème d'inspiration.

Les cavernes d'acier
404/4
Les cavernes d'acier sont les villes souterraines du futur, peuplées d'humains qui n'ont jamais vu le soleil. Dans cet univers infernal, un homme et un robot s'affrontent.

Les robots
453/3
Face aux feux du soleil
468/3
Sur la lointaine planète Solaria, les hommes n'acceptent plus de se rencontrer mais se «visionnent» par écran interposé. Dans ces conditions, comment un meurtre a-t-il pu être commis ?

Tyrann
484/3
Un défilé de robots
542/3
Cailloux dans le ciel
552/3
La voie martienne
870/3
Les robots de l'aube
1602/3 & 1603/3
Le voyage fantastique
1635/3
Après avoir été miniaturisée, une équipe de chirurgiens s'embarque à bord d'un sous-marin microscopique et plonge à l'intérieur du corps d'un homme blessé, qui tient le sort du monde entre ses mains.

Les robots et l'empire
1996/4 & 1997/4
Espace vital
2055/3
Asimov parallèle
2277/4 Inédit
La cité des robots
- La cité des robots
2573/6 Inédit
- Cyborg
2875/6
- Refuge
2975/6

Robots et extra-terrestres
- Le renégat
3094/6 Inédit
Une nouvelle grande série sous la direction du créateur de l'univers des robots. Naufragé dans un monde sauvage peuplé de créatures-loups, Derec affronte un robot rebelle.

- L'intrus
3185/6 Inédit
Deuxième volet d'une série passionnante, par deux jeunes talents de la S-F parrainés par Asimov.

- Humanité
3290/6 Inédit
Robots temporels
- L'âge des dinosaures
3473/6 Inédit
- Le robot de Caliban
3503/6

APRIL Jean-Pierre

Berlin-Bangkok
3419/4 Inédit
A Bangkok, la Babel du XXIe siècle, un scientifique allemand en mal d'épouse se fait piéger dans un gigantesque complot.

AYERDHAL

L'histrion
3526/6 Inédit

BLAYLOCK James

Homunculus
3052/4

BLISH James

Semailles humaines
752/3

Science-Fiction

BRIN David

Marée stellaire
1981/5 Inédit
Le facteur
2261/5 Inédit
Elévation
2552/5 & 2553/5
Lorsque les Galactiques décident de donner une leçon aux trop ambitieux humains, Robert Oneagle et Athaclena, la mutante, s'enfoncent dans la forêt pour préparer la contre-attaque.

CANAL Richard

Swap-Swap
2836/3 Inédit
Ombres blanches
3455/4 Inédit
Aube noire
3669/5 (Avril 94)
Dans une Amérique où les conflits raciaux se sont exacerbés, un musicien de jazz noir tente de se soustraire aux nouvelles persécutions qui accablent son peuple. Une réflexion sur le racisme, qui clôt une trilogie inaugurée par *Swap-Swap*.

CARD Orson Scott

Abyss
2657/4

CHERRYH C.J.

Hestia
1183/3
Les adieux du soleil
1354/3
Chanur
1475/4 Inédit
L'épopée de Chanur
2104/3 Inédit
La vengeance de Chanur
2289/4 Inédit
Le retour de Chanur
2609/7 Inédit
L'héritage de Chanur
3648/8 Inédit (Mars 94)
La pierre de rêve
1738/3
L'œuf du coucou
2307/3
Cyteen
2935/6 & 2936/6 Inédit
Forteresse des étoiles
3330/7
Temps fort
3417/8 Inédit
XXIe siècle. Dans le cosmos, les matières premières se raréfient. Sur les ordres de la puissante Compagnie qui exploite le minerai des astéroïdes, Bird et Ben prospectent leur secteur. Soudain, ils captent un SOS lancé par un vaisseau spatial à la dérive...

CLARKE Arthur C.

Né en 1917 en Angleterre, Arthur C. Clarke vit depuis de nombreuses années à Ceylan. Cet ancien président de l'Association interplanétaire anglaise, également membre distingué de l'Académie astronautique, a écrit une cinquantaine d'ouvrages, dont certains sont devenus des classiques de la Science-Fiction.

2001 : l'odyssée de l'espace
349/2
Quelque part, du côté d'un satellite de Saturne, une source inconnue émet des radiations d'une extraordinaire puissance. Une mission secrète va entraîner Explorateur I et son équipage aux confins du cosmos, leur permettant de percer le mystère des origines de la vie.

2010 : odyssée deux
1721/3
2061 : odyssée trois
3075/3
Les enfants d'Icare
799/3
Avant l'Eden
830/3
Terre, planète impériale
904/4
L'étoile
966/3
Rendez-vous avec Rama
1047/7
Rama II
3204/7 Inédit *(avec Gentry Lee)*
Les jardins de Rama
3619/6 Inédit *(avec Gentry Lee)*
Lorsque Rama II, l'astronef d'origine extra-terrestre, quitte le système solaire, il emporte à son bord trois humains, dont la mission est de reconstituer une colonie, loin de leur planète d'origine. Mais l'entreprise va s'avérer périlleuse.
Après Rendez-vous avec *Rama* et *Rama II*, le troisième volume d'une grande série.

Les fontaines du Paradis
1304/3
Les chants de la terre lointaine
2262/4
Base Vénus
Lorsqu'elle reprend conscience, Sparta s'aperçoit que trois ans de son existence ont totalement disparu de sa mémoire. Plus troublant encore : elle se découvre d'étranges pouvoirs. Comme si son corps et ses perceptions avaient été reconfigurés... A la recherche de son passé, Sparta rejoint alors l'orbite de Vénus.

- Point de rupture
2668/4 Inédit
- Maelström
2679/4 Inédit
- Cache-cache
3006/4 Inédit
- Méduse
3224/4 Inédit
- La lune de diamant
3350/4 Inédit
- Les lumineux
3379/4 Inédit

Le fantôme venu des profondeurs
3511/4 Inédit
La Terre est un berceau
3565/7 *(avec Gentry Lee)*

Science-Fiction

CURVAL Philippe
La face cachée du désir
3024/3

DARTEVELLE Alain
Imago
3601/4

DICK Philip K
Loterie solaire
547/2
Dr Bloodmoney
563/4
Le maître du Haut Château
567/4
En 1947, les Alliés capitulent. Hitler impose alors la tyrannie nazie à l'est des Etats-Unis, tandis que les Japonais s'emparent de l'ouest. Dans la nouvelle civilisation nippone circule cependant une étrange rumeur : un homme vivant dans un Haut Château a écrit un livre racontant la victoire des Alliés en 1945.
L'homme doré
1291/3
Blade Runner
1768/3
Un blade runner, c'est un tueur chargé d'éliminer les androïdes qui s'infiltrent sur Terre. Et Rick est le meilleur blade runner de la côte ouest. Jusqu'au jour où on lui propose une somme fabuleuse pour éliminer de dangereux Nexus 6, signalés en Californie.
Le dieu venu du Centaure
1379/3

DICK & NELSON
Les machines à illusions
1067/3

FARMER Philip José
Les amants étrangers
537/3
L'univers à l'envers
581/2
Des rapports étranges
712/3

FOSTER Alan Dean
Alien
1115/3
Le Nostromo vogue vers la Terre, encore lointaine, lorsque le Cerveau Central réveille l'équipage en hibernation. Il a capté un appel de détresse, en provenance d'un astéroïde mystérieux. Trois navigateurs se portent volontaires. Mais lorsque le Nostromo reprend sa route, il emmène un nouveau passager. La mort a pénétré dans l'astronef.
AlienS
2105/4
Alien 3
3294/4

GIBSON William
Neuromancien
2325/4
Dans une société future hypertechnologique, dominée par les ordinateurs, un homme se perd dans le cyberspace.
Mona Lisa s'éclate
2735/4 Inédit
Gravé sur chrome
2940/3

GODWIN Parke
En attendant le bus galactique
2938/4 Inédit

HABER Karen
Voir aussi Silverberg
Super-mutant
3187/4 Inédit

HALDEMAN Joe
La guerre éternelle
1769/3
Immortalité à vendre
3097/5 Inédit

HAMILTON Edmond
Les rois des étoiles
432/4
Le retour aux étoiles
490/4

HARRISON Harry
Le rat en acier inox
3242/3
Le rat en acier inox se venge
3546/3

HEINLEIN Robert A.
Une porte sur l'été
510/3
Etoiles, garde à vous
562/4
Vendredi
1782/5
Un cerveau d'ordinateur, un corps surentraîné et la beauté en plus : telle est Vendredi. L'agent idéal en ce monde futur. Mais Vendredi, la non-humaine, est hantée par des souvenirs tragiques. Aurait-elle une âme ?
Au-delà du crépuscule
2591/7 Inédit

HERBERT Frank
La ruche d'Hellstrom
1139/5

JETER K. W.
Horizon vertical
2798/4 Inédit
Arrimé à sa Norton, Ny arpente les flancs d'un monde vertical, en quête d'un contrat avec un gang de guerriers ou d'une séquence vidéo qu'il pourra vendre à Info-Express. Mais le chasseur d'images devient bientôt gibier.
Madlands
3309/3 Inédit

JONES Raymond F.
Renaissance
957/4

KEYES Daniel
Des fleurs pour Algernon
427/3

KUBE McDOWELL & McQUAY
Exilé
3689/7 (Mai 94)

3713

Composition Interligne B-Liège
Achevé d'imprimer en Europe (France)
par Brodard et Taupin à La Flèche (Sarthe)
le 9 mai 1994. 1912 J-5
Dépôt légal mai 1994. ISBN 2-277-23713-2
Éditions J'ai lu
27, rue Cassette, 75006 Paris
Diffusion France et étranger : Flammarion